조선후기 한일관계, 전쟁과 평화

조선후기 한일관계, 전쟁과 평화

손승철 지음

景仁文化社

프롤로그

21세기가 시작되는 2000년 1월, 한일양국에서는 한일관계의 새천년을 만들어 가기를 굳게 다짐했다. 그 첫 번째 사업으로 2002년에 월드컵을 공동주최했고, 2005년에는 한일우정의 해를 약속하면서 새천년의 원년을 삼자고 했다. 그러나 그해 초에 일본 시마네현[島根縣]에서는 이른바 '다케시마의 날'을 제정했고, 문부과학성에서는 극우파의 역사교과서를 원안대로 검정 통과시켰다. 결국 '우정의 해'는 空約이 되고 그야말로 빛 좋은 개살구가 되어버렸다.

더구나 한일수교 50주년이던 2015년에 양국정상은 회담도 제대로 하지 못하고, 두 나라 관계는 날이 갈수록 악화되고 있다. 하루 1만 명 이상이 오가는 시대에 한·일 두 나라의 역사시계는 거꾸로 가는 것은 아닐까. 이러한 불협화음은 두 나라가 지난 2천 년간 쌓아온 역사적 경험을 무의미하게 만드는 한심한 일이다. 모두 역사에 대해 무지하고 무관심해서 비롯되는 상황이다. 이제라도 지나 온 역사를 제대로 살펴봐야 하는 이유가 여기에 있다. 갈수록 악화되는 한일 관계를 개선할 실마리는 바로 역사 속에 정답이 있기 때문이다.

2010년 '국권침탈 100년'을 맞아 KBS와 NHK에서는 지난 2천 년간 한일관계의 일면들을 소재로 특집방송 '한국과 일본'을 제작했다. 아쉽게도 공동제작은 하지 못했지만. 이때 나는 마치 조선통신사가 된 기분으로 두 방송국을 오가며 프로그램 제작에 참여했다. 그 과정에서 두 방송사 제작진의 마음이 하나라는 것을 확인할 수 있었다. 신숙주가 유언한 것처럼 한국과 일본은 '공존'해야 한다. 그러나 한일 양국이 공존을 위해서는 역사인식의

'공유'가 전제가 되어야 하고, 미래에 대한 '공생'의 비전을 갖지 않으면 안 된다. 그래서 양국은 어떤 경우라도 서로 소통해야 한다. 역사의 답은 조선시대의 한일관계에 있다고 나는 감히 선언하고 싶고, 이 책들을 발간하는 이유가 여기에 있다.

조선시대 5백년간의 한일관계를 돌아보면서 느끼는 바가 적지 않다. 무엇보다 '우호와 적대는 별개가 아닌 한 몸'이라는 사실이다. 그렇기 때문에 아무리 적대적인 상대라도 관계를 끊어서는 안 된다. 오히려 상대가 그런 나라로 느껴질수록 적극적, 능동적으로 관계해야 한다.

조선에서는 일본에 대해 적대를 적대로 되갚지 않고 조선이 주도하는 交隣 정책으로 약탈을 공존으로 바꾸고, 전쟁을 평화로 바꾸었다. 한국에게 일본은 여전히 '가깝고도 먼 나라'이며 '멀고도 가까운 나라'이다. 일본이 한국에게 멀게 느껴지는 때일수록 교린의 의미를 되새기며 먼저 나서보자.

이 책은 지난 30년간 한일관계사를 공부하면서, 그동안 썼던 글을 재구성하여 출간한 6권 중 한권이다. 여섯 권의 책은 세 그룹으로 구분했다. 한 권은 본인의 박사학위 논문이고, 세 권은 조선시대 한일관계사의 여러 모습을 조명한 것이며, 나머지 두 권은 현재 한일관계의 현안이 되고 있는 주제를 다루었다.

세분하면 한 권은 『조선시대 한일관계사 연구, 교린관계의 허와 실』이고 세 권은 『조선전기 한일관계, 약탈과 공존』, 『조선후기 한일관계, 전쟁과 평화』, 『조선통신사, 타자와의 소통』이다. 나머지 두 권은 『독도, 그 역사적 진실』, 『한·일 역사교과서, 왜곡과 인식의 공유』이다.

내용을 요약하면, 제1권은 박사학위논문 『조선후기 대일정책의 성격 연구』를 증보한 책이다. 이 책의 키워드는 '中華的 교린체제에서 脫中華로'이다. 조선의 대일정책의 기본 틀은 交隣이었는데, 교린의 구조와 성격을 밝힌 글이다. 누차 하는 이야기지만 한국과 일본의 숙명적 관계는 더 이상의 설명이 필요 없다. 두 나라의 관계는 역사 이래 그래왔고, 현재에도 그러하며 또한 미래에도 그럴 수밖에 없다. 그래서 어쩌면 두 민족의 역사는 서로가 서로의 '關係'를 어떻게 정립하는 가에 따라서 결정된다고 보아도 무리가 없다. 관계를 어떻게 설정할 것인가, 제1권에서는 조선이 일본에 대해 5백년간 취했던 관계의 형태를 되짚어 본 것이다.

제1권은 2006년에 '경인한일관계 연구총서'로 이미 발간하였다.

제2권은 조선전기의 한일관계인데 부제가 '약탈과 공존'이다. 부제를 이렇게 붙인 이유는 한일관계는 왜구의 약탈로부터 시작되었기 때문이다. 그리고 조선전기 한일관계의 쟁점은 이 약탈의 문제를 어떻게 풀어 가느냐였고, 그것은 공존이라는 공동의 목표를 지향하고 있었다.

제3권은 조선후기의 한일관계를 다루었다. 조선후기 한일관계는 임진왜란으로부터 시작되었다. 7년간의 전쟁이 끝난 후, 한일관계의 쟁점은 전쟁을 마무리 짓고 새로운 관계를 시작하는 것이었다. 결국 전쟁을 평화로 바꾸어 가는 것이었다. 평화를 추구하려는 여러 모습을 관계 속에서 투영하고자 했다.

제4권은 조선통신사를 키워드로 양국 간의 갈등을 소통과 통섭으로 풀어가려고 했던 노력을 살펴보았다. 조선통신사는 한일 양국이 함께 연출한 성숙한 국제인식의 표현이다. 그점에서 통신사의 개념과 연구사는 매우 중요하다. 아울러 조선인의 국가관과 대외인식을 통하여 조신인은 일본을 어떻게 이해하고 있었는가를 『海東諸國紀』와 각종 『使行錄』들을 통해 타자와의 소통과 교린관계의 실상과 허상을 그려보고자 했다.

제5권과 제6권은 한일관계의 현재적 관심이라는 측면에서 양국의 최대 현안인 '독도'와 '일본역사교과서'의 왜곡문제를 다루었다.

제5권에서는 조선시대 사람들은 독도에 대하여 어떻게 인식했고, 또 어떠한 영토인식을 가지고 있었는가를 살펴보았다. 신라장군 이사부와 우산국, 조선인의 도서인식과 경계인식, 안용복사건, 수토사문제 등을 통해 검토했다. 독도 영토주권 확립과 수호에는 여러 측면의 노력이 필요하다. 영토주권의 문제를 한일관계사 연구자로서 접근한 논문으로 매우 유효한 글들로 생각한다.

제6권에서는 일본 역사교과서의 왜곡 실상과 개선을 위한 노력을 살펴보았다. 먼저 2002년 역사왜곡문제의 기폭제였던 扶桑社발행 교과서와 自由社발행 교과서의 중·근세 분야의 왜곡 내용을 분석하였고, 이어 중·근세 분야 쟁점사항의 공통점과 차이점을 비교했다. 그리고 일본의 역사왜곡의 사적 전개과정과 양국의 교과서문제 개선을 위한 노력을 소개했다.

역사교과서의 서술은 한국에서도 아주 중요한 문제이다. 특히 한국의 대외관계사를 전쟁사나 국난극복사로 간주하는 범주에서 벗어나 세계화와 국제화에 부응하여 외부 세계와 교류하고 미래지향적으로 발전하는 역사상을 구현하는데 매우 필요한 분야이다. 그러한 문제의식에서 한국에서 사용되고 있는 현행 중·고등학교 검인정 역사교과서의 조선시대 대외관계분야 서술을 분석하여 문제점과 개선책을 제시하였다. 이 논문들이 양국인의 올바른 역사인식과 역사교육을 위한 기본 자료로 활용되었으면 좋겠다.

물론 위의 6권이 조선시대 한일관계사의 전모를 밝힌다고는 생각지 않는다. 그러나 평소에 點의 역사가 線을 만들고, 線의 역사가 面을 만들어 역사의 實像을 그려간다는 생각으로 엮은 책들이다. 전적으로 나의 주관적인 생각에서 조선시대 한일관계의 주요한 키워드를 약탈, 교린, 공존, 전쟁, 평화, 통신, 배신 등으로 설정하고, 이것을 점으로 삼아 선을 만들고 면을 만들어 조선시대 韓日關係像을 그리고자 했다. 그러나 이 글들 만으로 조선시대 한일관계의 모습을 그려내는 건 아직 요원하다고 생각한다. 하지만 전연 불가능한 것만도 아니다. 비록 편린이기는 하지만 조직검사를 통해 몸의 상태와 병명을 밝혀내듯이 나름대로의 진단은 가능하지 않을까, 조심스럽게 말하고 싶다.

이 책은 제3권 『조선후기 한일관계, 전쟁과 평화』이다.

이 책에서는 모두 9개의 논문을 3편으로 나누어 편집했다.

제1편, '전쟁과 약탈'에서는 임진왜란과 왜관에서의 갈등을 다루었다. 임진왜란의 침략성과 일본인의 호전성을 『동국신속삼강행실도』를 통해 임란 당시의 강원도 상황과 지역별 피해상황을 삽화를 통해 살펴보았다. 또한 일본군의 왕릉 도굴사건의 한 사례로 서울 선·정릉 범릉사건을 구체적으로 밝혔다. 나아가 규장각에 소장되어 있는 『倭人作挐謄錄』에 수록되어 있는 왜인의 조선 여인 범간사건을 다루었다. 한일관계의 전쟁사·사회사의 한 단면을 들여다보았다.

제2편, '교류의 접점'에서는 조선후기에 한일관계의 구체적인 외교형태는 어떠했는가를 살피기 위해, 현재 국사편찬위원회에 소장되어 있는 대마도 종가문서 중 '서계'의 서식을 분석하였다. 특히 명청교체기인 1645년 정월의 서계부터 연호 대신 간지를 사용한다는 점을 통해 조선후기 한일관계가 脫中華的 交隣體制의 성격을 가지고 있음을 파악하였다.

또한 본인의 역작인 『한일관계사료집성』의 부산물로 『조선왕조실록』의 한일관계기사 중 조선후기 것만을 발췌하여 그 사료적 특성을 분석하였다. 아울러 조선전기의 것을 말미에 추가하여 조선시대 한일관계사료의 전모를 부분적이나마 볼 수 있게 정리했다.

이어서 17세기 耶蘇宗門에 대한 조선의 인식과 대응을 살펴 한국천주교의 시원문제를 다루었고, 서학유입에 대한 단선적인 견해도 밝혀 보았다. 끝으로 1819년 안의기 일행의 표류사건을 분석하여 표류민 연구 및 강원도 연해민 생활사의 한 단면을 살펴보았다.

제3편, '침략과 저항'에서는 조선통신사에 의해 교린관계를 유지해 오던 조선후기 한일관계가 명치유신 이후, 1872년 일본의 왜관점령사건으로 붕

괴되었다는 점, 이러한 의미에서 일본의 조선침략이 1876년이 아니라 1872
년에 시작되었다는 점을 밝혔다. 또한 한말 의병장 의암 류인석의 '위정척
사'사상과 의병투쟁이 갖는 현재적 의미를 재조명했다.

이 책에 실린 논문들은 이미 다음과 같은 학회지에 수록된 글들을 재구
성하였고, 일부 수정 보완하였음을 밝혀둔다. 그러나 처음부터 한권의 저서
로 기획한 것이 아니라서 중복서술된 부분이 있지만 논문의 이해를 위해
그대로 수록했음을 양해해 주기 바란다.

제1편 전쟁과 약탈
「『동국신속삼강행실도』를 통해 본 왜란과 강원도」(『전쟁과 유물』6, 2014.12)
「임진왜란과 선·정능 도굴사건」(『향토서울』71, 2007.12)
「『倭人作拏謄錄』을 통해 본 왜관」(『항도부산』10, 1993.11)

제2편 교류의 접점
「명·청 교체기 대일외교문서의 年號와 干支」(『대동문화연구』12, 1997.12)
「『조선왕조실록』속의 일본관계 기사의 분석」(『조선시대사학보』15, 2000.12)
「17세기 야소종문에 대한 조선의 인식」(『사학연구』58, 1999.11)
「조선후기 강원도의 표류민발생과 송환」(『인문과학연구』6, 2015.6)

제3편 침략과 저항
「1872년 일본의 왜관점령과 조선침략」(『군사』27, 1994.5)
「의암 류인석 사상의 현재적 의미」(『의암학연구』14, 2016.12)

이 책들을 내기까지 많은 분들의 은혜를 입었다. 故 백종기 선생님과 부
모님, 각종 자료와 답사를 가능하게 해주신 여러분들, 故 田中健夫, 北島万
次, 村井章介선생 등 일일이 열거하기도 힘들다. 한일관계사학회 여러 동학,
東京大學과 九州大學의 朝鮮王朝實錄輪讀會 회원들, 강원대학교의 선배 동

료 교수님들, 그리고 제자들, 특히 '처음처럼 영원히 - 長毋相忘 -'에 글을 써준 분들께 감사드린다. 무엇보다 40년을 뒷바라지 해주는 아내 선옥, 아들 민규, 손녀딸 시아, 아우 승구와 승태를 비롯한 가족들에게 고마움을 전한다.

끝으로 학회논문집 『한일관계사연구』, 『한일관계사료집성』, 『경인한일관계연구총서』 100권을 발간해주고 있는 경인문화사 한정희대표에게 진심으로 감사드린다. 그는 부친 한상하회장님과 더불어 한국학과 한일관계사의 출판을 위해 태어난 사람이다.

앞의 모든 분들과 함께 한국과 일본이 교린의 새 천년을 열어갈 것을 기원한다.

2017년 8월 일

손 승 철 謹識

목 차

제2편 교류의 접점

제3편 침략과 저항

제1장 1872년 일본의 倭館점령과 조선침략

제2장 의암 류인석 사상의 현재적 의미

제1편
전쟁과 약탈

제1장
『동국신속삼강행실도』를 통해 본 왜란과 강원도

1. 들어가기

임진왜란은 조선사회를 온통 뒤흔들어 놓은 대전란이었다. 전쟁 발발 후, 20일도 되지 않아 서울이 함락되고, 선조는 의주로 피난하여 1년이 넘도록 돌아오지 못했다. 7년간의 전쟁에 의해 200만명이 죽거나 다쳤고, 20만명이 죄없이 일본에 끌려갔다. 그 가운데 많은 사람들이 국가를 위해, 국왕을 위해, 자식으로서 부모를 위해, 여자와 아내로서 절개를 지키기 위해 죽었다. 선조는 이들의 죽음이 오래도록 인멸되지 않도록 하기 위해, 이들에 대한 旌門이나 復戶 등의 포상을 시행하는 것이 국가와 유교질서의 회복을 위해 가장 효과적인 방법이라고 생각했다.

충신·효자·열녀에 대한 기록과 포상에 대한 논의는 국왕의 환도 이후인 1593년 9월부터 시작되었다. 그러나 여러 이유로 곧바로 시행되지 못하다가 1595년 7월에야 선조는 전란 중에 死絶한 사람들에 대하여 旌表한 내용을 책으로 인출하여 전국에 반포할 것을 지시했다. 그러나 당시는 전쟁 중이었고, 또 정유재란의 발발로 충신·효자·열녀에 대한 행적을 조사하거나 정표하는 일을 제대로 시행할 수 없었다. 전쟁이 종결된 이후에도 1601년부터는 공신책봉의 녹훈작업이 시작되어, 난중의 死節人에 대한 정문과 책의 간행은 뒤로 미루어질 수밖에 없었다.

1608년 광해군이 즉위한 후에도 선조 대와 마찬가지로 旌門對象者에 대한 자료수집과 내용검증 작업은 계속되었고, 1612년(광해군 4) 4월, 旌門이

일괄적으로 이루어지면서 책의 간행도 본격화되었다. 이어 纂集廳이 설치되었고, 드디어 1617년(광해군 9) 3월, 『東國新續三綱行實圖』 18권, 총 50질을 간행하였다. 『동국신속삼강행실도』는 삼국시대부터 조선시대까지의 우리나라 인물만을 대상으로 했다. 효자 8권, 충신 1권, 열녀 8권, 續附 1권 등 18권으로 구성했고, 총 1,587건을 수록했다.[1] 이 가운데 임진왜란 시기에 왜군으로부터의 피해사례는 576건에 달하며, 종류별로는 충신 54건, 효자 89건, 열녀 433건이다.

이 글에서는 『동국신속삼강행실도』에 수록된 인물 가운데, 특히 강원도 지역을 중심으로 임진왜란과 그들의 죽음을 어떻게 기억하고 기록했으며, 전승되어 왔는가를 살펴보고자 한다.

2. 강원도의 전황

1592년 4월 14일, 도요토미 히데요시[豊臣秀吉]는 158,700명의 군사를 제9번대로 나누어 조선을 침략하였다. 고시니 유키나가[小西行長]가 인솔한 제1번대는 그날로 부산에 상륙하여 부산과 동래를 2일 만에 점령했고, 부산첨사 鄭撥과 동래부사 宋象賢은 전사했다. 이어 왜군은 조선전기 왜인들의 상경로였던 좌로·중로·우로의 길을 따라 서울로 진격했다.

변보를 접한 조정에서는 이일과 신립을 파견하였으나, 이일은 상주에서 패하고, 신립은 충주에서 전사하였다. 4월 29일 신립의 충주패보가 전해지자, 그날 밤으로 선조는 西行을 결정하고, 왕자들을 여러 도에 파견하여 근

---

1) 수록인물에 대해서는 연구마다 차이가 있다. 예를 들면 송일기·이태호는 1,179명, 김혁 1,618명, 박주 1,679명으로 파악했다. 한편 김항수는 1,587건, 이광열은 1,587건, 1,670명, 정일영은 1,586건 등으로 파악했는데, 몇몇 사례에서 1명 이상의 인물이 동시에 등장하므로 '건'으로 칭하는 것이 타당하다.

왕병을 모집하도록 했다. 그리하여 長子 臨海君은 함경도로, 三子 順和君은 강원도로 가게하고, 황정욱과 그의 아들 황혁과 이기를 따르도록 했다. 황혁을 따르게 한 것은 그의 딸이 순화군의 부인이었고, 이기는 강원도 원주에 살았기 때문이었다. 그런데 이기는 원주에 이르러 병이 나서 따라가지 못했다. 얼마 되지 않아 왜군이 강원도로 들어오자, 순화군은 곧 북으로 향하여 임해군과 동행했으며, 황정욱 일행에게 호행하도록 했다.[2]

왜군은 침입한지 20일 만인 5월 2일, 서울을 점령했고, 이어 제1번대인 고시니 유키나가군은 평안도로 향하여 6월 16일 평양을 점령했으며, 제2번대 가토 기요마사[加藤淸正]군은 예성강을 거쳐 곡산을 지나 함경도로 들어가 안변을 점령한 후, 6월 25일에는 영흥을 점령하고, 더욱 북상하여 회령에서 임해군과 순화군을 포로로 삼게 되었다.

임란 초기의 강원도 전황을 보면, 우선 원주에 주둔하고 있었던 강원도 지방군이 신립이 이끌던 충주전투에 파견되었다. 그러나 4월 27일, 신립군이 충주에서 대패하고, 이어 강원도 각처에 있던 지방군이 서울로 징발되어 정규군이 거의 없는 상태가 되어 버렸다.

강원도 경략의 부대는 모리 요시나리[毛利吉成]이었다. 그는 제4번대의 주장이었으며, 제4번대의 병력은 모리 요시나리가 2,000명, 시마즈 요시히로[島津義弘]가 10,000명, 다카하시 모토타네[高橋元種]·아키즈키 사부로[秋月三郞]·이토 스케타카[伊東祐兵]·시마즈 토요히사[島津豊久]가 2,000명으로 총 14,000명이었다. 모리 요시나리는 4월 17일에 경상도 김해에 상륙했는데, 시마즈 요시히로는 5월 3일에야 부산에 도착하여, 제4번대의 주력부대는 모리 요시나리군 2,000명과 이토 스케타카의 병력 500명을 주체로 하여 강원도를 침범하였다.

왜군은 5월 11일, 제1·2·3군이 임진강으로 향하고, 모리 요시나리 등의 제4번대는 양주를 경유해서 경기도 영평(포천), 마전(연천)으로 향하였다.

---

2) 『선조수정실록』 25년 4월 기미(30일).

당시의 사실을 『선조실록』에는 다음과 같이 기록하고 있다.

> 양사가 합계하기를, "적병이 이미 임진강까지 닿게 되었고 또 楊州에도 나타났다고 하니 양주에서 永平·麻田 등처로 길을 잡아 곧장 평양으로 향한다면 매우 편하고 가까울 뿐더러 나루터 등의 막힌 곳도 없어서 그 속도가 매우 빠를 것입니다. 그런데도 도순검사는 重兵을 끼고 연천에 물러앉아 전진하지 않고 있고 모든 장수들 역시 관망하면서 움츠리고만 있으니 분통이 터질 지경입니다. 만약 서둘러 진격해서 그 예봉을 꺾지 않는다면 군사는 지치고 양식은 떨어지는 등 닥쳐올 환난이 이루 말할 수 없을 것입니다. 청컨대 시종이나 병조의 낭관 중 한 사람을 특별히 파견하여 표신을 가지고 가서 도순검사·도원수 및 각도의 도순찰사 등에게 선유하되 어느 날까지 기한을 잡아 진격하라고 독려하여 결코 기회를 놓치지 말도록 하소서"하니, 상이 대신에게 의논하도록 하였다.[3]

이어 왜군은 철원·평강·김화·회양을 점령한 후, 철령을 넘어 함경도 안변으로 들어가서, 다시 강원도 영동지역으로 남하하였다. 안변에서 통천·고성·양양·강릉을 침입한 후, 부대를 나누어 주력부대는 삼척으로 내려가고, 다른 부대는 서쪽의 양양에서 설악산을 우회하여 광치령을 넘어 양구, 인제를 거쳐 춘천으로 향했다. 주력부대는 삼척의 두타산성을 함락하고 다시 부대를 나누어 일부는 삼척에 주둔하였으며, 다른 부대는 남하하여 울진, 평해를 공격하고, 백복령을 넘어 정선, 영월을 분탕질했다. 왜군은 이후 충북 영춘으로 갔다가 다시 남한강 상류를 따라 평창을 점령하고 영월·주천을 거쳐 신림·원주를 공격했는데, 이때 원주 치악산에서 영원산성의 혈전이 벌어지게 되었다. 이후 10월초 왜군이 춘천을 재차 점령하면서 강원도 전역이 왜군의 수중에 들어가게 되었다.

위의 전황에 따라 왜군의 강원도 침략 루트에 따른 점령지와 날짜를 정리하면 다음과 같다.

---

3) 『선조실록』 25년 5월 병자(17일).

1592년

5월 하순 : 김화, 철원, 춘천 (1차)

6월 5일-12일 : 회양, 흡곡, 통천, 평강

6월 17일 - : 간성, 강릉, 양양

7월 13일 - : 삼척

8월 7일 - : 평창

8월 17일 - : 영월

8월 23일 - : 원주

10월 초 - : 춘천(2차)

이 기간 동안 강원도 각 지역에서는 수많은 전투가 있었고, 많은 희생자가 나왔다. 『동국신속삼강행실도』에는 총 45건을 기록하고 있는데, 타 지역과 비교해 보면 다음 표와 같다.

지역별 분류

	서울	경기	강원	충청	전라	경상	황해	함경	미상	계(종류별)
충신	11	3	6	4	14	10	4	3		55
효자	18	8	1	9	19	32		1		88
열녀	65	28	38	44	92	123	22	19	2	433
계(지역별)	94	39	45	57	125	165	26	23	5	576

위의 표를 확인해보면 임란으로 인한 피해는 전라·경상지역이 다른 지역에 비해 심했음을 알 수 있으며, 강원도의 경우도 타도와 비교해 볼 때는 그 피해가 적지 않았다.

『동국신속삼강행실도』에 수록된 강원도지역의 순절자 명단은 다음 표와 같다.

〈강원도 지역 명단표〉

순번	출처	지역	신분	성별	성명	보상	기타
1	열6-50	김화	봉사 딸	여	정씨	정문	
2	열6-68	김화	양녀	여	근심	정문	
3	열6-81	김화	양녀	여	아분	정문	
4	열5-1	김화	유학 처	여	박씨	정문	
5	열6-2	철원	충순위 처	여	안씨	정문	
6	열6-21	철원	교생 처	여	유씨	정문	
7	열6-43	철원	유학 딸	여	정씨	정문	
8	열6-67	철원	양녀	여	계덕 외 2인	정문	3인
9	충1-66	철원	주부	남	장지생	정문	
10	열5-34	평강	교생 처	여	박씨	정문	
11	열6-33	평강	녹사 처	여	정씨	정문	
12	열7-57	평강	정병 처	여	정조이	정문	
13	열7-69	은계	노비	남	천비	정문	
14	충1-71	회양	부사	남	김련광	정문,추증	

15	열5-75	흡곡	유학 처	여	윤씨	정문	
16	열8-8	통천	사비	여	업지	정문	
17	충1-65	간성	찰방	남	남정유	정문	
18	충1-75	간성	향리	남	손세경	정문	
19	열6-74	간성	양녀	여	몰개	정문	
20	열3-6	강릉	유학 처	여	최씨	정문	
21	열4-29	강릉	선비 처	여	김씨	정문	
22	열4-87	강릉	유학 처	여	최씨	정문	
23	열4-21	삼척	임정일 처	여	한씨	정문	
24	열6-17	삼척	직장 딸	여	최씨	정문	
25	충1-39	원주	목사	남	김제갑	정문,추증	
26	열3-54	원주	선비 처	여	이씨	정문	
27	열3-74	원주	처녀	여	이씨	정문	
28	열3-75	원주		여	이씨	정문	
29	열3-92	원주	유학 처	여	이씨	정문	
30	열4-19	원주	박진생 처	여	한씨	정문	
31	열6-11	원주	판관 처	여	변씨	정문	
32	열6-73	원주	양녀	여	안죽동 처	정문	
33	열7-39	원주		여	원조이	정문	
34	열3-53	원주,횡성		여	이씨,조씨,이씨	정문	3인
35	충1-63	횡성	첨사	남	고세두	정문	
36	효7-3	횡성	학생	남	고응익	정문	
37	열4-38	횡성	진사 처	여	김씨	정문	
38	열5-66	횡성	선비 처	여	권씨	정문	
39	열6-8	횡성	충순위 처	여	원씨	정문	
40	열7-40	횡성	향리 처	여	홍조이	정문	
41	열3-18	춘천	학생 처	여	류씨	정문	
42	열3-31	춘천	양녀	여	억절	정문	
43	열3-42	춘천	사비	여	천개	정문	
44	열4-83	춘천	유학 처	여	송씨	정문	
45	열6-76	춘천	양녀	여	장용위	정문	

이들을 지역별로 정리해 보면 다음 표와 같다.

지역	김화	철원	평강	은계	회양	흡곡	통천	간성	강릉	삼척	원주	횡성	춘천	계
건수	4	5	3	1	1	1	1	3	3	2	10	6	5	45

그리고 남녀 성별 및 신분을 보면, 45건에 등장하는 인물은 총 51명이다. 이들은 남자 8명, 여자 41명, 어린아이 2명이며, 신분을 보면, 양반 17명, 양인 22명, 노비 2명, 기타 10명이었다. 그러면 각 지역별로 구체적인 사례를 살펴보기로 하자.

3. 지역별 사례

1) 김화전투와 강원도침략

1592년 5월 하순, 왜군 제4번대 주장 시마즈 요시히로는 경기도 영평군(가평군 영중면)에 진을 치고, 그의 아들 시마즈 다다토요[島津忠豊]로 하여금 춘천을 공략하게 하였다. 이 때 강원감사 유영길이 춘천에 은신하고 있었는데, 급한 전황에 당황한 나머지 여주에 있던 원호에게 춘천 방면으로 이동하라는 명령을 내렸다. 당시 元豪의 여주 신륵사 구미포 전투에서 승리한 왜군의 충주 보급선을 막고 있었는데, 원호가 여주를 떠나자 적의 보급 통로를 열어 주는 격이 되어 이후, 전세에 악영향을 미치게 되었다.

원호는 춘천에 와서 춘천부사 박휘와 함께 우두산에서 적을 대파하고 진병산(신동면 증리)에서 적의 퇴로를 차단하여 적을 포위했으나, 왜장 시마즈 다다토요는 가평에 있었던 시마즈 요시히로에게 구원을 요청하여 위기를 모면하고, 화천·김화 방면으로 도주하였다. 방어사 원호는 이를 추격하여 김화성 동쪽 15리에 있는 갈동리에 진을 쳤다. 이 정보를 들은 시마즈 요시히로는 그의 아들 시마즈 히사야스[島津久保]에게 기병 20명과 銃卒 200명을 주어 김화현 갈전리에 통하는 요충지점에 복병을 배치했다.

원호는 적의 복병이 이미 진을 치고 있는 것을 알지 못하고, 2백여 명의 기병과 3백여 명의 보병을 거느리고 진군하던 도중, 적의 공격을 받고 일대 혼란에 빠지게 되었다. 원호는 앞서가던 기병을 수습하여 크게 외치기를 "원호가 여기 있도다"하니, 모든 군사들이 함성을 지르며 싸우기를 재촉하였고, 뒤따라오던 보병 3백여 명이 반격하여 순식간에 참수 50여급의 성과를 올리기도 했다. 전후 3차례에 걸친 전투로 쌍방에 많은 사상자를 내었으나, 적의 공격은 멈추지 않았다.

이 때 군사들은 화살이 다하자 돌을 던지며 싸웠고, 기진맥진한 군사들을 돌아보면서, "내가 왕명을 받고 적을 쳤으니, 조그만 공로에 성은이 망극하였으매, 이때가 내가 순국할 때이며, 이곳이 곧 나의 뼈골을 매장할 땅이로다. 그대들이 같이 죽는 것은 무익한 일이니 각자가 혈로를 뚫고 나가 다시 이적의 무리들을 섬멸토록 기약하라"고 하였으나, 그 자리를 뜨는 군사가 한명도 없었다. 원호는 크게 노하여, "군령이로다. 불복하는 자는 먼저 군율로 다스리라"고 하였으나, 그래도 원호의 곁을 떠나는 군사가 없었고, 싸움을 계속했다. 그리하여 끝까지 싸우다가 모두 장렬하게 전사했다.4) 결국 김화에서 원호군이 무너지면서 왜군은 강원도 방면의 침공을 본격화했으며, 이후 회양을 거쳐 함경도로 진격했다.

『동국신속삼강행실도』에는 김화지역의 경우 열녀만 4인이 수록되어있다. 그 가운데 양녀 아분의 기록을 보자.

---

4) 김일기, 「왜란과 강원지방」, 『강원도사』역사편, 제9장 제1절, 1995, 937쪽.

○ 阿分暴屍[5)]

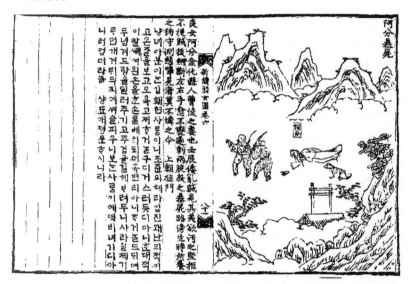

〈원문〉

良女阿分金化縣人曹俊之妻也 壬辰倭亂賊見其美欲汚之 堅拒否不從 賊拔劍斷
左右手愈不變 逾刺兩腋殺祉 暴屍路傍生時所養之狗守測悲鳴 見者莫不憐之 今
上朝旌門

〈번역〉

양녀 아분은 김화현 사람으로 조준의 아내라. 임진왜란 때 왜적이 그 아
름다움을 보고 오욕하고자 하니 완강히 거부하여 좇지 아니하자, 왜적이 칼
을 빼어 좌우 손을 베었으나 변치 아니 하였다. 마침내 양 겨드랑이를 찔러
죽이고 주검을 길에 버려두니, 살았을 때 기르던 개가 곁을 지키며 슬피 우
니, 보는 사람들이 가엽게 여기지 않는 이 없더라. 지금 임금께서 정문하시
니라.

삽화에는 왜적 2인에 의해 양팔이 잘린 양녀 아분의 모습과 그 옆에는

---

5) 『동국신속삼강행실도』 열녀6-81

개가 그려져 있고, 그 아래에는 정문이 세워져 있다.

2) 회양전투와 영동침략

1592년 6월 5일, 모리 요시나리가 이끄는 왜군은 강원도 회양을 함락하였다. 閔順之의 『壬辰錄』에 의하면, 왜군이 회양성에 이르렀을 당시 이미 그 성곽은 황폐화된 상태였다. 이러한 상황에서 부사 金鍊光은 부임한지 채 10일이 되지 않았지만, 군사를 새로 모으고 무기를 새로 마련코자 힘썼다. 이리하여 흩어진 민심을 수습하고 피난을 가려던 주민들이 다시 모이기 시작하던 참에 왜군이 침공했다. 아군 척후대가 패하여 돌아오자, 김연광은 죽음을 각오하고 동헌에 나아가 직접 전투를 지휘하였다.

적들은 이미 조총으로 성벽을 공격하면서 성을 에워싸고 성벽을 타고 올랐다. 아군은 일진일퇴하면서 마지막으로 부사영에 모여 최후의 결전을 전개하였다. 이때 비장 한사람이 부사에게 "잠깐 여기를 피하셨다가 다시 호기를 노려 적을 엿보는 것이 어떠하겠습니까"하고 건의하였으나, 그가 대답하기를, "아니로다. 나는 守土之臣이니, 의로 보아 마땅히 나라와 영욕을 함께하고, 흥망성쇠를 같이 해야 옳거늘, 이 땅을 버리고 내가 장차 어느 하늘 밑에 생을 구할 것이냐?"고 했다. 그 한마디 한마디가 천금보다 무거웠고, 그 위품에 동헌에 모여 있던 장사들이 다시 한번 맹세하고 일어서게 되었다.

적은 이미 성안으로 들어와 여기저기서 戰火가 하늘에 치솟고, 함성이 요란하였으나, 그는 태연하게 조복을 입은 채로 최후의 결전을 지휘하였다. 왜적이 부사 앞에 이르러 그 중 한명이 부사를 위협하니, 부사는 손에 印綬를 쥐고 크게 꾸짖었으나, 적이 그의 손을 칼로 내려치니 피가 낭자하였다. 그는 마침내 장렬하게 전사하였다. 그의 나이 69세였다. 『선조수정실록』에는 김연광의 순절에 대해 다음과 같이 기록했다.

비변사에서 아뢰기를, " … 사변 이후 국사 때문에 죽은 신하가 없지 않습니다. 동래부사송상현과 회양부사 김연광은 모두 순국하여 절의가 칭송할 만한데도 장계에 드러나지 않았기 때문에 지금까지 포상받지 못하고 있어 人情이 매우 답답해합니다. 이밖에도 반드시 포장할 만한 사람이 있을 것이니, 해사로 하여금 시급하게 실적을 조사하여 일체 포장하고 증직함으로써 충혼을 위로하게 하소서"하였다.6)

회양부사 김장연도 동래부사 송상현과 마찬가지로 임진왜란이 끝난 후에야 주목을 받게 되었고, 훗날이 되어서야 증직되고 정문되었다.

부사 김연광의 죽음에 대하여 『동국신속삼강행실도』에는 다음과 같이 기록하고 있다.

○ 鍊光死賊7)

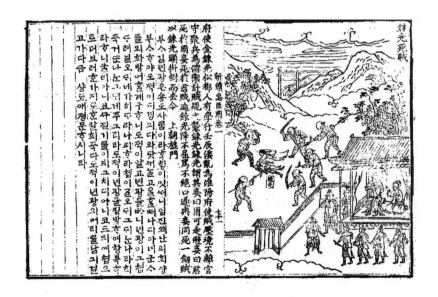

---

6) 『선조수정실록』 26년 10월 기유(29일).
7) 『동국신속삼강행실도』 충신1-71

〈원문〉

府使金鍊光松都人 有學行壬辰倭亂爲淮陽府使 賊壓境不離官守聚兵爲濟禦計
賊覘之襲鍊光鍊光謂其妾曰 爾可走避妾曰君死於國妾死於君 賊迫鍊光降不屈罵
不絶口遂與妾同死一劍 賊以鍊光頭掛樹而去今 上朝旌門

〈번역〉

부사 김연광은 송도사람이다. 학행이 있더니 임진왜란에 회양부사 되어
적이 지경에 와 막거늘 떠나지 아니하며 군사를 모아 방어할 계를 구하였
다. 도적이 알고 습격하니 연광이 그 첩에게 이르되 네가 가히 달아나 피하
라 말하니 그 첩이 가로되 그대는 나라를 위해 죽고 나는 그대에게 죽으리
라 하였다. 도적이 연광을 핍박하여 항복하라 하니 굴하지 아니하고 꾸짖기
를 입을 그치지 아니하니 드디어 첩으로 더불어 동시에 한 칼에 죽다. 도적
이 연광의 머리를 나무에 걸어 놓고 가다. 상조의 정문 하시니라.

삽화는 세부분으로 나뉘어 그려져 있는데, 하단에는 김연광이 방어계책
을 세우는 장면, 중간에는 김연광과 첩이 살해되는 장면, 그리고 상단에는
정문이 묘사되어 있다.

이후 6월 12일, 회양을 함락시킨 모리 요시나리군은 군병을 전진시켜 강
원도와 함경남도의 경계인 철령(함경남도 안변군 위익면)에 이르렀다. 이곳
에서 함경남병사 李渾은 패하고 왜군은 함경남도 안변으로 향했다. 이에 임
해군과 순화군의 두 세자는 모리 요시나리군에 쫓겨서 더 북쪽으로 도망가
게 되었다.

3) 동해안의 약탈

1592년 6월 17일, 모리 요시나리군은 가토 기요마사군과 함께 안변부에
입성하게 되었는데, 가토 기요마사군이 함경도를 담당하게 되자, 모리 요시
나리군은 안변에서 歙谷을 거쳐, 그 길로 동해안을 남하하여 통천·고성·간
성·양양을 휩쓸었다. 여기서 부대를 나누어 한쪽은 인제·양구 방면을 공격

하고, 주력부대는 남진하여 강릉·삼척으로 남하했다.

당시의 전황은 자세히 전해지지 않는데, 단편적인 사료로『관동지』의 내용을 소개하면 다음과 같다. 안변에서 남쪽으로 내려 간 왜군은 흡곡을 공격했는데, 현령 李碩亨은 晃과 昇이라는 두 아들을 데리고 있었다. 장남 민은 벼슬이 별제였는데, 형제가 힘을 모아 그의 아버지를 위기에서 구하고 두 형제는 모두 전사하였다. 조정에서는 정려로서 표창하였다. 또 왜군이 간성에 침입했을 때, 왜군은 간성향교의 명륜당을 마굿간으로 사용했다. 이에 분개하여 간성에서 유생 5인이 봉기했는데, 金自發, 金自澤, 金自溶, 朴應烈, 朴應勳 등 5인은 목숨을 걸고 적진에 들어가 위패를 찾아내어 해상리 승덕골 골바위에 안치했다. 2~3년 후에 이들은 사재를 들여 해상리에 충헌사를 짓고 위패를 옮겼다. 또한 孫世卿은 간성의 향리였는데 적이 그를 잡아서 문서를 전송하여 달라고 강요하니 그는 이 말을 거절하고 도망치다가 잡혀 순절하였다.8)

『동국신속삼강행실도』에는 흡곡, 통천, 간성, 강릉, 삼척 등 강원도 동해안지역에서의 순절에 대하여 8건을 기록하고 있는데, 지역별로 소개하면 다음과 같다.

---

8) 『관동지』권13 간성, '忠臣 孫世卿 왜적에게 붙잡혀 문서를 전해 보내라고 협박을 받았으나 손세경은 따르지 않고 도망갔다. 잡히자 다시 도망갔고, 다시 붙잡히자 왜적이 노하여 그를 찢어 죽였다. 그 일이 알려져 자손의 향역이 면제되었다.'

○ 尹氏見斬[9] (흡곡)

〈원문〉

尹氏歙谷縣人 敎生咸應麟妻也 遇倭賊皆脫衣服 以水洛之 尹氏堅拒日 身可殺
不可辱奮 罵不屈 賊斬之今 上朝旌門

〈번역〉

윤씨는 흡곡현 사람으로 교생 함응린의 아내다. 왜적을 만나 옷을 벗기고
물로써 모욕을 하였다. 윤씨가 완강히 거부하여 말하기를 몸을 죽일 수는
있으나 욕을 보이는 것은 불가하다며 꾸짖고 굽히지 않으니 적이 베었다.
지금 임금께서 정문하시니라.

---

9) 『동국신속삼강행실도』 열녀5-75.

○ 業之見殺[10] (통천)

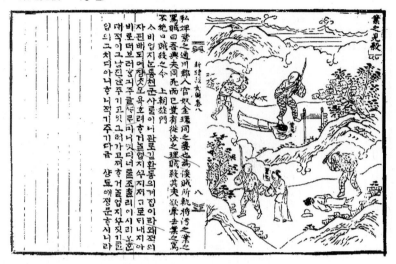

〈원문〉

私婢業之通川郡人 官奴金環同之妻也 爲倭賊所執將汚之 業之罵賊曰 吾與夫
同死而已豈有從汝之理賊 殺其夫欲牽去 業之罵不咒口賊殺之今 上朝旌門

〈번역〉

사비 업지는 통천군 사람이니 관노 김환동의 아내이다. 적에게 붙들렸다
가 장차 오욕하고자 하거늘 업지는 도적을 꾸짖으며 말하기를 나는 남편과
함께 죽을 뿐이다. 어찌 너희들의 이유를 따르겠는가. 도적은 그 남편을 죽
이고 끌고 가고자 하거늘 업지는 꾸짖음을 그치지 아니하니 도적이 죽였다.
지금 임금께서 정문하시니라.

삽화에는 하단에 관노 김환종의 살해 장면과 끌려가는 업지의 모습이 그
려져 있다. 그리고 중간부분에는 저항하는 업지를 살해하는 장면과 정문이
묘사되어 있다. 관노의 딸로 사비(私婢)의 신분이었던 업지라는 여인이 지

10) 『동국신속삼강행실도』 열녀8-8.

아비에 대한 정절을 지키며 죽어가는 모습이다.

간성에서는 3건을 기록하였는데, 향리 손세경의 죽음은 『관동지』에도 기록되어 있다.

○ 世卿投水[11] (간성)

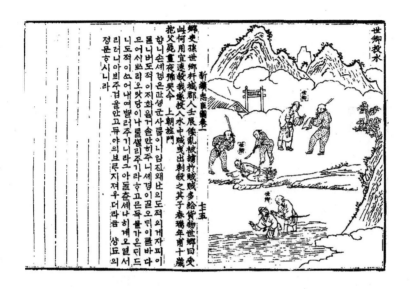

〈원문〉

鄕吏孫世卿干城郡人 壬辰倭亂被擄於賊 賊多給貨物 世卿曰受此何用宜速殺我
遂投入水中 賊曳出刺殺之 其子春瑞年甫十歲抱父屍晝夜號哭今 上朝旌門

〈번역〉

향리 손세경은 간성군사람이다. 임진왜란에 도적에게 잡혀 많은 재물을
살만큼 주었다. 세경이 가로되 이것을 바닷물에 빠트리고 마땅히 나를 빨리
죽여라 하고 물 가운데로 들어가니 도적이 끌어내어 찔러 죽였다. 이때 그

---

11) 『동국신속삼강행실도』 충신1-75.

의 아들 춘세의 나이가 겨우 열살이었는데, 아비의 주검을 안고 주야로 부
르짖고 울었다. 지금 임금께서 정문하시니라.

왜적이 무슨 이유에서 세경에게 재물을 주었는지는 알 수 없으나, 세경
은 이것을 바다에 버리고 죽음을 택했다. 그러자 열살된 아들 춘세가 아비
의 죽음을 슬퍼하며 부르짖었고, 훗날 정문이 세워졌고, 충신도(忠臣圖)에
기록하였다.

○ 崔氏刲腹[12] (강릉)

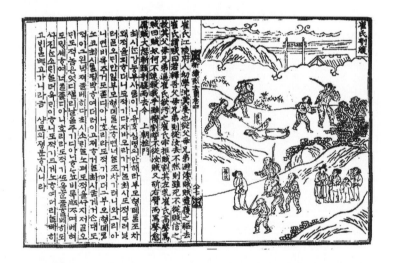

〈원문〉
　　崔氏江陵府人 幼學沈萁妻也 從父母兄弟 避倭賊盡獲之驅去 崔氏謂賊曰 若釋
吾父母兄弟則 從汝去不然則雖死不從 賊信之放其父母兄弟 逼崔氏欲汚之 崔氏
牢拒賊割其左乳 崔氏高聲罵賊曰 賊奴何不速殺我乎 雖臂割誓不從汝 賊又斫右
臂而罵聲愈厲賊大怒斬頭刲腹而去今 上朝旌門

---

12)『동국신속삼강행실도』 열녀4-87.

〈번역〉

최씨는 강릉사람이니 유학 심명의 아내이다. 부모형제를 쫓아 왜적을 피하더니 도적이 다 잡아 몰아가거늘 최씨가 도적더러 말하기를 만일 부모형제를 놓아주면 너를 쫓아가겠지만, 그러지 아니하면 비록 죽어도 쫓아가지 아니하리라 하였다. 도적이 믿고 그 부모형제를 놔주고 최씨를 핍박하여 더럽히고자 하거늘 최씨가 굳게 거스리니 도적이 그의 왼쪽 젖을 베었다. 최씨가 소리 높이어 도적을 꾸짖어 말하기를 도적놈은 어찌 빨리 나를 죽이지 아니하는 가 비록 팔다리를 베어도 맹세하여 너를 쫓지 아니하리라 하였다. 도적이 오른팔을 베어 꾸짖는 소리를 더욱 크게 하니, 도적이 크게 노하여 머리를 베고 배를 가르고 갔다. 지금 임금께서 정문하시니라.

『동국신속삼강행실도』에는 최씨 부인이 부모형제를 구하기 위해 자신의 목숨을 버리는 모습과 잔인하게 최씨 부인을 살해하는 삽화와 함께 그 내용을 자세히 기록하였다.

모리 요시나리군은 양양·강릉을 유린한 후, 7월 13일경에 삼척에 침입하였다. 왜군은 이곳에서 둘로 나누어 모리 요시나리군은 삼척에 주둔하고 시게타가[重隆]가 이끄는 부대는 남하하여 울진·평해 등지를 분탕한 후 다시 삼척에서 모리 요시나리군과 합류하였다.

당시 왜군의 영동 이동 루트에 관해서는 『선조수정실록』에 다음과 같은 기사가 있다.

경상좌도 의병장 柳宗介가 적을 만나 패하여 전사하였다. … 이때 이토 기요마사[加藤清正]가 안변에 있으면서 경주의 적과 서로 응하고 있었는데, 一枝의 군사가 영동의 고성·강릉을 따라 지나는 곳마다 노략질하며 平海의 지경에 이르러 횡행하며 노략질하였다. 유종개가 갑자기 이 적을 만나 패하여 전사하였는데, 왜적도 퇴각하여 경주로 향하였다.13)

이때 삼척의 두타산성에는 많은 피난민과 의병들이 집결해 있었다. 부사

---

13) 『선조수정실록』 25년 8월 무자(1일).

奇쑥이 이끄는 지방군과 朴杰男과 崔元屹이 이끄는 의병들도 집결해 있었다. 두타산 계곡의 험준한 지형을 이용하여 草偶神將을 만들어 남북 15리 절벽 사이에 세워 놓고 많은 군대가 있는 것처럼 위장전술로 만반의 준비를 해놓고 있었다. 왜병들은 공격을 포기하고 삼화사를 불태우고 정선으로 향하려고 할 때 두타산성의 지형을 잘 알고 있는 麻姑할미를 만나 길을 인도하게 한다. 왜병들은 耳基嶺을 넘어 중봉을 거쳐 連七星嶺 뒤로 돌아 두타산성을 기습하였다. 이때 많은 사상자가 생겼는데 죽은 사람의 피가 계곡물을 붉게 물들여 흘러가다가 모인 沼를 피소굽이라 했고, 화살이 떠내려가던 강이라 해서 '箭川'이라고 부른다.

『三和寺誌』에는 당시의 일화가 수록되어 있는데, 松羅亭(동해시 송정동)에 살고 있던 최씨라는 낭자가 약혼을 하였으나 아직 결혼식을 올리지 못하고 있을때 왜군이 침입해 왔다. 깊은 산골에 가족과 같이 피신하고 있던 중 적에게 발각되었다. 왜적은 최낭자를 겁탈하고자 하니 죽음을 무릅쓰고 반항하다가 피살되고 말았다. 또한 그 가족들도 모두 피살되었다. 마을 사람들은 가엾게 죽은 최낭자를 장사지내고 마을 길가에 열녀문을 세워서 지나가는 사람마다 슬퍼하였다고 한다.

최낭자의 사건을 『동국신속삼강행실도』에는 다음과 같이 기록하고 있다.

○ 崔氏斷手[14] (삼척)

〈원문〉

處女崔氏三陟府人 直長崔彦起之女也 爲倭賊所執罵賊不從 賊斷其手足不屈而 死今 上朝旌門

〈번역〉

처녀 최씨는 삼척부사람으로 직장 최언기의 딸이라. 왜적에게 잡히게 되었는데 도적을 꾸짖고 좇지 아니하였다. 도적이 그 수족을 잘라도 굴하지 아니하고 죽었다. 지금 임금께서 정문하시니라.

삼척에서 왜군은 남진을 하여 울진·평해를 거쳐 경상도 영해까지 내려갔다가 다시 삼척으로 돌아와 백복령을 넘어 정선·평창·영월을 거쳐 원주의 영원산성을 점령하게 되었다.

---

14) 『동국신속삼강행실도』 열녀6-17.

4) 영월지역에서의 전투

『동국신속삼강행실도』에는 정선·평창·영월지역의 기록은 실려 있지 않다. 영월지역에서는 임란이 일어난 직후부터 의병이 봉기했다. 영월군 진별리에 살던 高宗遠, 高宗吉, 高宗慶 형제가 경상병사 金誠一의 招諭文과 전라의병장 高敬命의 檄文를 보았는데, 이때가 6월 26일이었다. 고종원은 의병모집의 통문을 돌려 모여든 의병으로 진영을 설치하고, 병기마련과 군량미조달에 힘쓰며 문무의 재주가 있는 고종경을 의병장으로 추대하니 모여든의병이 수백 명이었다.

그때 강원감사 柳永吉이 고종경 의병장을 불렀다. 감사 유영길은 고종경 의병장을 면접하고 "興原의 군세가 약하므로 지원병을 증파하려 하는데 통솔할 사람이 없다. 이제 그대를 만나보니 부대를 인솔할 만하다고 판단되어 그대에게 관군 5백 명을 준다"고 말하고 興原津까지의 통솔을 명했다. 당시홍원진은 강원도 조방장 元豪장군이 지키고 있었으며, 원호 장군은 유영길의 명에 따라 춘천과 김화지구로 이동하게 되었다. 홍원진은 남한강과 섬강이 만나는 합수머리로 왜병이 남한강을 건너는 관문이었다. 홍원진으로 고종경 의병장이 관군 5백 명을 인솔하던 중 일부 관군이 도망쳤다. 도망친관군을 다시 모으고, 또 새로 모집하여 5백 명의 관군을 겨우 홍원진에 집결시켰다. 그러나 도중에 관군이 도망치는 분란이 있었으므로 지정된 날에도착할 수가 없었다.

감사 유영길은 군율을 엄하게 다스린다는 명목으로 고종경을 영월로 압송하여 형을 집행하게 하였다. 이때 평창군수 權斗文이 영월군수를 겸하고있었다. 영월 백성들은 "道伯이 법문을 변통하기 어렵다하여 형행하라는 공문을 보냈으나 고종경은 죽일 죄는 없는 것입니다. 위급 존망의 난을 당하여 무죄한 의사 한사람을 죽이는 것이 어찌 애석한 일이 아니겠습니까"하고 권두문 군수에게 울면서 사면해 줄 것을 요청했다. 이때 피난왔던 完産

君 李軸, 진부사 李勉, 선전관 申景澄, 교관 洪湜 등이 "고종경은 쓸만한 인재이니 사죄하여 공을 세우게 하는 것이 국가의 이익"이라고 했다. 권두문 군수는 이 같은 사실을 원주감영에 보고했지만 공문을 가져가던 자가 길이 막혀 전달하지 못하고 그대로 돌아왔다. 권두문 군수는 수령의 직책으로 상사의 명을 오래 지체할 수가 없어 부득이 형을 집행했다. 얼마 후에 감사 유영길은 고종경 의병장의 무죄함을 깨닫고 사면한다는 공문을 보내왔지만 이미 사형이 집행된 뒤였다. 권군수를 비롯하여 영월 고을 백성들은 통탄했다. 고종경 의병장은 죽음에 임해 "한 놈의 왜병도 죽이지 못하고 군율을 범한 바가 되었으니 죽어도 눈을 감을 수가 없다"고 탄식했다. 고종경 의병장이 부당하게 처형당하자 영월지방 사람들은 의병에 대해서 말하기조차 꺼려하게 되고 또한 사기도 떨어져 의병들은 해산되었다. 의병모집에 앞장 섰던 고종원 형제는 진별리에 숨어버렸다.

평창을 유린한 왜병은 8월 17일 영월을 점령했다. 18일에는 진별리에 진입했다. 진별리 고씨굴로 피난했던 고종원은 왜병에게 잡혔고, 부인 조씨는 왜놈에게 잡혀 능욕을 당하기보다 남편을 자유롭게 운신할 수 있게 하기 위해서 고씨굴 안에 있는 못에 투신 자살했다. 고씨굴은 본래 魯里谷 굴이었으나 고종원이 피난했다고 해서 고씨굴이라는 이름이 생겼다. 고종원은 의병을 일으켜 왜병과 싸워보지도 못하고 포로가 되어 원주까지 끌려갔다가 탈출한 후, 임진왜란의 쓰라린 기억들을 『祈天錄』으로 남겼다.[15]

5) 원주 영원산성 전투

영원산성은 원주 동쪽 30리인 치악산 남쪽 기슭에 있다. 석축의 둘레가 3,749척으로서 사방이 모두 절벽이며 전방에 통로가 하나 있어서 겨우 한사 람씩 기어 올라갈 수 있는 요새였다. 여기서 원주목사 金悌甲은 사졸들과

---

15) 손승철, 『강원도사』 5권 8장 1절, 왜란과 강원도. 2013. 참조.

원주백성 및 한성 쪽에서 피난하여 온 약 4천여 명과 함께 한 달 이상 식량과 무기를 모으고 성곽을 수리하여 적이 쳐들어오기를 대비하고 있었다. 평창, 영월을 유린한 왜적이 주천, 신림을 거쳐 원주로 쳐들어 온 것이 8월 23일이었다. 이때 목사 김제갑은 무인 朴宗男을 불러 말하기를 "적은 반드시 可里嶺(원주군 신림면 가르팻재)을 지나서 원주로 향하여 북상할 것이다. 이 嶺은 매우 험하여 말 두필이 동시에 지나지 못 할만치 길이 좁으니 이 영의 목을 눌러서 병력 1천 명으로만 지킨다면, 비록 백만의 적이라도 날개 없이는 통과하지 못할 것인 즉 여기에서 적을 억누를 수 있을 것이요, 만일에라도 그 영을 잃을 때에는 내가 뒤에서 준비하여 대책을 마련할 것이니 그대가 나가서 힘써 막을 지어다"라고 하였다.

박종남은 "그리 하겠나이다"하고 물러나 수병을 이끌고 가리령까지 나가서 병사 한 사람을 시켜서 적이 근접하는 동정을 살펴 오라고 명령하였다. 이 병사는 적을 바라볼 수 있는 데까지 가지 않고 도중에서 그대로 돌아와 버리고서 거짓말로 보고하기를, "적은 천천히 내려오니 아직도 멀리 떨어져 있소"라고 하였다. 박종남은 이 병사의 거짓 보고를 그대로 믿고 말안장을 내려놓고 갑옷과 투구를 벗어 제치고 강가에 앉아서 발과 손을 씻으면서 한가롭게 휴식을 즐기고 있었다.

이때에 적은 이미 아군의 복병 있는 곳을 가만히 돌아 그 후방에 나와 있었으며, 복병들은 뒤에서 별안간 적이 기습하여 오자 도망쳐 돌아왔다. 이에 앞서 적이 이미 원주에 들어왔다는 정보가 들리니 모든 사람들이 떨면서 어찌할 바를 몰랐다. 이에 김제갑은 홀로 태연자약하면서 전장병들과 같이 방수에 힘쓸 것을 맹세하니, 성중의 인심이 차츰 가라앉고 그 충의에 감탄하였다 원주에 들어온 적은 산성에 방비가 있음을 알고, 8월 24일 군사를 성중에 보내어 장대 끝에 항복을 권하는 적장의 편지를 꽂아들고 목사 앞에 나타났다. 그 편지 속에는 항복을 권유하면서 한편으로는 위압으로 협박하는 말투가 있었는데, 목사 김제갑은 그 군사를 앞으로 끌어오게 하여

손수 장검을 빼어 한칼로 목을 베어 버린 뒤에 조용히 자리에 앉았으니, 노기가 머리끝에 서리고 확고한 결의가 서있는 모습에 사람들은 감히 얼굴을 들어서 쳐다보지 못했다. 그러면서 그들은 서로 의논한 결과 "왜적이 반드시 대거 침입해 올 것이며 군사를 베어죽인 한을 풀려고 할 터이니 미리 피하여 화를 면하는 것이 상책일까 하오"라고 하니, 목사 김제갑은 말하기를 "수토지신이 피하여 간다면 어디로 갈 것인고, 감히 피하라고 말하는 자는 당장 베어 버릴 것이로다"하니 비로소 모든 사람들도 각오를 새로이 할 수 있었다.

김제갑은 곧 부하 장병들에게 명령하여 산성에서 5리쯤 떨어져 있는 다섯 고지[五峯]위에 각각 척후병을 1조씩 보내어 적이 내습하는 동정을 살피도록 하고 만일에 적이 올 때에는 호각을 불어서 보고토록 하였다. 이튿날인 25일 아침 일찍 다섯 고지 위에 있던 5개조의 척후로부터 모두 호각이 울려오니 분명히 적이 쳐들어오는 것이었다. 창과 검이 산을 덮고 북소리와 고함소리가 땅을 울렸는데 외부에서는 개미 한 마리의 응원도 바랄 길이 없었으며 성첩을 지키는 병력은 5천도 못되는 터이라 성중이 매우 동요하는 것도 무리는 아니었다. 그러나 적도 또한 험준한 산성을 쳐다보기만 하다가 十進十退하였는데, 이날 저녁에 적은 결사의 용사 수십 명을 뽑아서 절벽의 틈사이로 기어 올라와서 성벽에 구멍을 뚫고 불시에 고함을 치면서 돌진하여 오니, 적의 주력이 이와 연계하여 성을 넘어 혈로를 헤치면서 육박하여 왔다.

성중에서는 활과 돌을 비 퍼붓듯 적에게 집중시키면서 최후까지 싸웠으나, 이날 종일토록 격전을 반복하였던 터이라 이미 화살도 다하고 힘도 떨어져 드디어 함락되고 말았다. 성중에는 군관 吳杭이라는 勇力之士가 있었는데, 그는 김제갑을 잔등에 없고 도망치려 하였다. 김제갑은 반석처럼 그 자리에 앉아서 말하기를 "평생에 나라에 두터운 은혜를 입었는데, 이제 이 격전의 마당에서 어찌 살겠다고 도망을 칠 수 있겠는고, 젊은 그대들은 이

자리를 피하는 것도 또한 좋을 것이로다"하고 마침내 조복을 꺼내어 갑옷 위에 입고 북향재배하여 아뢰기를, "신이 살아서 국은에 보답하지 못하였사온데 이제 여기서 죽사오나 죽어 귀신이 되어서라도 기어코 이 더러운 적을 쳐서 국토를 지킬 것이옵니다"라고 하였다. 적의 화살이 그의 가슴을 뚫고 활촉이 잔등까지 나와 있었으나 胡床을 떠나지 않고 그를 쏜 적을 쏘아 죽이고 다시 종자로부터 화살을 받아 연달아 수명의 적을 관통하여 죽이니, 그 모습이 청룡과 같이 장엄하였다. 입에서 선혈이 흘러내리되 오히려 활을 당기고 몰려드는 적의 무리를 노한 눈으로 내려다 보매 마치 늙은 백호가 깊은 상처를 입고 소리 지르는 듯하여, 적이 감히 덤벼들지 못하고 주저하기만 하였다. 이때 마침 적의 부장 한 사람이 겁을 무릅쓰고 달려와 그에게 호상에서 내려앉아 항복하라는 뜻으로 무릎을 꿇게 하려고 하였다. 그러나 그는 큰 나무가 뿌리 박은 듯이 굴하지 않고 유유히 앉아 적을 크게 꾸짖으면서 허리에 차고 있던 칼을 빼어 그 사람을 내리치다가 마침내 적에게 살해당하여 거룩한 생을 마치었으니 나이 68세였다.

부인 이씨는 그의 죽음을 듣고 시녀를 돌아다보며 말하되 "대감께서 이미 나라 위하여 돌아가셨다 하니, 이 몸이 죽지 않고 외로이 살아남은들 무슨 소용이 있겠느냐, 뱃속에 들어있는 어린 것이 가엾기는 하지만 남편 따라 같이 죽은 이 어미를 원망하지는 않을 것이리라"하고 懷刀를 입에 물고 엎드려 자결하였다. 작은 아들 時伯은 목사 옆을 떠나지 않고 몰려드는 적을 베어 죽이고 찔러 죽이다가, 산성 일우까지 압축을 당하게 되어 일이 이미 틀렸음을 알고 가졌던 활과 화살을 그의 종복에게 주었으며, 부모의 시체를 거두기 위하여 孤城에 남아서 최후까지 싸우다가 장렬하게 전사하고 말았다. 또한 김제갑이 거느린 衙前들과 가솔 백여 식구가 모두 같이 힘을 모아 적과 크게 싸우다가 드디어 산성와 운명을 같이 하였으니, 이날이 바로 임진년 8월 25일이었다. 당시의 상황에 대해 『선조수정실록』에는 다음과 같은 기사가 있다.

　적병이 원주 영원산성을 함락시켰는데, 목사 김제갑이 전사하였다. 이에
앞서 관동의 주현이 모두 적에게 노략질을 당하였으나 원주만은 온전하였
다. 그런데 적이 원호의 군사를 패배시키고 드디어 곧바로 원주로 침입하니,
원주목사 김제갑이 고을 안의 사대부와 서민 그리고 온 가족을 데리고 산성
으로 들어갔는데 험한 지세만 믿고 설비를 하지 않았다. 적이 두세 번 성
밖까지 왔다가 되돌아가므로 성 안의 사람들은 더욱 그들을 얕잡아 보았다.
하루는 적이 잠깐 퇴각하는 체하다가 곧바로 군사를 돌려 헛점을 틈타 습격
하였으므로 성이 금방 함락되었다. 김제갑은 굴하지 않고 전사하였는데, 처
자도 모두 따라 죽었으므로 사람들이 한 가문에 忠孝烈이 나왔다고 하였다.
왜적이 드디어 원주에 주둔하고 군영을 砥平縣까지 연결하여 경성에 이르는
길을 확보하였다.[16)]

　싸움이 끝나고 적이 물러 간 후 趙文璧과 高峴은 성안의 동헌에 들어가
목사 내외의 시신를 거두어서 酒泉縣에 가매장하였다가 1594년 봄에 충주
洪福洞에서 장사 지냈다. 전란이 끝난 후 1602년 봄에 충주 福盛洞 發川乾
坐에 이장했다. 원주관민들은 영원산성의 사수를 듣고 모두 눈물로써 치제
하였는데, 그 제문에 "공과 그 부인 그리고 그 아들 세 사람은 충성과 정열
과 효도로서 같은 날 같은 산성에서 돌아가셨다니 一偶孤城에 萬古三綱을
세우셨나이다. 이에 고을 백성들이 이를 흠모하는 나머지 삼가 한 잔의 술
을 부어 치제를 올리는 바입니다'고 하였다.
　선조는 이 소문을 듣고 이 해 10월 21일에 김제갑을 資憲大夫로 올리고
이조판서겸경연홍문관대제학에 추증하였다가, 1606년에 다시 영의정으로
추증했다.
　『동국신속삼강행실도』에는 목사 김제갑에 대하여 다음과 같이 기록하였다.

---

16) 『선조수정실록』 25년 8월 무자(1일).

○ 悌甲罵賊17)

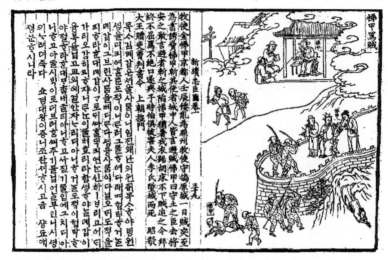

〈원문〉

牧使金悌甲京都人 壬辰倭亂爲原州牧使 守鴒原城 一日賊峑至爲書誘脅悌甲
斬其使者城中人皆言避賊悌甲曰 守土之臣去將安之敢言避者斬之 城陷悌甲猶着
戎踞胡床不下 賊迫之令拜終不屈罵不絶 口逐與子時伯俱被害夫人李氏墜城而死
昭敬大王贈吏曹判書今上朝旌門

〈번역〉

목사 김제갑은 서울사람이니 임진왜란 때 원주목사로 영원성을 지키어
하루는 도적이 이르러 글로 하여 달래며 협박하거늘, 제갑이 그 부린 사람
을 베니라. 성중의 사람이 다 일러 말하기를 도적을 피하라한데 제갑이 말
하기를 땅을 지키는 신하버리고 어딜 가리오. 감히 피하자하니 난 이를 버
리리라. 성이 함락되기를 제갑이 융복을 입고 교외에 걸터앉아 있거늘, 도
적이 협박하여 절하라 한데, 마침내 굴복하지 않고 꾸짖기를 입에 그치지
아니하고 아들 시박과 함께 죽자, 부인 이씨가 성에 떨어져 죽다. 소경대왕
이 이조판서를 내리시고 지금 임금이 정문하시니라.

---

17) 『동국신속삼강행실도』 충신1-39

그 외에도 『동국신속삼강행실도』에는 원주지역에서는 어린아이까지도 무참히 살해하는 왜군의 잔인한 행위가 기록되어 있다.

○ 변씨포수(변씨포수)[18]

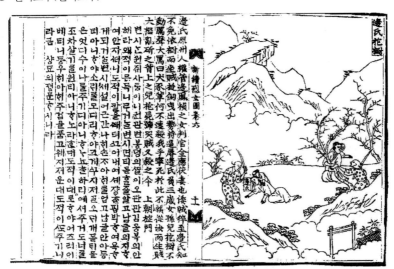

〈원문〉
邊氏原州人權管邊鳳禎之女判官金應袱妻也　　倭賊猝至邊氏知不免依樹而坐賊梃劒曳出世將逼辱　邊氏負三歲女孫兒抱樹不動厲聲大罵曰　犬豕輩何不 ■ 殺我乎寧死於此不願從汝而生　賊大怒亂斫之背上之兒抱屍號哭賊又殺之今　上朝旌門

〈번역〉
변씨는 원주사람으로 권관 변봉정의 딸이며, 판관 김응복의 아내라. 왜적이 문득 이르렀거늘 변씨가 면치 못하는 줄 알고 나무를 의지하여 앉았는데, 도적이 칼을 빼고 끌어내어 핍박하여 욕되게 하였으나, 변씨는 세 살의 손녀를 업고 나무를 안고 움직이지 않았다. 소리를 지르고 크게 꾸짖기를, "개돼지로 어찌 살겠느냐. 차라리 여기서 죽어도 너를 좇아 살기를 원치 않느리

18)『동국신속삼강행실도』열녀6-11

라." 하였다. 왜적이 대노하여 어지러히 베어버리니, 등위에 아이 주검을 품고 울부짖으며 우니 왜적이 또 죽여 버렸다. 지금 임금이 정문하시니라.

결국 원주가 왜군에 함락되면서, 왜군은 원주 - 지평 - 서울로 이어지는 길을 확보할 수 있게 되었다.

6) 횡성, 춘천전투

영원산성을 함락시킨 왜군은 이후 횡성을 거쳐 다시 춘천을 점령하였다. 횡성지역에는 모두 5건(1건은 원주와 중복됨)의 기록이 있는데, 이중 첨사 고세두의 항전기록이 수록되어 있다.

○ 高門忠孝[19]

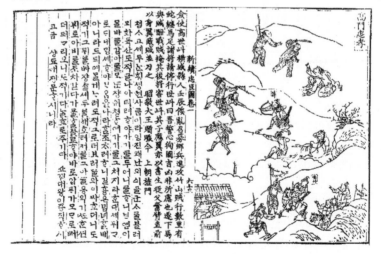

─────────────

〈원문〉

僉使高世峛橫城縣人壬辰倭亂召募鄉兵進攻竹山賊行數里有蛇纏馬足諸將請停
行世峛曰吾誓心狥國吉凶非所慮也　遂下馬與賊酣戰賊掩其後將害世峛其子應翼
亦以書生從父奮臂直前以身翼蔽賊兵刃之　昭敬大王贈職今　上朝旌門

〈번역〉

첨사 고세두는 횡성현 사람이다. 임진왜란에 시골 군사를 불러 모아 죽산
의 적을 치려고 수리를 나아가는데, 말의 발에 뱀이 걸리자 제장이 나아가
기를 멈추기를 청하니, 세두가 말하기를 내 맹세하여 마음을 나라에 쫓으려
하니 길흉은 염려할 게 아니다. 드디어 말에서 내려 도적과 더불어 돌아 싸
우더니 도적이 그 뒤를 돌아 싸고 장차 세두를 해하려 하거늘, 그 아들 웅익
이도 한 선비로 아비를 쫓아 갔다가 한팔로 바로 앞으로 나아가 몸으로 덮
어 가리니 도적이 다 칼로 죽이다. 소경대왕이 증직하시고 지금 임금이 정
문하시니라.

이어 그의 아들에 관한 기록도 효자편에 별도로 수록되어 있다. 그 내용
을 소개하면 다음과 같다.

○ 應翼敵父[20]

---

20) 『동국신속삼강행실도』 효자7-3.

〈원문〉

學生高應翼橫成縣人忠臣高世峀之子也 壬辰倭亂父領兵討竹山賊 賊掩其後將
被害應翼奮臂直前以身翼敵賊並刃之今 上朝旌門今 上朝旌門

〈번역〉

학생 고응익은 횡성현 사람이니 충신 고세두의 아들이다. 임진왜란에 아
비가 군사를 거느리고 죽산 도적을 치더니 도적이 그 뒤를 싸서 장차 해를
입게 되거늘 응익이 팔을 뻐처서 바로 앞에 가서 몸으로써 가리오니 도적이
베어 죽였다. 지금 임금이 정문하시니라.

이처럼 아비는 충신으로 아들은 효자로 수록되어 있다. 이러한 예는 진
주성의 전투에서 전사한 김천일과 그의 아들 김상건의 경우에서도 찾아 볼
수 있는데, 부자가 충신가 효자로 함께 순절한 모습을 기록한 것이다.[21]
횡성을 점거한 왜군은 이어 10월 초에 시마즈 요시히로군 휘하의 시마즈
토요히사[島津豊久]는 병사 5백 명을 정도를 거느리고 춘천에 주둔하였다.
조선군은 시마즈 토요히사의 군세가 약하다고 판단하고 이를 습격하였다.
그러자 시마즈 토요히사는 영평에 있는 시마즈 요시히로에게 지원을 요청
했고, 시마즈 요시히로가 가세하자 조선군은 일시 물러났다가 시마즈 요시
히로가 물러가자 다시 공격을 감행했다. 시마즈 토요히사는 다시 원군을 요
청할 틈이 없었고, 조선군과 싸워 고전했지만, 조선군 70여 급을 참획하고,
그 왼쪽 귀와 코를 베어 도요토미 히데요시가 있는 나고야에 보냈다고 한
다. 일반적으로 왜군이 조선군의 코와 귀를 베어 일본에 보낸 것은 1597년
정유재란 때로 알려져 있지만, 임진왜란 때에 코와 귀를 베었다는 사료가
나오는 것은 춘천전투가 처음이다.[22]

21) 손승철, 「조선시대 『행실도』에 나타난 일본의 표상」 『한일관계사연구』 제37집,
2010, 67쪽.
22) 北島万次, 「강원도에서의 임진왜란」, 『『조선왕조실록』속의 한국과 일본』, 2004, 130쪽.
경인문화사.

『동국신속삼강행실도』의 춘천지역 기록에서는 양녀 순절의 기록과 함께 노비의 순절기록이 나온다.

○ 春介投江[23)]

『征韓錄』 *島津又七郎忠豊春川城働之事

「文祿元年初冬の事なるに、 島津又七郎忠豊*僅(わずか)五百餘人の勢を相順(したが)へ、江原道の內、春川の城を相守る。然る處に、敵小勢なることを悟り、六萬餘兵を催し、春川に押寄せ、二重三重に取圍む。忠豊此の急難の中に有て、人を永平に走(はせ)て、義弘主に加勢を請ふ。これに依て義弘主人數を催し、春川の後詰をなす。時に明兵後詰の勢を見て、一戰に及ばず、早速引退く。故に案に相違したる事にて、後詰の勢は皆歸りけり。然るに又、明兵程なく大勢を催し、春川の城を取卷き、攻鼓(せめつづみ)を打ち、息をも繼がず押寄す。忠豊下知して曰、此城普請も未だ丈夫ならず、殊更後詰の勢を相待つ間もなし、是十死一生也と。五百餘人眞丸(まんまる)になって切て出て、縱橫無盡に懸れ破る。明兵僅の小勢に懸け立てられて、 這々(ほうほう)四方に引退く。 此故に少々追討して、輕々と城に引入けり。角(かく)て今日討捕す首七十餘級、左の耳と鼻を切て、名護屋に獻じ、御感狀を賜りぬ。誠に善く戰ふ者は死せずとは、斯(かか)る事にや侍る覽」

23) 『동국신속삼강행실도』 열녀3-42.

〈원문〉

私婢春介春川府人 見倭賊追來自投江水 昭敬大王朝旌門

〈번역〉

사비 춘개는 춘천부 사람이니 왜적이 따라오는 것을 보고 스스로 강물에 빠지다. 소경대왕조에 정문하시니라.

천민 출신의 사비의 기록은 은계에서 노비가 순절한 것에 이어 두 번째 기사이다.

1952년 10월 초, 춘천지역까지 점령한 왜군들은 원주에 모리 요시나리, 김화에 시마즈 요시히로, 시마즈 다다토요, 철원에 이토 스케타카[尹東祐兵] 부대를 주둔시키게 됨으로써 결국 강원도 전체가 왜군에게 함락되었고, 이후 6개월간의 분탕질 끝에 다음해인 1593년(선조 26) 4월 18일 왜군 전체가 한성을 철수할 때에 강원도의 왜군들도 철수하게 되었다.

4. 나오기

이상에서 『동국신속삼강행실도』에 수록된 강원도지역 순절자의 기록을 중심으로 살펴보았다.

왜군의 강원도 침입은 1592년 5월 11일경, 영평, 마천, 철원에서부터 시작하여, 5월 하순, 김화, 평강, 회양을 점령하고, 철령을 넘어 안변을 점령한 후, 제2번대는 함경도로 북상하고, 제4번대는 강원도 동해안 지역으로 남하하여 통천, 고성, 양양, 강릉, 삼척을 분탕질했다. 제4번대 중 일부병력은 양양에서 설악산을 우회하여 광치령을 넘어 양구, 인제를 거쳐 춘천으로 향했다. 삼척에 침입한 왜군은 울진, 평해를 점령한 후, 백복령을 넘어 정선, 영월을 공격했고, 남한강 상류를 따라 평창을 거쳐, 영월, 주천, 신림, 원주를 공격하였다. 이때 원주 영원산성의 혈전이 벌어지기도 했다. 이어 10월초 다시 춘천을 점령하면서 강원도 전체가 왜군의 수중에 들어가게 되었다.

왜군은 1592년 5월 중순에서부터 10월초까지 대략 4-5개월 간에 걸쳐 강원도 지역을 침략했고, 이후 6개월간의 분탕질 끝에 1593년 4월, 왜군이 한성에서 철수하면서 강원도는 왜군의 수중에서 벗어나게 되었다. 따라서 각 순절자가 희생된 시기는 정확히 알 수는 없지만 대략 이 기간 동안 벌어졌다고 생각된다.

『동국신속삼강행실도』에는 강원도지역에서 총 45건, 51명의 순절자가 기록되었다. 지역별로는 원주(10), 횡성(6), 춘천(5), 철원(5), 김화(3), 평강(3), 간성(3), 강릉(3), 삼척(2), 은계, 회양, 흡곡, 통천이 각 1건순으로 강원도의 전체가 피해 대상지역이 되었다. 51명의 순절자를 성별과 신분별로 분류하면, 남자 8명, 여자 41명, 어린아이 2명이며, 양반 17명, 양인 22명, 노비 2명, 기타 10명이었다. 역시 부녀자의 희생이 월등히 많았으며, 남편과 아내가 죽임을 당하고, 어린아이까지 살해당하는 가혹한 상황이 벌어졌다.

결론적으로 임진왜란 당시 강원도 지역에서도 모든 지역이 전쟁의 참화를 겪었고, 전 지역민이 왜군의 침입에 대항했으며, 국가와 부모와 가족을 지키기 위해 忠·孝·節을 지키며, 임진왜란을 극복해 나갔다.

끝으로 『동국신속삼강행실도』에 수록된 순절자에 대해서 당시 국가에서 모두 旌門을 세워 포상하였으나 현재에는 하나도 남아있지 않다. 지역에 따라서는 정문이 있는 곳도 있으나 임진왜란에 관계된 것은 하나도 없다. 임진왜란 당시에 세워진 것들은 아마 일제 강점시기를 거치면서 모두 철훼되었을 것이다. 사적을 발굴해내어 다시 세워야 할 것이다.

제2장
임진왜란과 선·정릉 도굴사건

1. 들어가는 말

1592년 4월 14일, 부산에 상륙한 일본군 제1군 小西行長의 1만 8천명은 대마도주 宗義智의 향도를 받아 조선 전기 倭人上京路의 中路를 따라서 충주를 거쳐, 경기도 여주에서 광주를 지나, 광나루·두무깨(豆毛浦, 옥수동)를 거쳐, 5월 3일 동대문으로 입성했다. 같은 날 제2군 加藤淸正의 2만 2천명도 왜인상경로의 西路를 따라 경기도 안성·죽산·용인을 거쳐 과천·노량진에서 한강을 건너 남대문으로 입성했다. 이어 속속 서울에 입성한 일본군은 북진을 계속하면서 일부는 성 안의 각 지역에 분산 배치되어, 이듬해 4월 18일 철수할 때까지 거의 1년간 서울에 주둔하면서 약탈과 살육을 자행하며 서울을 황폐화시켰다.

서울에 주둔했던 일본군은 도성민의 인명을 살상하거나, 경복궁·창덕궁·창경궁 등 궁궐과 종묘, 관아 등 부속건물과 일반 민가에 이르기까지 많은 건물을 불태웠다.[1] 뿐만 아니라 재물과 서적 및 문화재를 계획적으로 약탈했으며, 심지어는 왕릉을 파헤쳐 도굴을 서슴치 않았다. 임란 당시 일본군에 의해 도굴되거나 훼손된 왕릉은 光陵·康陵·泰陵·宣陵·靖陵 등 여러 곳이다. 이 글에서는 특히 선·정릉(현위치 : 서울 강남구 삼성동 131번지

---

1) 경복궁·창덕궁·창경궁은 일본군이 입성하기 전에 난민에 의해 이미 소진되었으나, 도성 내 전체 건물의 피해는 일본군에 의해 불탄 것이 훨씬 많았다. 일본군에 의한 피해에 관해서는 이장희, 「왜군점령하의 서울」, 『서울육백년사』2, 1978, 53~56쪽 참조.

소재)의 도굴사건을 중심으로 임란 당시 서울 상황의 한 단면을 살펴보고자
한다.

2. 도굴사건의 전말

(1) 선·정릉의 개관

선릉은 조선왕조 9대 成宗과 貞顯王后 尹氏의 능이다. 성종은 1456년 7월
30일 탄생하여 1469년 11월 28일 즉위했고, 1494년 12월 24일 승하했다. 정
현왕후는 1461년 6월 26일 탄생하여 1480년 11월 8일 왕비로 책봉되었고,
1530년 8월 22일 승하했다. 조선시대 각종 의례에 관한 기록인 『春官通考』
에 의하면 선릉의 봉분 주변의 象設²⁾은 曲墻³⁾이 3면에 있고, 병풍석이 12
면인데 사이가 11척, 높이 3척 7촌, 欄干石은 12칸인데 높이 6척 5촌, 사이
가 13척, 魂遊石이 둘인데 길이가 2척 7촌, 너비가 8척, 두께가 2척, 明燈石
이 둘인데 길이 15척 7촌, 望柱石이 1쌍, 文石 1쌍, 武石 1쌍, 馬石 2쌍, 羊
石 2쌍, 虎石 2쌍으로 되어 있다. 그 외에 왕릉 아래 90보 지점에 丁字閣이
있고, 2칸 규모의 水剌廳이 정자각 서쪽 40보 지점에 있다. 望燎位가 정자각
8보 서쪽 지점에 있고, 表石이 하나인데, 길이가 7척 7촌, 너비가 3척 3촌,
두께가 1척 3촌이다. 그리고 정자각 남쪽 70보 지점에 紅箭門이 있는 것으
로 기록되어 있다.

정릉은 조선왕조 11대 中宗의 능이다. 조선 왕릉 중 왕만 단독으로 있는
무덤은 태조의 건원릉과 단종의 장릉, 그리고 중종의 정릉뿐이다. 중종은
1488년 3월 5일에 탄생하여, 1506년 9월 2일 즉위했고, 1544년 11월 15일

---

2) 象設 : 무덤 주변에 사람이나 동물의 모양을 본떠 만든 석물.
3) 曲墻 : 陵이나 園, 禮葬한 무덤 뒤의 주위로 쌓은 나지막한 담.

에 승하했다. 승하 후 1545년 2월 3일 고양에 있는 禧陵(장경왕후 능)에 장
사지냈다가 1562년 9월 4일 선릉 동쪽으로 이장했다. 『春官通考』에 의하면
정릉의 봉분 주변의 象設은 曲墻이 3面에 있고, 병풍석이 12면인데 사이가
8척 3촌, 높이 6척, 欄干石은 12칸인데 사이가 9척 5촌, 魂遊石이 하나인데
길이가 10척 7촌, 너비가 6척 5촌, 두께가 1척 7촌, 明燈石이 하나인데 길이
11척, 望柱石이 1쌍, 文石 1쌍, 武石 1쌍, 馬石 2쌍, 羊石 2쌍, 虎石 2쌍으로
되어 있다. 그 외에 왕릉 아래 84보 지점에 丁字閣이 있고, 2칸 규모의 水刺
廳이 정자각 오른쪽 25보 지점에 있고, 守直房 2칸이 왼쪽 29보 지점에 있
다. 望燎位가 정자각 서쪽 20보 지점에 있고, 表石이 하나인데, 정자각 23보
지점에 길이가 5척 5촌, 너비가 2척 2촌이다. 그리고 정자각 앞쪽 87보 지
점에 紅箭門이 있는 것으로 기록되어 있다.

(2) 도굴시점과 상태

일본군에 의해 왕릉이 도굴되었다는 사실이 처음 알려진 것은 1592년 9
월 泰陵(문정왕후 능)이 왜적들에 의해 파헤쳐졌다는 보고다.[4] 이후에도
1593년 1월 康陵과 泰陵을 도굴하려다 실패했다는 보고가 있었고,[5] 2월에
는 光陵의 두 능이 정자각과 재실청이 소실되었으며, 봉선전이 파손되었다
고 했다.[6]

---

4) 『선조실록』 권30, 25년 9월 병인(9일).
5) 『선조실록』 권34, 26년 1월 정축(22일). "김천일이 치계하였다. 12월 16일에 적이
   기병과 보병 50여 명을 거느리고 또 성중의 주민 50명을 뽑아 康陵과 泰陵에 가서
   능을 팠지만 능 위에 灰가 단단하게 막혀서 깨뜨리지 못하고 날이 저물어 파하고
   되돌아왔으며, 또 大院君의 묘소에 가서 팠지만 뚫지 못하고 되돌아왔습니다. 司圃
   署의 종 孝仁이 당초에 '陵寢 속에 金銀을 넣어 간직하였다.'고 사주하였으며, 司憲
   府 서리 崔業이 왜의 書員이 되어 전적으로 능을 파는 일을 관장하여 坊里의 人丁을
   뽑았다고 합니다."
6) 『선조실록』 권35, 26년 2월 을사(20일).

『조선왕조실록』의 선·정릉 도굴에 관한 최초의 기록은 1593년 4월 13일 경기좌도 관찰사 成泳이 치계한 내용이다.[7] 그러나 주 내용은 선·정릉의 변고를 알리며 서울을 하루빨리 수복하자는 내용이었다. 그런데 『연려실기술』에는 1593년 4월 9일 체찰사 유성룡, 도원수 김명원, 순찰사 권율의 장계에 상세히 보고한 내용이 있다. 장계에는,

"京畿道事 沈克明이 가지고 온 감사 成泳의 서신을 본 즉 '선릉과 정릉에 賊의 화변이 극심한 지경에 이르렀다.' 하오니 신하로서 차마 들을 수 없을 뿐만 아니라, 마음이 아프고 뼈에 사무쳐 즉시 제독의 문 앞에 서서 통곡하였더니 제독이 놀라 탄식하며, 곧 (성영의 서신을) 갖다 보았습니다."[8]

고 하였다. 이 내용을 보면 실록에는 4월 13일에 처음 나오지만, 이미 4월 9일자로 보고 된 것을 알 수 있다.

그러나 도굴의 시점에 관해서 『조선왕조실록』이나 『연려실기술』에는 전혀 언급이 없고, 단지 『重訂 南漢志』에만 "임진 9월에 왜적이 선릉과 정릉을 파헤쳤다."고 기록하고 있다.[9] 따라서 이 내용을 통해 선·정릉의 도굴은 1592년 9월이고, 그것이 조정에 알려진 것은 7개월 후의 일임을 알 수 있다.

한편 『연려실기술』에는 선·정릉의 도굴상태를 다음과 같이 기술하고 있다.

"신의 군관인 수문장 李弘國이 牙兵과 寺奴 朴璘 등 열 명을 모집해 거느리고 파주의 해유령을 거쳐 양주를 지나 12일에 촟즙에 도착하여 작은 배를 타고 강을 따라 흘러 내려가 삼경에 楮子島에 도착하여 정릉에 들어가 보니 隧道를 파헤친 곳의 깊이가 佈帛尺으로 15척쯤 되고 너비는 7척 쯤이었다고 합니다. 이홍국 등이 구덩이 속에 들어갔으나 밤이므로 어두워 자세히 볼

7) 『선조실록』 권37, 26년 4월 정유(13일).
8) 『연려실기술』 권16, 二陵之變.
9) 오성·김세민 역, 『중정 남한지』11, 三陵紀事, 하남역사박물관, 2006.

수가 없어 손으로 더듬어 보았더니, 수의는 관 밖에 옮겨져 있는 것 같았으며 파낸 壙中에는 딴 물건은 없었고, 수도 안에는 기와조각과 돌이 쌓여 있었으며 능 근처에 조각 조각난 의복이 있었는데, 썩어서 손을 대면 부서지는 것을 하나하나 주워서 焦音에 묻어 둠으로써 뒷날의 고증에 참고하게 하였다고 합니다. 또 선릉을 봉심하니 大王의 능은 隧道의 깊이가 7척 쯤, 너비 5척 쯤 파헤쳐져 있었고, 구덩이 안에는 별로 딴 물건은 없었으나 築灰 밖에 설치하였던 엷은 판자들은 거의 다 타버리고 두어 조각만 남아 있었다 합니다. 왕후의 능은 수도의 깊이가 6척 쯤이고 너비는 4척 쯤으로 파헤쳐져 있었고, 판자 조각은 역시 타버리었으나 灰隔은 그대로 있었습니다. 두 분 능의 관은 침범 당하지 않았다 합니다."

그리고 이어서, 당시의 상황에 관해서는 수복 후 4개월이 지난 8월 위관 안세희의 추안에 상세히 기록되어 있다. 정릉에 관한 부분은 "홍국이 陵寢으로 가서 보니 시체가 광중 밖에 있기에 즉시 광중에 안치하고, 시체에 부착되어 있던 여자 명주 저고리와 명주 말고 각 1건과 甘察天益 반 건을 焦音里 마을 뒷산에 묻어 놓았다고 하였습니다. 이어 신은 광주로 가서 적을 나포하다가 4일째 되던 날에 다시 독음리로 돌아와서 전에 만났던 주민들을 만나보니, 그들은 모두 '며칠 전에 李弘國이 이미 시체를 찾아 松山으로 옮겨다가 봉안하였다.'고 하였습니다."라고 기록했다.

또 1593년 8월 李忠胤의 초사에 의하면, "신은 창의사의 진중에서 시종 종군하고 있었는데, 금년 4월에 선릉과 정릉의 참변을 처음 들었습니다. 主將 金千鎰이 宗室을 초치하여 봉심할 사람을 모집할 때, 신은 成廟의 4대손으로서 몸을 돌보지 않고 자원하여, 이준경 및 군사 30명을 거느리고서 17일 진시에 적진을 뚫고 가서 3경에 정릉에 도착하여 봉심하니, 분묘가 파헤쳐져 있었습니다. 신들이 곡한 뒤에 牙兵 徐介同으로 하여금 먼저 壙中에 들어가서 찾아보게 하였더니, 시체 1구가 광중 안에 있다고 하였습니다. 엉겁결에 당한 일이라서 어찌할 바를 몰라 신이 입고 있던 초록색 갑철릭 한 벌과 이준경이 입고 있던 아청색 유철릭 한 벌과 백색 여단오 한 벌을 벗어 이준경 등으로 하여금 염습을 하고 묶게 하였습니다. 그런 다음 광중을 깊이 파고 시체를 묻고서 기와장으로 덮었습니다. 그리고 나서 선릉의 두 능침으로 가서 찾아보았으나 아무 물건도 찾을 수 없었습니다."라고 기록했다.[10]

이상의 내용으로 보면, 1593년 4월 도굴이 발견된 시점에서 선·정릉이 모두 파헤쳐졌으며, 선릉의 두 시신은 없었고, 정릉의 시신은 1구가 있었던 것을 알 수 있다.

그러나 다음 기록을 보면, 정릉의 시신이 중종의 시신인지 아닌지를 놓고 논란이 분분했다.

> "그 뒤 여섯 달만에 都監을 설치하고 모든 宰臣들에게 봉심할 것을 명하니 總護使 催興源이 글로 아뢰기를, '松山에서 (영악을) 삼가 살펴보니, 얼굴의 살은 녹아 없어지고 털과 살이 빠져 떨어졌으며, 콧대도 깨어졌고, 두 눈도 모두 빠졌고, 입술도 모두 없어지고, 가슴은 높고 두터워 비대하여 높은 뼈마디가 드러나지 않았으며, 손으로 만져보니 부드러웠으며 단단하지 않았습니다. 등 뒤는 살찌고 넓었으며, 두 손과 두 다리는 단단하였고 가슴 밑과 배 위에 칼 흔적 같은 가로 그어진 자국이 셋이 있었으며, 오른편 팔뚝 위에 커다랗게 깨진 구멍이 하나 있었으며, 왼편 어깨뼈 아래에 깨어진 구멍이 두 개 있었는데, 하나는 크고 하나는 작았으며, 허리 아래 볼기 위에도 깨어진 구멍이 있었으며, 몸의 길이는 포백척으로 석 자 두 치 남짓하였습니다.' 하였다."

또 權徵이 아뢰기를, "송산의 시체가 이미 살이 말라붙고 물이 빠져 버렸다면 다만 가죽과 뼈만이 있어야 할 것인데 이 시체는 그렇지 않습니다. 가슴과 등에는 살이 많이 쪄서 뼈마디가 앙상하게 드러난 곳이 없었으며, 비록 오래된 것 같이 보이나 실은 50년이나 오래된 것은 아닙니다. 대개 흉악한 왜적의 술책은 헤아릴 수 없으니 만약 불이 식어지기를 기다려(다른 시

---

10) 『연려실기술』 권16, 二陵之變.

체를) 광중에 넣었다면 그것을 옥체라고 할 수 없으며, 다른 물건을 가지고 그 진위를 혼란시키고자 하였다면, 해골 탄 재가 또한 어찌 옥체를 태운 재가 아니라고 할 수 있겠습니까. 거듭거듭 생각하여 보아도 그 양상을 알 수가 없습니다."[11]라고 했다. 도굴이 된 후 적어도 7개월이나 방치된 상태에서 발견이 되었던 것이었고, 그 상황에서 더 이상의 사실을 밝혀내는 것은 무리였을지도 모른다.

이러한 상황에 대해, 成渾은 "세 곳의 발굴과 불태운 상황이 대개 한결같았습니다. 옥체가 불을 겪고도 재가 되지 않아 뼈마디를 분명히 알아 볼 수 있었습니다. 두 세 곳은 빛이 희어서 풀이나 나무를 태운 재와는 자못 다르며 그 무게도 또한 보통 재보다 배나 되는 것이 있었습니다. 재와 (타다 남은) 뼈가 비록 진정 선릉의 유체에서 나온 것인지는 알 수 없지만 또한 진정한 것이 아니라고 할 수도 없는데, 정릉에 또 옥체가 광중에 있었다는 것은 어찌된 일이겠습니까, 흉악한 왜적의 소위를 보면 보화를 찾으려고 하는 졸병들의 계책이 아니고, 바로 왜적 장수들이 우리나라를 깊이 원수 삼으려는 행위라고 생각됩니다."라고 하여, 일본군의 왕릉에 대한 도굴행위는 재화탈취만을 목적으로 한 단순한 도굴을 넘어선 조선왕조의 자존심을 짓밟은 행위로 깊은 상흔을 남기게 된다.

그 후 10월 29일 捕盜大將 李鎰의 조사에 의해 도굴에 가담한 조선 측 인물이 밝혀졌다. '동대문 밖에 사는 石手 朴墨石·朴成·丁亇同이 석수 金江貞·尹順·姜季斤·黃時外·廉末叱龍·吾音同 및 冶匠 洪金·李今會·金龍 등과 더불어 왜적과 결탁하여 능침을 발굴했다.'는 보고가 있었고, 이후 의금부에서 추가로 능침 발굴의 공모자인 박막쇠[朴末叱金]·逢授를 포함하여 총 14명의 도굴 가담자를 색출하였다. 그러나 성종과 정현왕후의 시신 행방은 알 수 없었고, 중종 시신도 그 진위 여부를 밝히지 못했으며, 그 이상의 기록이 남아있지 않다.

---

11) 『연려실기술』 권16, 二陵之變.

3. 능침 도굴 죄인의 박송 요구

일본군의 초전 승리는 평양을 점령하기까지 2개월 정도였고, 이후 전쟁이 끝나는 1598년 11월 철병을 끝낼 때까지 내내 고전을 면치 못했다.

개전 초기에 조선 관군은 조직적인 저항도 못한 채 일본군에게 밀렸지만, 각지에서 義兵이 궐기해 일본군의 후방을 교란시켰다. 각 지방의 민중으로 구성된 의병들은 그 지방에서 영향력을 지닌 유생이나 양반, 또는 전직관료가 이끌었다. 그러나 무엇보다도 이순신장군의 지휘를 받은 水軍의 활약이 컸다. 개전 초기부터 이순신함대는 거제도·옥포·합포·사천 등지에서 연전연승을 했고, 특히 7월 8일에는 한산대첩에서 脇坂安治의 수군을 괴멸시켰다. 거북선을 이용한 진법과 거북선의 화포는 일본 수군의 전의를 상실케했다. 그 결과 西海를 통해 일본군에게 군수물자를 보급하는 것이 불가능해졌다.

당시 서울 부근에서 일본군에게 치명적인 위협을 준 것은 행주산성에 주둔하고 있던 權慄이 이끄는 2만 3천명의 조선군이었다. 3만여 명의 일본군이 행주산성을 포위하고 공격했으나, 산성 위에서 떨어지는 화살과 투석에 일본군은 패퇴했다. 더구나 조선의 추운 겨울과 식량부족으로 곤궁에 처한 일본군은 더 이상 전쟁을 계속할 전의를 상실하고 강화회담을 모색했다. 드디어 일본군은 4월 18일부터 서울에서 상주와 부산 방면으로 철수하기 시작했다. 그러나 일본군의 패퇴 후 서울의 모습은 참담했다. 명군과 함께 서울로 돌아 온 유성룡은 다음과 같이 기록했다.

"4월 20일, 서울이 회복되었다. 내가 명군을 따라서 성에 들어가 성 안을 둘러보니, 유민들은 백에 한 명도 생존해 있지 않고, 남은 사람도 모두 굶주려 피골이 상접하고 피로에 지쳐 얼굴색이 귀신과 같았다. 때마침 햇살이 매우 뜨거워 여기저기 널려 죽은 사람과 말의 시체에서 나는 악취가 성 안에 가득 차서 지나치는 사람은 코를 잡고 지나가는 상태였다. 公私 건물은 모두 무너지고, 다만 왜적이 머물고 있던 숭례문 동쪽부터 남산 기슭일대만 조금 남아 있을 뿐이었다. 종묘와 삼궐 및 종루의 각사, 관학 등 대로 북쪽에 있었던 것은 흔적도 없이 잿더미만 남아 있을 뿐이었다. 나는 우선 종묘에 참배하고 통곡했다."[12]

1598년 8월 18일 豊臣秀吉의 죽음을 계기로 그동안 남해안의 倭城을 중심으로 고전을 면치 못하던 일본군의 철수가 시작되었다. 일본군이 철수하면서 가장 고전했던 곳은 전라도였다. 이순신 장군은 고금도에 진을 치고, 순천성에서 철수하는 고니시군을 기다렸다. 육상에서는 조명연합군이 순천성을 포위하고 있었다. 일본군은 고니시군을 철수하기 위해 거제도에서 500척의 배를 파견하여, 노량해협에서 일대 격전을 벌였다. 이 전투가 임진왜란 7년의 마지막 전투였고, 구국의 영웅 이순신 장군이 전사했다. 1598년 11월 18일이었다. 그 틈을 타서 고니시군은 탈출했고, 11월 26일 일본군의 마지막 부대가 부산에서 철수하면서 7년에 걸친 일본의 침략전쟁은 막을 내렸다.

임진왜란이 끝난 직후의 朝·中·日 삼국의 정치 상황은 매우 급박했다.

중국의 경우, 무리한 군사동원이 명의 군세를 약화시켜 이후 만주에서 女眞(金)이 성장하는 것을 억제하지 못함에 따라 결국에는 명·청이 교체되는 결과를 가져왔다. 또한 7년간의 전쟁으로 전 국토가 유린 된 조선의 경우, 피로인의 쇄환 등 전후 복구가 급선무였고, 무엇보다 북방인 만주에서 여진이 성장하는 것을 대비하지 않을 수 없었다. 한편 침략자였던 일본의 경우, 새로 수립된 德川幕府 정권은 국내 정치를 안정시키기 위한 노력과 함께 명이나 조선의 보복을 걱정하지 않을 수 없었다. 특히 전쟁에 의해 식량 줄이 끊어진 대마도의 경우, 조선과의 무역재개는 사활이 걸린 문제였다. 따라서 삼국 모두 이러한 국내 상황 속에서 대외적으로 새로운 국제질서를 만들어

---

12) 유성룡, 『懲毖錄』 권2, 임진 4월 20일.

가기 위한 노력을 모색하게 된다.

조선과 일본의 강화에 앞장섰던 건 대마도였다. 조선국왕으로부터 매년 하사 받던 쌀과 콩도 들어오지 않게 되고 또 무역도 단절되자, 대마도가 조선과의 접촉을 서두르는 것은 너무나 당연한 일이었다. 강화를 요청하는 대마도 사신이 부산에 건너온 기록을 보면, 가장 빠르게는 1599년 6월, 전쟁이 끝난 지 불과 1년도 채 되지 않아서다.

대마도를 앞세운 일본 측의 강화교섭에 대한 기본정책은 피로인 송환, 조선 측의 강화를 위한 사절 파견, 그리고 재침의 위협이었다. 이에 대해 조선 측은 명을 핑계 대는 '借重之計'와 '遷就之計'를 써서 기회를 엿보고 있다가, 드디어 1604년 6월 사명대사를 探賊使로 파견하여 막부의 강화에 대한 의지를 확인했다.

그러나 침략을 당했던 조선의 입장에서 일본의 화호요청을 그대로 받아들일 수는 없었다. 그래서 다시 조정에서 논의한 결과 1606년 8월 두 가지의 화호조건을 요구했다. 두 가지 조건이란 화호를 요청하는 장군의 국서를 먼저 보내오되 장군의 호칭은 '일본국왕'을 칭하도록 할 것과, 임란 당시 도굴된 왕릉(선·정릉)의 도굴범을 잡아서 보내는 것이었다.

장군국서와 일본국왕호 요구는 전쟁에 대한 사과와 장군이 명으로부터 일본국왕으로 책봉을 받아 동아시아 외교질서를 회복하자는 의미이며, 조선국왕은 일본국왕과 대등한 입장에서 강화를 하겠다는 것이다. 또한 범능적 박송 요구는 범능의 행위가 재화를 탐낸 개인적인 도적행위가 아니라 조선이라는 국가를 범한 것인 만큼 국가적인 차원에서 책임을 묻겠다는 의미였다.[13]

---

13) 손승철, 『조선시대 한일관계사연구』 제3장 임란직후 중화적 교린체제의 부활, 경인문화사, 2006 참조.

4. 능침 도굴 죄인의 박송과 처형

선·정릉의 도굴범이 조선에 처음 알려진 것은 1604년 6월 대마도에 파견
된 탐적사의 역관 朴大根과 대마도의 橘智正의 대화에서였다.

"일찍이 孫文彧의 말을 들으니, 작년에 그들 무리가 일본에 갔을 때 家康
이 서계를 써서 부치고자 하였으나 그들이 조정의 분부가 없다 하여 가지고
오지 않았다고 합니다. 또 橘賊이 朴大根에게 한 말을 보면 '平調允 父子가
이미 죽었으나 어찌 餘黨이 없겠는가.'라고 하였습니다. 그 뜻을 보면 대마
도가 화호하기에 급하여 능을 범한 도적을 혹시 잡아 보낼지도 모릅니다.
우리나라의 차마 말하지 못할 통분은 실로 능침의 변고에 있으니, 처음 모
의한 적은 비록 잡아서 죽이지 못하더라도 만약 능침의 한 움큼 흙이라도
훼손한 자를 찾아 죄를 따져 처형시키면 廟社와 神人의 통한을 조금은 풀
수가 있을 것입니다."[14]

그런데 이 기사는 1606년 5월 기사이다. 이 기사에서는 작년에 이들이
일본에 갔을 때라고 했으니, 1605년의 일이다. 그런데 탐적사가 귀국한 것
이 1605년 4월인 점을 감안하면, 이들의 귀국 보고에서 범능적에 관한 내용
이 처음 조선에 알려진 것으로 추정된다.

이후 1605년 8월이 되면, 범능적에 관해 더욱 자세한 기사가 나온다.

"유영경이 아뢰기를, '…당초 능침을 범한 왜적은 平調允 부자라고 들었
는데, 그것은 橘智正과 朴大根이 서로 말할 때에 말끝에 나왔다고 합니다.'
하니, 상이 이르기를, '平調允 부자란 말은 내가 못 들었다.' 하였다. 영경이
아뢰기를, '박대근은 헌부의 아전인 朴連守의 아들입니다. 신이 일찍이 西路
에 있을 때 박연수가 왜적과 사이가 좋아 서울의 大家에서 편히 살게 하였
지만, 결국 왜적에게 죽음을 면치 못하였다고 하는데, 당시 서울에 있는 왜
적의 소행을 박대근이 자세히 압니다.… 平調允 부자가 어떤 왜적과 함께

---

14) 『선조실록』 권199, 39년 5월 갑신(7일).

앞장서서 능침을 범하였다는 말은 大根이 橘智正과 함께 말하는 사이에 나왔는데, 平調允의 부자는 이미 죽었고 그 黨與는 아직 살아 있다는 것을 橘智正이 말하였다고 합니다.'고 하였다."[15]

즉 역관 박대근은 일본군의 서울 입성 당시 서울에 있었기 때문에, 일본군의 소행을 자세히 알고 있었는데, 후에 강화교섭 당시 역관으로 대마도의 橘智正과 교섭을 하던 중 범능적이 平調允이란 인물이고, 그는 이미 죽었지만 그 잔당이 있다는 사실을 알아냈다.

장군국서와 범능적 박송요구는 곧바로 이행되어졌다. 그러나 장군의 국서는 대마도에서 개찬된 것이었고, 박송된 범능적 2인도 실제 범능적과는 아무런 관계가 없던 자였다.

『조선왕조실록』에 의하면,

"일본국 대마도의 왜인 麻古沙九는 나이 37세인데 공초하기를, '나는 대마도 왜인인데 도주 平義智 등이 일본 국왕의 명령에 따라 우리를 결박하여 포로로 바치기 위해 앞세워 보냈으니, 내가 능침을 범한 죄인으로 이미 굳혀졌다 하겠습니다. 그러나 임진년에 왜적이 대거 침입하였을 때, 어느 陣의 누구를 따라왔는데, 내가 무슨 연유로 宣陵·靖陵의 두 능침을 도굴하여 훼손한 죄까지 뒤집어쓰게 되었는지 그 곡절을 명백하게 直招하겠습니다.' 하였는데, 그 초사에, '나는 본래 대마도에 살았습니다. 임진년 왜적이 침구하여 왔을 때 연소한 사람으로 島主 軍官의 奴子가 되어 나와서 부산의 船所에 머물렀을 뿐, 서울에는 올라오지도 않았기 때문에 능침을 범한 연유를 전연 알지 못합니다. 다만 대마도주에게 得罪하게 되어 村家에 쫓겨나 있었는데, 지난 10월 8일 야간에 결박되어 이곳에 보내진 뒤로 이와 같이 추문을 받게 되었으니, 무엇을 어떻게 알 수 있겠습니까. 죽을지언정 어찌 감히 없는 말을 꾸며 공초할 수가 있겠습니까. 일본에 맹세한다면 반드시 믿어주지 않을 것이니 내가 조선에 맹세하는 것을 허락하여 준다면 사흘 내로 죽겠다는 맹세라도 굳이 사양하지 않겠습니다. 대저 나의 사정이 매우 애매하

15) 『선조실록』 권202, 39년 8월 기미(23일).

니 대마도로 돌아가서 辨正한 뒤에 다시 나와서 죽게 된다면 죽어도 여한이 없겠습니다.' 하였다."16)

라고 하였다. 또 다른 범능적으로 박송된 자도,

"일본국 대마도의 왜인 麻多化之는 나이 27세인데 공초하기를, '나는 대마도의 왜인인데 도주 평의지 등이 일본 국왕의 명령에 따라 우리를 결박하여 포로로 바치기 위해 앞세워 보낸 이상, 나와 나의 숙부라는 平調允 등이 능침을 도굴하였다는 것은 의심이 없는 사실로 굳혀지게 되었습니다. 평조윤의 생존 여부나 그 당시 능침을 범한 것으로 된 곡절을 명백하게 직초하겠습니다.' 하였는데, 그 초사에, '나는 본래 대마도 사람으로 도주 평의지에게 소속되어 砲手가 되었는데 도주가 매 사냥을 나갔을 때 수행하였다가 마침 명령을 어긴 잘못이 있었습니다. 이 때문에 득죄하게 되어 佐古村에 쫓겨나 감옥에 갇힌 죄수가 되었는데, 平景直이 나의 건장함을 애석하게 여겨 몰래 식량을 갖다 주었으므로 살 수가 있었습니다. 그런데 결박하여 배에 실어 보냈기 때문에 오긴 했습니다만 조선 땅은 이번이 처음으로 능침을 범한 절차에 대해서는 전연 모르는 일이고 平調允이라고 하는 자도 모릅니다. 부모는 다들 형제간이 없을 뿐만 아니라 4~5촌 이내에 전혀 친족이 없습니다.' 하고, 조금 뒤에 또 말하기를, '잊은 것이 있는데 다시 기억하여 보니, 아비의 아우 要所汝文이 지금 생존하여 좌고촌에 살면서 농사를 짓고 있으나 종군했던 일은 없습니다. 橘智正이 나를 달래면서 '네가 조선에 가서 허튼소리 하지 않고 모양 좋게 公事를 받든다면 너의 어미와 아내는 내가 糧料를 주어 후하게 보살피겠다.'고 하였는데, 나는 여기 와서야 그 일이 바로 추문당하는 일임을 알게 되었습니다.' 하였다."17)

이상의 기록을 통해 볼 때. 범능적으로 잡아 보낸 2명은 선·정릉의 도굴과는 전혀 상관이 없던 자들이었다. 그러나 2명의 범능적을 통해 선·정릉 도굴이 제1진 小西行長의 선봉장이었던 對馬島主 宗義智 휘하의 平調允이

---

16) 『선조실록』 권202, 39년 8월 기미(23일).
17) 『선조실록』 권205, 39년 11월 임오(17일).

었으며, 이들을 조선에 보내는데 당시 平景直이 관여했다는 사실을 알 수 있다. 그런데 平景直은 당시 대마도주 家臣이었던 柳川朝信의 柳川氏族의 사람이다. 그렇다면 선·정릉의 도굴이 간단히 재화를 노린 도굴범의 소행이 아니라 대마도주 또는 대마도주의 가신과 직접 관계가 있는 사건은 아니었을까. 그 가능성은 충분하지만, 아직 단정하기에는 이르다.

당시 조정에서는 장군국서와 범능적의 진위문제를 놓고 의견이 분분했다. 그러나 조선의 요구가 관철되었다는 명분과 교섭의 주도권을 조선이 갖는다는 외교적 실리를 취해, 2명의 도굴범을 처형시키고,[18] 당초의 계획대로 강화를 위한 回答兼刷還使를 파견하여 강화를 성립시켰다.

5. 맺음말

1592년 4월 14일 부산에 상륙한 일본군은 조선 전기 왜인상경로를 이용하여, 5월 3일 서울에 입성했고, 그로부터 4개월 후인 9월에 선·정릉을 도굴했다. 이 사실이 조정에 알려진 것은 7개월 후인 1593년 4월 9일이었다. 발견 당시 정릉의 시신은 불에 태워져 있었고, 선릉의 두 시신도 행방을 알 수 없었다. 조정에서는 10월 29일에 조선인 가담자 14명을 색출했지만, 선릉의 두 시신의 행방을 알 수 없었고, 중종의 시신도 그 진위를 밝힐 수 없었다.

선·정릉을 도굴한 왜인에 관해서는 1604년 6월 대마도에 탐적사의 역관으로 파견되었던 박대근이 귤지정과의 대화를 통해, 대마도주 휘하에 있던 平調允 부자라는 사실을 알 수 있었다. 이 사실을 알게 된 조선은 강화조건으로 장군국서와 범능적 박송을 요구했는데, 일본에서는 개찬된 국서와 대마도에 있던 잡범 2명을 잡아 보냈다.

---

18) 『선조수정실록』 권40, 39년 11월 병인(1일).

이상의 내용을 통해서 볼 때 선·정릉의 도굴은 일본침략군 제1군 小西行長의 선봉을 맡았던 대마도주 宗義智 휘하의 平調允 부자와 조선인 가담자 14명에 의해 이루어졌고, 박송된 麻多化之의 공초문에 平景直이 등장하는 것을 보면, 대마도주 家臣이었던 柳川氏가 조직적으로 개입한 사건임에 틀림없다. 그러나 이 점에 대해서는 좀 더 고증이 필요하다.

한편 조선에서는 범능적의 박송과 처형을 통해 강화의 명분과 교섭의 주도권을 잡으려 했으며, 일그러진 國體를 회복하는 등 조·일 외교에서 명분과 실리를 동시에 취하면서, 임진왜란의 상흔을 달래어 갔다.

제3장
『倭人作拏謄錄』을 통해 본 왜관

1. 문제제기

임진왜란에 의하여 단절되었던 조일관계가 1607년 제1차 회답겸쇄환사에 의하여 재개되면서,[1] 왜관의 기능이 부활되자 양국의 외교·무역업무를 위해 대마도 왜인의 거주가 허용되어, 왜관 내에는 館守를 비롯하여 裁判·代官·東向寺僧·通詞·橫目·目付·醫者·鷹匠·陶工·請負屋·水夫 등 많은 왜인들이 상주하였음은 이미 잘 알고 있는 사실이다.[2]

임란이후 왜관의 위치는 임란직후 강화교섭이 재개되면서 처음에는 絶影島에 가왜관을 설치하였었는데, 1609년에 己酉約條의 체결에 의해 왜관의 기능이 정상화되면서부터는 豆毛浦에 왜관을 신축하여 통교업무를 보았다. 그러나 두모포의 왜관이 좁고 선착장이 불편하여 세견선의 정박이 힘들게 되고, 또 무역량이 증가하면서 1678년에는 왜관을 草梁으로 이전하여 1872

---

1) 임란이후 양국의 강화교섭과 국교재개과정에 대하여는, 李鉉淙, 「壬亂後의 對日關係」(『한국사』 12, 국사편찬위원회, 1978). 閔德基, 「壬辰倭亂 이후의 朝·日講和交涉과 對馬島」 1, 2. 『史學硏究』 제39, 40집. 1989, 90. 동, 『朝鮮後期 朝·日講和와 朝·明關係」 『國史館論叢』 12, 1990. 李敏昊, 『朝鮮中期 對日外交硏究』(단국대학교대학원 박사학위논문, 1987). 孫承喆, 『朝鮮後期 對日政策의 性格硏究』(성균관대학교대학원 박사학위논문, 1989). 洪性德, 『十七世紀 朝·日 外交使行 硏究』(전북대학교대학원 박사학위논문, 1996) 등 참조.

2) 부산 왜관의 설치와 기능 및 직제 등에 대하여는, 田代和生, 『近世日朝通交貿易史의 硏究』(創文社, 1982) 제7장, 「草梁 倭館의 設置와 機能」(孫承喆편, 『近世韓日關係史』(강원대학교 출판부, 1987) 제5장, 부산왜관의 설치와 기능), 金義煥, 『釜山의 草梁倭館과 對日通信使外交』(『韓日文化交流史』, 민문고, 1991) 등 참조.

년 왜관이 明治政府에 의해 점령되기까지 195년간 초량왜관은 조·일 양국 간의 외교·무역의 중심지가 되었다.3)

그런데 조선후기 조·일관계사 연구에 대표적인 사료로 이용되고 있는『邊 例集要』권14, 雜犯條에는 왜관에 상주하는 일본인과 조선여인간에 발생한 交奸事件이 9회에 걸쳐 기록되어 있으며, 奎章閣에는『倭人作孼謄錄』이라는 제목 하에 1690년 교간사건에 관한 상세한 기록이 남겨져 있다.4)

주지하다시피 조선왕조는 유교를 국시로 하여, 사회기강을 세운 나라로 서 특히 남녀간의 윤리에 대하여는 매우 엄격한 규범을 가지고 있었다. 그 러나 왜관에 상주하는 왜인들에 의하여 왕왕 이 규범이 깨졌고, 이것은 단 순히 남녀간의 문제를 넘어서 조선의 기본적인 가치관을 위협하는 커다란 사회문제가 되었으며, 동시에 양국간의 외교문제로 비화되기가 일수였다.

예를 들면 조선의 경우, 왜인과의 사이에 交奸事件이 발각되면 그 당사자

---

3) 草梁倭館의 존속연대를 일반적으로 1876년 江華島條約에 의해 日本專管居留地가 되면서 왜관이 폐지될 때까지를 이야기하고 있으나, 필자의 견해는 그렇지 않다. 즉 倭館이란 어디까지나 朝鮮이 朝鮮과 對馬島, 또는 朝鮮과 幕府政權간에 交隣體制를 전제로 한 通交를 위하여 설치한 것이기 때문에 그 존속기간은 1872년 明治新政府 가 왜관을 점령하여「撤供撤市」가 이루어지기까지로 보아야 한다고 생각한다. 물론 1872년 이후에도 외교교섭과 상거래는 이루어지고 있지만, 그것은 명치 신 정부를 상대한 것이기 때문에, 조선과 일본의 交隣體制下에서의 왜관의 기능은 1872년 10 월「撤供撤市」에 의해 종말을 고하였다고 보아야 할 것이다. 孫承喆,『朝鮮時代 韓日 關係史硏究』제5장 교린체제의 변질과 붕괴 참조.

4) 이「倭人作孼謄錄」은 1690년(숙종 16)부터 1692년 사이에 동래 왜관을 중심으로 발 생한 倭館作弊중 潛奸, 路浮稅에 관한 기록으로 禮曹의 典客司에서 편찬하였다. 典客 司란 예조에 소속되어있는 세개의 관청(稽制司, 典享司, 典客司)중의 하나로 중국과 일본, 여진과의 교섭에서 사신의 파견과 영접, 연회,조공이나 하사품 등을 주로 담 당한 관청이었다.『倭人作孼謄錄』의 내용은 (1)1690년 4월 16일부터 7월 20일까지 왜관에서 일어난 조선여인 潛奸事件의 전말과 논죄의 기록. (2)1691년 7월 22일의 東萊商賈定額節目 (3)1692년 7월 8일부터 10월 6일까지 1691년의 節目을 어긴 潛商 의 逮捕, 治罪에 관한 사항 등 세 부분으로 되어 있다. 筆寫本으로 크기는 40.7× 26Cm, 총 58면으로 되어있다(규장각 문서번호 : 12962).

는 물론 연루자 전원을 효시 내지는 유배형에 처하여 아주 엄격히 처벌하였지만, 일본의 경우는 처벌을 하지 않아 때로는 조선측에서 開市와 公作米를 撤供시키기도 했다. 더구나 왜인범죄자에 대한 同律의 처벌이 이루어지지 않자, 1711년에는 양국간에 중대한 외교문제가 되어 통신사의 사행목적 중의 하나가 되기도 하였다.

이 글은 이러한 점에 주목하여 1690년(숙종 16) 교간사건의 주요기록인 『倭人作拏謄錄』을 정리, 분석하여 교간사건의 사회사적인 의미 뿐만 아니라 양국관계에서 교간사건이 차지하는 외교사적인 의미를 고찰하고자 한다. 나아가 이러한 작업이 조선후기 「倭館을 통하여 본 釜山人 生活史 研究」의 한 계기가 되고자 한다.

2. 交奸事件의 실태

『邊例集要』에 의하면 조선후기 왜관에서 발생한 교간사건은 총 9회에 달한다. 이것을 열거하여 보면 다음과 같다.

다음 표에서 알 수 있는 바와 같이, 『邊例集要』에 수록된 9회의 교간사건은 사건발생 연대로 보아 1661년과 1662년의 두 사건은 豆毛浦 왜관에서 일어난 것이고, 나머지 7건은 草梁 왜관에서 일어난 것으로 볼 수 있다.

표1〕 왜관교간사건일람표

순번	연 대	동래부사	조선여인	공 모 자	처 리
1	1661(현종 2)	李元禎	良女 古公	朴善同	2인 館外효시.
2	1662(현종 3)		私婢 自隱德	奴 無應忠, 金靑男	3인 館外효시.
3	1690(숙종16)	朴 紳	紛伊, 賤月, 愛今	使令 李明元, 權祥, 李進壽, 烽軍 徐富祥	李明元, 李進壽 옥사 그 외 5인 館外효시.
4	1697(숙종23)	李世載	玉郎, 善貞	金哲石	
5	1707(숙종33)	韓配夏	甘玉	部將 宋仲萬	甘玉, 宋仲萬 효시.
6	1716(숙종42)	金始煥	季月	金以石, 趙守命	공모자 효시, 季月 유배.
7	1726(영조 2)	李重協	娼女 金善陽	秋順弘, 朴召史	秋順弘 효시, 金善陽, 朴召史 유배.
8	1738(영조14)	鄭亨復	私婢 守禮, 良女 崔愛春	田才	田才 효시, 守禮, 崔愛春 정배.
9	1786(정조10)	閔 㷭	良女 徐一月	高甲山 등 5인	高甲山 효시, 그 외 정배.

　　물론 이 9회의 사건이 왜관에서 일어난 교간사건의 전부라고는 볼 수 없
다. 왜냐하면『交隣志』禁條에는『邊例集要』에 기록되어 있지 않은 1859년
(철종 10)의 교간사건이 나와 있고,5) 일본측의 사료인『交奸一件』6)에도
1671년(현종12, 寬文11)과 1699년(숙종 25, 元祿 12)의 기록이 있다. 이러한
내용을 통하여 볼 때, 왜관에서 일어난 교간사건의 횟수를 정확히 말할 수
는 없고, 위의 횟수는 그것이 탄로가 나서 사건화된 것만을 기록한 것이라
고 보아야 할 것이다.
　　교간사건의 양상은 매우 다양하게 발생하고 있다. 우선 조선여인의 신분

---

5)『交隣志』禁條, 哲宗 10년. 己未에 左水營의 退婢가 왜인과 간통한 일이 발각되었으
　므로 여자를 유인한 자를 효시하였다(좌수영의 退婢 錦紅이 문지기 金用玉에게 유
　인 당해서 비밀히 왜관에 들어가 간통하였는데 이일이 발각되었다. 이에 府使 金釴
　의 장계에 의하여 金用玉은 首犯으로 하여 관문 밖에서 효시하고, 錦紅 및 그를 따
　르던 李文周는 엄한 형벌을 베풀어 섬으로 귀향 보내고, 犯人 倭人은 묶어서 對馬島
　로 보냈다).

6) 일본측의 기록인『交奸一件』은 對馬島 宗家史料의 일부로서, 일본 國立 國會圖書館
　所藏 對馬島宗家史料 중『分類紀事大綱』31에 수록되어 있는 기록이다.

을 보면 良女·私婢·娼女·退婢 등 주로 하층계급의 여인이 많았으며, 그에
연루된 공모자 내지는 유인자 역시 양인이나 노비 등이 많았으나 때에 따
라서는 使令·烽軍·部將 등 왜관의 경비를 맡고 있던 자들이 직접 공모한 경
우도 있었다.

한편 交奸倭人은 직분이 주로 代官이나 禁徒倭로 모두가 양국의 통교에
직접 관여하거나 경비를 맡은 자들이었다.

교간 죄인들에 대한 처리는 조선인의 경우 남녀를 불문하고 모두 왜관문
밖에 효시하는 것을 원칙으로 하였으나 경우에 따라서는 먼 곳으로 유배하
기도 하였다. 한편 조선에서는 왜관(대마도)에 대하여 조선인과 同律로 다
스리도록 요구하였지만, 왜관측에서는 양국사이에 약조가 성립되어있지 않
음을 이유로 들어 그저 대마로 소환하는 정도가 고작이었다. 그리하여 조선
에서는 관수왜에 대한 公作米를 撤供하였지만 별 진전이 없다가, 1711년 辛
卯通信使의 파견을 계기로 하여 양국간에 외교문제가 되어서야 비로소 犯
奸約條를 맺게 되었다. 그러나 약조가 이루어졌다고 해서 교간사건이 종식
된 것은 아니었고, 그 이후에도 여전히 교간사건은 그치지 않았다.

그러면 왜관에서 일어난 교간사건 중 특히 그 기록이 상세하게 남아있는
1690년(숙종 16)의 교간사건을 『倭人作拏謄錄』을 중심으로 구체적으로 살
펴보기로 하자.

3. 『倭人作拏謄錄』의 교간사건

『倭人作拏謄錄』의 교간사건은 모두 네 부분으로 구성되어 있는데, 주로
동래부사와 경상감사가 1690년 경오년 4월부터 7월 사이에 교간사건에 대
하여 禮曹 典客司에 보고한 장계로 구성되어 있다. 그 소제목을 보면,

　　・　庚午四月十六日　我國女人潛奸倭人　把守將卒嚴囚訓導等論罪事(東萊府使狀啓)
　　　　庚午五月初三日　館中潛入女人　把守將卒等論罪事(慶尙監司狀啓)
　　　　庚午六月二十三日　倭館潛入女人終不捉出訓導等別樣勘罪東萊府使請推事(慶
　　　　　尙監司狀啓)
　　　　庚午七月二十日　倭館潛入女人捕捉　交奸倭人同律處斷事(慶尙監司狀啓)

등으로 구성되어 있다. 그러면 이들 내용을 중심으로 교간사건의 전말에
관하여 정리하여 보자.

1) 사건개요

1690년(숙종 16) 庚午 4월 16일자『倭人作拏謄錄』에는 4월 초2일자 동래
부사 朴紳의 장계를 다음과 같이 기록하고 있다.

　　　지난 2월 24일에 臣이 거느리는 軍官 朴尙汶이 보고한 것에는, 水營 使令
　　李明元이 처와 딸, 그 여동생 등 3인을 데리고 왜관에 들어가 왜인과 더불어
　　서로 간음하였다하는데, 부산인 寺奴 李進壽, 權祥 등이 함께 공모하여 왕래
　　하였다고 합니다. 또 烽軍 徐富祥도 水營아래 살고 있는 여인을 館中에 潛納
　　하여 倭人處에 값을 받고 通奸하였다고 하거늘, 각인을 즉시 잡아서 추고하
　　였습니다.[7]

이 교간사건은 李明元에 의하여 저질러진 사건이지만, 편의상 이명원의
妻・딸・여동생 賤月이가 관계된「粉伊・賤月交奸事件」과 徐富祥이 공모한
「愛今交奸事件」 등 두개의 사건으로 구분하여 그 발단과 경위에 관하여 살
펴보자.

　먼저「粉伊・賤月交奸事件」을 보면,

---

7)『倭人作拏謄錄』庚午 四月 二十六日條, 2쪽.

李明元이 말하기를 丁卯(1687년, 숙종 13) 4월에 李進壽, 權祥 등에게 꼬임을 당하여 저의 처와 딸 粉伊, 그리고 여동생인 賤月이를 왜관 안에 데리고 들어가 왜인과 교간하도록 하였다고 합니다만, 처는 이미 改夫하여 도주한지 몇 년이 되었으며, 설혹 지금 있다하여도 어찌 왜인에게 팔아 음간을 자초하겠습니까, 공모절차는 李進壽 등에게 추문하십시요.[8]

라고 하면서, 왜관에 潛納女人의 사실은 인정하고 있지만, 자신의 妻에 대해서는 부정하였다. 함께 공모한 李進壽와 權祥은 고기를 팔아서 살아가는 자로 왜관에서 朝市[9]로 왕래할 때에 왜인과 서로 안면이 있었다. 그들을 취조하니,

날짜는 알 수 없으나, 정묘년(1687년) 4월에 四代官倭[10] 井耳摠左衛門, 忠兵衛, 二代官倭 延食只 등 3인이 우리 여인을 간절히 구하면서 銀 58兩을 주어서 이명원에게 전해주었습니다. 그후 이명원의 처와 딸인 粉伊를 권상이 데려다 주었습니다. 이진수는 禁徒倭[11] 利兵衛, 判右衛門 두 사람이 역시 여자를 구하며 銀 2냥 5전을 주거늘 명원에게 전하여 주고, 후에 명원의 여동생 賤月을 왜관에 데려다 주었습니다.[12]

고 하였다. 즉 權祥은 이명원의 처와 딸 분이를, 그리고 李進壽는 이명원

8) 『倭人作孽謄錄』 庚午 四月 二十六日條, 2~3쪽.
9) 왜관의 東門인 守門 밖에서 조선상인이 매일 아침에 생선과 야채류를 가지고 와서 파는 아침시장을 말한다(『增正交隣志』 권4, 朝市).
10) 代官은 주로 무역의 매매교섭, 결재, 조선측에서 나오는 각종 지급물의 수취나 재촉 등 주로 경제적인 업무를 담당하였다. 『交隣志』 差倭의 代官倭에 의하면, 인조 2년 (1624) 乙亥에 島主 平義成이 代官 24인을 정하여 보내어 公私의 무역과 매매를 전관하게 하였는데, 숙종 10년(1684)에 감하여 10인으로 하고 3년마다 교체하게 하였다. 그 중 第1代官, 第3代官은 公貿木米와 文書 등의 일을 주관하였고, 3代官은 1년마다 교체하여 年條代官이라고 하였다 (田代和生, 앞의 논문, 4) 代官).
11) 禁徒倭는 倭館내에서 간사한 행동과 외람된 행위를 방금하는 직책으로 모두 22명이며, 1년마다 교체하였다(『交隣志』 差倭條).
12) 『倭人作孽謄錄』 庚午 四月 二十六日條, 3~4쪽.

의 여동생 천월이를 각기 왜인들에게 돈을 받고 교간을 알선하였다는 것이다.

이들은 모두 밤이 깊어 사람이 없는 시각에 宴享大廳에 몰래 들어가 낮은 담장을 넘어 왜관안으로 들어갔다고 자백하였다. 그리고 왜관에 들어간 후에는, 명원의 妻는 한번 관중에 출입한 후 욕을 본 것이 분하여 알 수 없는 곳으로 도망하여 갔다고 하고, 粉伊는 代官의 房에 있다고 하였으며, 賤月이는 나이가 많아 팔지 못하였으나 지금은 어디에 있는지 모른다고 하였다.

한편 「愛今交奸事件」은 徐富祥을 추고한 결과 자백하기를,

> 지금부터 5~6년전 日月을 모르지만, 지금은 죽었는데 이명원의 동생으로 之石이라고 칭하는 자가 愛今이라는 여인을 데려와서 나에게 말하기를 왜인이 여자를 구하는 고로, 수영아래에 살고 있는 私婢인 이 사람을 지금 데리고 왔다고 하면서, 나와 함께 같이 가자고 하거늘, 같이 왜관의 酒房에 가서 왜인 馬太守라는 놈에게 銀 3냥을 받고 허락하였습니다. 之石과 함께 데리고 간 것이 두 번이고, 내가 혼자 데리고 간 것이 네 번인데, 매번 銀 3냥을 받았습니다.[13]

라고 하였다. 그리하여 동래부에서는 愛今이의 소재를 확인하여 金海 萩山倉에서 체포하여 심문하니, 애금이가 자백하기를

> 제가 19세때인 丙寅年(1686) 8월, 李三石과 그의 형 明元의 꾀임을 받아, 부산 訓導處에 가게 되었습니다. 부산에 갈 때는 男服을 하였는데, 놀랍고 괴이하게 여겨 따르지 않자, 명원이는 訓導를 자칭하면서 다른 사람의 이목을 속이려면 이같이 변복을 해야 한다고 하였습니다. 어느 한곳에 이르러 담장을 넘어 잠입하게 되었는데, 저는 비로소 팔린 것을 알고 발악을 하였습니다. 그러자 명원이는 칼을 빼어들고 겁을 주었고, 저는 나이도 어리고 약한 여자로서 감히 거부하지도 못하고, 그와 함께 酒房에 잠입하여 왜인

---

13) 『倭人作孼謄錄』 庚午 四月 二十六日條, 4~5쪽.

馬太守라는 놈과 교간하였으며, 명원은 銀 6냥을 받았습니다. 저는 옷을 빼 앗기고 나쁜 소행을 하였습니다. 왜인은 서부상에게 저를 맡기었으며, 그후 는 부상이가 데리고 왕래하였으며, 받은 돈으로 贖良하였습니다. 交奸倭人은 馬太守라는 놈으로 이름을 바꾸어 四古沙門이라 하는데, 지금은 이미 돌아 갔으며 4代官 食只衛門이라고 칭하는 왜인입니다.[14]

라고 하였다. 즉 이 내용을 보아 이명원은 처와 딸, 그리고 여동생 賤月 이를 교간시키기 전에 이미 그의 동생 之石·徐富祥과 공모하여 사비인 愛 수이를 꼬여서 교간사건을 일으킨 것을 알 수 있다. 이로 볼 때 이들 두 교 간사건이 발각된 것은 1690년 2월이지만 그것이 발생한 것은 이미 4년전인 1686년 8월과 1687년 4월의 두 차례였다. 그리고 교간의 대가로 상당한 양 의 銀貨를 받은 愛수이는 이 돈으로 贖良까지 하였던 것이다.

그리고 이들과 교간하였던 왜인은 代官 및 禁徒倭로써 왜관내에서 무역 을 직접 관장한다던지, 경비를 담당하였던 자들이었음을 알 수 있다.

2) 倭館의 구조

그러면 여기서 이들의 출입경로를 이해하기 위하여 왜관의 구조에 관하 여 살펴보자.

왜관의 구조와 경관에 대하여 보면, 동서가 372보 4척, 남북이 256보로 6척을 1보로 계산할 때 동서 677.5미터, 남북 465,4미터가 된다.[15] 남쪽과 동쪽은 바다에 접하였고, 내부는 龍頭山을 경계로 동관과 서관으로 나뉘어 져 있는데, 東館에는 관수의 숙소겸 집무소인 館守屋을 비롯하여 開市大廳·

---

14) 『倭人作孽謄錄』 庚午 四月 二十六日條, 4~5쪽.
15) 『增正交隣志』 권3, 館宇에 의하면 「館基自東至西三百七十二步四尺自南至北二百五十六 步俗以六尺爲一步」로 되어 있는데, 1尺을 30.3센티미터로 계산하여 보면 대략 이 길이가 된다. 물론 史料에 따라서 약간의 차이는 있지만 거의 10만평 내외의 규모 가 된다(田代和生, 앞의 논문).

裁判屋(이상을 三大廳이라고 함)·東向寺·通詞屋·神社가 있고, 해안쪽으로는
水夫屋·浜番所·倉庫 등이 있다. 또한 西館에는 서쪽의 三大廳(副特船, 第1
船, 參判屋)이라는 사절단의 숙박소와 六行廊이 나란히 있다. 왜관의 담장은
처음에는 6척 높이의 土墻이었는데, 1709년 돌로 축성하여 개수하였다고
한다.16)

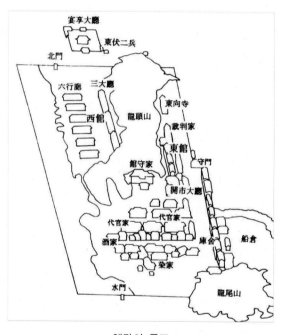

왜관의 구조

*위의 그림은 국립박물관소장 倭館圖(卞璞筆)를 모사하였음.

그리고 이 담장에는 세 곳에 출입구가 있었는데, 水門(無常門 : 서남쪽의
문으로 1間이며, 관내의 일본인이 죽었을 때 그 시체를 운반하는 문으로 열
쇠는 조선측에서 관리하였다), 北門(宴享門 : 1間으로 일본사신이 연향대청

16) 『通文館志』 권7, 人物(洪舜明)條.

에 출입할 때 이용한 문으로 東伏兵將이 지키며 항상 봉쇄하였고 열쇠는 조선관리가 관리하였다), 東門(守門 : 왜관의 정문으로 12間이며 東萊·釜山將校 각 1인·通事 2인·門直 2인이 수직하고, 동래부사가 발급한 帖文을 가진 자만이 출입할 수 있었다)이 있었다.

조선에서는 왜관에 대하여 항시 출입을 통제하고 있었으며, 왜관담장 밖에서 왜관을 경비하기 위하여 伏兵幕을 설치하였다. 복병막은 처음에는 동·남·서 세곳에 설치하여 각 鎭將의 將校 1인과 卒 2인으로 하여금 윤번하여 월장하는 것을 방비하였으나, 1739년(영조 14) 교간사건이 일어나자, 이를 계기로 다시 3개처를 추가하여 6곳으로 증설하였다.[17]

이상에서 언급한 왜관의 구조를 생각하면서 이 교간사건의 전개과정을 정리하여 보면, 사건의 발단은 水營使令이었던 이명원이 四代官 食只衛門의 청을 받아, 처음에는 1686년 8월, 자신의 동생 之石·徐富祥과 공모하여 金海에 사는 私婢 愛今이를 꾀어서 男服으로 변장시켜 담을 넘어 왜관에 잠입하여 酒房으로 가서 교간을 시켰으며, 그 댓가로 은화를 받았으며, 애금이는 그 돈으로 속량을 하였다는 것이다. 그후 이듬해 1687년 4월에 다시 평소 朝市에서 안면이 있던 二代官 延食只, 四代官 井耳摠左衛門, 忠兵衛 등 3인의 청을 받아 權祥으로 하여금 이번에는 자신의 妻와 딸 粉伊를 데려다 주도록 하였고, 다시 禁徒倭 利兵衛, 判右衛門의 청을 받아 李進壽로 하여금 자신의 여동생 賤月이를 데려다 주어 교간케 하였던 것이다.

이들은 모두 밤이 깊은 시각에 왜관북쪽에 있는 宴享大廳을 통하여 왜관에 이르러 북문근처에서 당시는 아직 土墻이었던 낮은 담장을 넘어서 왜관 안으로 들어간 후, 먼저 東館에 있는 酒房으로 가서 왜인과 교간하였던 것이다.

---

17) 『增正交隣志』권3, 館宇에는 이 내용과 함께 각 伏兵幕의 위치도 상세하게 기록되어 있어 왜관 潛越에 대한 경비의 삼엄함을 잘 알 수 있다.

3) 체포

이 교간사건이 일어난지 3년후에 발각된 경위는 기록이 없어 알 수 없다. 그러나 동래부사 朴紳은 1690년 2월 軍官 朴尙汶에 의하여 사건을 보고 받은 후, 즉시 이들에 대한 체포를 지시하여 모두 잡아 들였고, 推問한 결과를 4월 초2일에 장계하였다. 이 장계에 의하면 교간사건 관련자 전원을 체포하도록 하였으나, 체포된 자는 李明元, 李進壽, 權祥, 徐富祥, 愛수 등 5인이었으며, 이명원의 딸 粉伊와 여동생 賤月은 왜관안에 있어 체포하지 못하였다는 것이었다.

그리하여 동래부사는 분이와 천월이를 체포하고자, 군관·무사로 하여금 館外를 파수하여 몰래 도망나가는 것을 막도록 하는 한편, 관수왜에게 훈도와 별차를 보내어 책임을 추궁하고 여인들을 찾아내어 提出해 주도록 요청하였다. 이에 館守倭 등도 놀라며, 犯罪倭人을 잡아서 구류하겠다고 하면서, 여인이 숨어 버렸고 얼굴도 모르기 때문에 잡기가 어렵다고 핑계를 대면서 提出하여 주지 않았다고 한다.

훈도 등이 다시 핑계대는 사연을 묻자, 관수왜는

> 일본의 법은 본래 房舍를 수색하는 법이 없고, 犯倭 등이 水刑을 당하여 죽는 경우가 있어도 자백하지 않을 것이며, 이렇게 되면 몰래 여인을 죽여 함구하는 폐단이 있을까 염려되옵니다.[18]

라고 하면서 더욱 핑계를 대었다. 그러자 동래부사는 훈도를 통하여 관수왜에게 일러 전하기를,

> 지금 여인이 왜관에 잠입한 것은 막대한 변이거늘, 관수가 핑계를 대고 잡아 보내지 않는 것은 가히 놀랄만한 일이다. 장차 결말을 기대할 수 없으

---

18) 『倭人作拏謄錄』 庚午 四月 二十六日條, 7쪽.

므로 우선 啓聞하여 관중 왜인에게 일공하는 米饌·紫炭 등 물자을 철파하고, 米·公木 등도 주지 말고 차차 철회할 것이며, 한편 對馬島中에 글을 보내어 島主를 책유하면, 너희들은 죽고도 남을 죄이나 遠人의 道에 일체의 법을 가볍게 여길 수 없으니, 우선 이로써 개유한즉, 너희들은 스스로 알고 굴복하여, 독려하여 나오게 하도록 하라.[19]

고 독촉하였다. 그러자 관수는 왜관밖의 파수를 한결같이 엄밀히 하여 철파하지 않되, 한편으로 館外把守를 철파한다고 소문을 내면 여인이 스스로 나와 잡혀올 것이라고 하였다. 이것은 館中에서 여인이 잡혀 나오면 館守 이하가 용서받기 어려운 죄를 추궁받게 되므로 몰래 여인을 관밖으로 내어보내 잡히게 하려는 계책이었고, 요행히 잡히지 않을 수 있는 계책이라고 동래부사는 파악하고 있었다.[20]

이어 동래부사는 교간죄인들을 粉伊와 賤月을 잡아들인 후에 함께 처벌하려고 하였지만, 한달 이상 지나 더 이상 기다릴 수 없다고 하면서, 李明元·李進壽 등이 足杖한 후 아직 刑을 정하지 않았으나, 옥중에서 병으로 죽었음을 알리고 나머지 죄인들의 처벌을 품계하였다.

그 후 5월 초3일 경상감사 吳始大의 장계에 의하면, 동래부사 朴紳은 왜관을 지키는 파수장졸들이 경계를 엄히하지 못하여 이같은 일이 일어났다고 하면서 그들을 잡아 가두고, 심문한 결과 교간죄인들이 잠입한 날이 밝혀지게 되었다. 즉 愛今은 1686년(丙寅) 8월 초6일 처음 倭館 안으로 들어가 그때부터 몰래 왕래하였으나 근년에는 다시 들어가지 않았다고 하였고, 權祥에게 기일을 심문한즉 분이와 賤月은 1687년(丁卯) 4월 초1일에 처음 왜관에 들어간 후, 粉伊는 왕래를 끊었었으나, 賤月은 1689년(己巳) 11월 초6일에 다시 왜관에 들어갔는데, 이들은 모두 東·西伏兵의 관할지역인 宴享大廳과 북쪽 담장밖의 은밀한 곳으로 潛入하였다고 자백하였다. 이에 해당

---

19) 『倭人作拏謄錄』 庚午 四月 二十六日條, 8쪽.
20) 『倭人作拏謄錄』 庚午 四月 二十六日條, 8~9쪽.

날짜의 東·西伏兵을 조사한 결과 私奴 裵俊日, 文忠男, 李學 등으로 밝혀졌고, 이들에 대한 구금이 지시되었다.

이어 훈도·별차를 통하여 粉伊와 賤月이를 족출하는 일을 재차 독촉하면서, 이때부터 犯奸倭人에 대한 처벌을 논의하기 시작하였다.

> 辛丑(1661), 壬寅(1662) 양년에도 일찌기 이같은 변이 있었으나, 범죄왜인을 同律로 다스리지 못하여 探試之計를 세운 적이 있습니다. 臣이 등록을 보니 辛丑(1661) 5월의 일로 故 判書 臣 李元禎이 부사 때의 일인데, 府에 사는 良女·私婢 6인이 왜인과 더불어 교간을 하다가 탄로가 나서 죄의 경중에 따라 처단을 받았던 적이 있었습니다. 그러나 능히 東邊之民(倭人)을 엄하게 다스리지 못하여 이같은 일이 또 있게 되었으니, 우리의 수치이며 저들이 법대로 다스리지 않았기 때문입니다.
> 또한 壬寅(1662) 6월 故 監司 李星徵이 府使때의 일로, 府에 살던 私婢 自隱德이 왜관에 잠입하여 왜인과 더불어 세 번 몰래 교간하다가 탄로가 나서 법에 의하여 처단된 적이 있었습니다. 당시 倭館에 영을 내려 해당 관리가 館守를 책유하여 그로 하여금 범죄왜인을 처리하도록 하였습니다. 왜인을 어떻게 처치하였는지는 本府 謄錄중에 기록이 없어 상세한 것은 비록 알 수가 없으나, 피차 同律로 하지 않은 것 같습니다. 왜인의 情狀이 狡詐하여, 먼저 同律 여부를 누차 말하지만, 그 뜻은 犯罪倭人을 비호하려는 계책입니다.[21]

라고 장계를 올려, 조선측의 죄인 뿐만 아니라, 왜관측의 범간왜인도 모두 조선죄인과 마찬가지로 똑같은 同律의 법으로 다스리도록 촉구하였다.[22] 범간왜인에 대한 이러한 同律적용의 요구는 이후 양국간의 외교적인

---

21) 『倭人作拏謄錄』 庚午 五月 初三日, 14~5쪽.
22) 이 내용은 『邊例集要』와 『朝鮮王朝實錄』에도 언급되어 있는데, 『邊例集要』에는 왜관에서 끝내 잡아 보내지 않는다면 日供을 철과하도록 하였으며, 『肅宗實錄』에는 同律處斷할 것과 館守倭 등의 처벌을 對馬島主에게 移書하도록 지시하고 있다. 『肅宗實錄』 권22, 肅宗 16년 7월 甲辰, 『東萊館倭 歲匿我國女人二名 訓導別差等 告于府使 朴紳 紳以聞 備局覆奉 請以犯罪人及交奸倭人 同律處斷 館守倭禁徒倭等罪狀 移之馬島 上可之』.

문제로 비화되어 1711년 辛卯通信使 때에 이르러서야 비로소 대마와의 約
條에 의하여 이루어지게 되었다.

관수왜에 대한 훈도·별차의 연이은 책유에도 불구하고, 분이와 천월에
대한 捉出件은 전혀 진전이 없었고, 그 사이에 범간왜인 二代官倭는 대마도
로 돌아가 버리고 말았다. 뿐만 아니라 이번에는 館守交代의 기간이 얼마
남지 않았음을 이유로 다시 시일을 지연시켰다. 이에 조정에서는 大臣과 備
局堂上會議를 열어 동래부사도 문책하기로 결정하였다.

> 동래부사는 당연히 훈도·별차를 엄하게 신칙하고 극력 개유하여야 함에
> 도 불구하고, 매번 조정을 귀찮게 하면서 일을 더욱 부당하게 만들었으니,
> 동래부사 및 훈도·별차는 따로 따로 科罪하여 조정에 尊重之意를 보이고, 狡
> 倭로 하여금 어려움을 느끼도록 하여야 한다. 그리고 새로운 府使와 訓別을
> 즉시 차송하여 관수왜를 책유하도록 하고 끝내 내보내지 않은 즉, 日供을
> 철파함이 옳으며, 동래부사 朴紳·訓導·別差는 함께 잡아 가두어 심문함이
> 가하다.[23]

고 하여, 결국 交奸事件으로 인하여 당시 경비를 맡았던 東·西伏兵은 물
론, 館守倭를 책유하였던 訓導·別差, 그리고 東萊府使에 이르기까지 모두
처벌을 받게 되었던 것이다.

4) 처형

이로부터 약 한달후, 7월 20일 경상감사 吳始大는 동래부사의 장계에 의
하여 분이와 천월의 체포에 관하여 다음과 같이 보고하였다.

> 本府(동래부) 別武士 丁汝贊, 훈도 朴再興, 별차 朴世亮이 進告한 것에, 왜

---

23) 『倭人作拏謄錄』 庚午 六月 二十三日, 30쪽.

관 잠입여인 粉伊, 賤月이 잡혀 왔다고 보고하거늘 추고한 것이 庚午 7월 초
8일이었습니다.[24]

그들을 심문한 결과 자백하기를, 粉伊는 연월은 기억할 수 없으나 13세
때에 권상의 꾀임을 받고 父 명원, 권상과 함께 草梁에 가서 宴享廳의 낮은
담장을 넘어 왜관에 들어가 二代官倭 延食只와 그를 따르는 倭 素沙門과 鷹
房倭 素尤食只 등 3인과 서로 통간하였다. 그리고는 일이 발각되자, 同代官
倭의 집 누각 밑에 구멍을 파고 출입을 하였는데, 어제 왜인이 와서 이일은
이미 끝났으니 염려할 것이 없다고 하여,[25] 賤月과 같이 멀리 도망하여 피
하기 위하여 왜인복색으로 갈아입고, 왜인과 함께 선창에서 조그만 배를 타
고 舊館에 도착한 후, 포에 내려 沙川村을 향하려 하다가 잡히게 되었다고
그간의 사정을 털어놓았다.

또한 賤月은 壬戌(1682)년 통신사 행차시 이미 죽은 부산인 李砲手라는
자의 꾀임에 빠져 처음 관중에 들어갔는데, 지금은 죽은 加兵衛倭와 교간하
고 5일을 머무른 뒤 나왔다고 하였다. 또 丁卯(1687)년 4월 李進壽의 꾀임
으로 다시 입관하여, 처음에는 以酊庵 正官倭 海如門과 그가 돌아간 후에는
小禁徒倭 沙如門, 都禁徒倭 汗禮門, 伊惠衛등 4인과 서로 통간하였는데, 粉
伊와 함께 같은 배로 나와 장차 沙川을 향하려 할 때에 분이와 더불어 일행
이 함께 잡혔다는 것이다.

그렇다면 이들은 잡히기 전 얼마동안이나 왜관에 머물러 있었을까. 粉伊
의 경우는 처음 入館하여 교간한 것이 13세 때인 1687년 4월이라고 앞서의
東·西 伏兵에 대한 조사에서 밝혀졌는데, 왕래를 끊었다는 기록만 있지, 다
시 나왔다던가 들어갔다는 기록이 없는 것으로 보아, 단정하기는 어렵지만

---

24) 『倭人作拏膽錄』 庚午 七月 二十日, 31쪽.
25) 이 내용에 관하여 일본측의 기록에는 「倭館內에 조사가 심해지자 여자를 도망치게
하였다. 여자가 왜관 밖에서 잡혔기 때문에 왜관 내에서 책임을 질 필요가 없다」
(앞의 宗家史料 『分類紀事大綱』31, 7월 21일조)고 기록하고 있다.

1687년 4월 입관한 이후 1690년 7월까지 왜관에 있었다는 이야기가 된다. 한편 賤月의 경우는 1682년 통신사 행차시 처음 입관하였다가 5일만에 나왔고, 그후 1687년 4월에는 분이와 함께 입관하였다가 얼마나 있었는지는 모르지만 일단 나왔다가, 1689년 11월초에 세 번째로 입관한 후,[26] 1690년 7월까지 왜관에 있었던 것으로 볼 수 있겠다.

그러나 일본측의 宗家史料인 『分類紀事大綱』31, 元祿 六月三日자 취조문에는 이들의 입관을 軍官 朴尙泯에게 발각되기 하루전인 2월 23일로 자백하고 있어, 그 진위를 정확히 알 수는 없다.

粉伊와 賤月이를 체포한 후, 동래부사 朴紳은 왜관 잠입여인이 시일이 오래지나 지금에야 발각된 것을 자신의 죄로 인정하면서, 종래 潛商人 처벌 때에는 조선인을 먼저 처벌하고 왜인도 同律로 처벌할 것을 요구하였으나 끝내 이루지 못하였음을 한탄하며, 신임부사의 부임 후에 왜관 잠입여인과 교간왜인을 同律로 처단하도록 강력히 요구하였다.

『倭人作挐謄錄』의 기록은 위의 狀啓와 이것을 윤허한다는 내용으로 끝이 난다. 따라서 이 기록만으로는 더 이상의 처리과정에 관하여는 알 수 없다. 그러므로 이후의 사건전개에 관하여는 『邊例集要』와 일본 국회도서관 소장의 宗家史料인 『分類紀事大綱』의 기록을 통하여 살펴보도록 하자.

『邊例集要』에도 7월조에 粉伊, 賤月 등이 왜관으로부터 밤을 타서 몰래 나왔던 고로 잡아들여 취조하여 가두었으며, 신임부사의 부임을 기다린 후에 처단할 것이라고 치계하였다고 한다.

8월이 되어 新任府使 南壆는 범간왜인을 同律로 처단할 것과 여인을 몰래 관중에 숨겨두고, 내보내지 않은 죄를 관수왜에게 책유하였다. 이에 대

---

26) 『倭人作挐謄錄』, 庚午 四月 二十六日條(6쪽)에 李明元의 공초내용에, 「賤月이는 四寸으로 친한 까닭에 작년 11월 초3일 집에 왔사오며, 초5일 무렵 李進壽가 와서 데리고 간 후, 지금 어디에 있는지 알지 못하옵니다」라는 기록으로 보면, 權祥의 심문내용의 11월 초6일과 거의 일치한다.

해 관수는

> 봄에 여인이 입관하였다는 말을 듣고, 조사하여 찾도록 명령하였지만 끝
> 내 찾을 수 없다가 어느날 멀리 밖에서 잡았다고 들었다. 당초 왜관에 있었
> 다면 어찌 속인 것이겠는가.[27]

라고 변명을 하였다. 그리고는 奸倭에 대해 同律을 적용하는 것은 종래
淫奸이 있을 때에도 한 두번 요구한 것이 아니나, 일찍이 거론하지 않은 것
은 약조에 없는 바이기 때문이며, 同律之意의 일은 수긍할 수 없는 일이라
하였다.

그러나 이 사실은 왜관 내에 조사가 심하여지자 여자를 도망치게 하였으
며, 여자가 왜관 밖에서 잡히였기 때문에 왜관 내에서 책임을 질 필요가 없
다는 기록을 보면, 이것이 완전히 허위임을 잘 알 수 있다. 뿐만 아니라 왜
관에서 2월 26일부터 조사가 시작되자 停職중이던 범간왜 4인을 이미 대마
에 귀환시켰고, 6월 11일부터는 이중 3인을 다시 직무를 보게 하였으며, 7
월 11일에는 이들에게 왜관으로 돌아가지 말도록 명령을 내렸던 것이다.[28]

그러면 여기서 현재 일본국회도서관에 소장되어 있는 宗家史料 중 交奸
事件에 관한 유일한 기록인 『分類紀事大綱』 31册의 사료를 간단히 요약하
여, 당시 왜관 및 대마측의 입장을 비교하여 보자.

---

27) 『邊例集要』 권14, 雜犯, 庚午(1690) 8월.
28) 앞의 史料, 『分類紀事大綱』 31, 6월, 7월조.

宗家史料 『分類紀事大綱』31 交奸一件 要約文[29]

4월 10일
먼저 달 17일 동래로부터 兩判事에게 근일 중에 巡察使가 동래에 와서
관내 여인 유치사건을 조사할 것이니, 그러한 일이 없었다고 말해달라
는 부탁이 있었다.

4월 14일
朴僉知(東萊府使)가 파직되었다고 들었으나, 다시 재임을 할 것인지는
알 수 없다.

5월 28일
지난 겨울 11월초에 진세(李進壽)라는 조선인에게 釉木棉 등이 필요하
여 銀子 65몸메를 먼저 주었는데, 그후 물건이 없다고 하면서 차일피
일 미루다가, 재촉을 하니 大工 利右衛門이라는 자에게 물건대신에 여
자를 데리고 와서 4~5일만 맡아달라고 하여 여자를 대신 맡고 있었다.
그러나 2월 26일 관수로부터 조사가 시작되었다.

6월 3일
사건을 보고하면 문제가 커지기 때문에 그동안 보고하지 않았다. 그러
나 대마도에서 조사를 시작하였기 때문에 보고를 하게 되었다.
사건의 진상인즉 지난 2월 23일 왜관 안에서 조선여인이 누구와 약
속을 하여 약속장소에서 그를 기다렸는데, 약속한 사람은 나타나지 않
고 날이 저물어 가자 지나는 나에게 사정을 말하여 내가 집에 데리고
가서 보호를 하던 중이었다.

6월 11일
관내의 여인사건으로 인하여 해당 3인이 정직 중이었으나 다시 임명하
였다.

---

29) 이 자료는 日本 鳥取大學 池內敏教授로부터 빌려 보았으며, 名古屋大學 高橋公明教授
와 함께 내용을 요약한 것이다.

7월 11일
관련된 4인을 대마에 있으면서 조선에 절대로 돌아가지 않도록 명령하다.
관련 4인의 명단제시(井手總左衛門, 市山伊兵衛, 日高利右衛門, 大工 小嶋利右衛門).

7월 12일
그러나 이들 중 大工 小嶋利右衛門이 代官을 보좌하여 벌써 조선에 갔다고 보고하다.

7월 21일
왜관 내에서 조사가 심해지자 여자를 도망치게 하였다. 여자가 왜관
밖에서 잡히였기 때문에 왜관 내에서 책임을 질 필요는 없다.

8월 13일
大工 小嶋利右衛門이 吉丸편으로 대마에 돌아갔다.

10월 8일
입관여인 3인, 유인한 남자 2인 등 5인을 참죄하였다고 보고하다.

10월 21일
9월 29일 입관사건에 연루된 조선인 5인을 참죄하였다는 보고가 있었
으나 그들에게서는 통보가 없었다.

11월 12일
동래로부터 조선인 처형 소식과 함께, 일본인도 같은 죄이기 때문에
똑같이 처리하여 달라는 요구가 있었다. 그러나 벌써 용서하여주었기
때문에 어떻게 처리하면 좋겠는가를 대마도에 물었다.

　이상의 내용을 통하여 양측의 기록을 비교하여 보면, 상당한 차이가 있
음을 알 수 있다. 우선 기본적으로 왜관측에서는 대마도에 대하여 이 사건
을 은폐 내지는 축소하려는 입장을 가지고 있었고, 또 사건이 발각되고 난

후에는 왜관과 대마도가 서로 협조하여 책임을 회피해 가는 상황을 볼 수 있다.

한편 신임부사의 장계를 받은 후, 조정에서는 왜관과의 禁條중에 피차간의 범죄자는 館外에서 형을 집행할 것을 특별히 一條로 禁條에 넣을 것을 지시하였고, 이번의 잠입교간은 범죄에 해당되나 끝내 同律로 처리하지 아니하니 동래부에서 대마도주에게 서계를 보내어 同律로 하도록 촉구하되, 여인 분이와 천월은 먼저 관문밖에 효시하도록 하였다. 이에 동래부에서는 愛守 및 공모자 權祥과 徐富祥의 처리를 문의하니, 이들 다섯 사람을 모두 1662년(壬寅, 顯宗 3)의 예에 따라서 함께 관외에 효시하고, 파수한 각인의 죄상은 본도(경상감사)에서 죄의 경중에 따라 엄단하도록 회계하였다.

이들의 처형에 관한 기사는 『邊例集要』권14, 庚午(1990년) 9월조에 기록되어 있으며, 『肅宗實錄』에는 숙종 22년 10월 계해(6일)조[30]에 기록되어 있는데, 일본측의 『分類紀事大綱』에는 9월 29일 坂下와 和館사이에서 이들 5인을 참죄하였다고 기록되어 있다.[31]

이들을 처형한 후, 동래부사 李衡祥은 계속하여 島中移書에 의하여 同律을 요청하는 것보다는 차라리 約條를 고치는 것이 후환을 없애는 것이라고 치계하자, 조정에서는 島中移書는 계속하되, 對馬島主가 江戸로부터 돌아오는 것[32]을 기다려 문위역관이 갈 때에 미진한 곳을 고치어 송부하도록 하였다.

한편 왜관측은 동래로부터 조선인 처형소식과 함께 일본인도 같은 죄이

---

30) 『肅宗實錄』권22, 肅宗 16년 10월 癸亥, 「梟示東萊館倭交奸女人愛守等三人及引誘潛致於倭館者權祥徐富祥等於倭館門外」.

31) 앞의 『分類紀事大綱』元祿 三年 十月八日之日帳.

32) 이 제도를 參勤交代라고 하는데, 江戸時代에 德川幕府는 전국의 大名을 일정기간동안 將軍이 있는 江戸에 參勤시켜 그들을 통제하는 정책으로 활용하였다. 원칙적으로 1년은 在國(자신의 임지), 1년은 江戸에 參勤하였고, 동시에 妻子는 江戸에 남아있어 인질이 되기도 하였다. 당시 對馬島主 宗義眞은 1690년 3월 15일 대마도를 떠나 參勤을 한 뒤, 이듬해인 1691년 4월 20일 대마도에 돌아왔다(田中健夫 外, 『前近代對外關係史의 綜合的硏究』, 東京大學 史料編纂所, 1980, 124쪽, 義眞參勤交代表 참조).

기 때문에 똑같이 처리하여 달라는 요구가 있었다는 사실과 왜관에서는 이미 이들을 용서하여 대마로 귀환시켰는데, 차후 어떻게 하였으면 좋겠는가를 대마도에 물었다.[33]

이후 양국 모두 이 교간사건에 관한 기록은 남아 있지 않아, 그후의 전개 상황은 알 수 없다. 그러나 『邊例集要』에는 1693년 11월 부사 成瓘때에 犯奸倭를 同律로 처리해 줄 것을 島主에게 移書한다고 하니, 왜관의 裁判倭는 피차간에 대면도 아니하고, 사람을 다 죽인 후 흔적도 없는데, 이제 와서 同律을 운운하는 것은 사리에 맞지 않는다고 강경히 거부하였다는 기록이 있다.[34] 그후 양국간에 이 문제를 어떻게 처리하였는지는 알 수가 없다.

4. 1711년 犯奸條約의 체결

犯奸倭를 同律之罪에 적용하는 약조가 맺어지게 된 직접적인 사건은 1707(숙종 33)년 12월의 「甘玉交奸事件」이다. 『邊例集要』 권14, 정해 12월 조에 기록된 사건의 내용을 보면,

> 부사 韓配下의 때에 部將 宋仲萬이 여인 甘玉을 데리고 왜관에 잠입하여 왜인과 더불어 교간하다가 일이 드러나게 되었는데, 奸倭를 잡아 가두고 同律로 적용할 것을 관수에게 책유하니, (관수는) 奸倭同律을 금일부터 실시하는 것은 성신의 도가 아니라고 운운하면서 끝내 회답이 없었습니다. 謄錄을 살펴보면 왜인이 교간을 한 것은 한 두번이 아닌데, 同律의 뜻을 누차 책유하였으나 회답이 없었으니 이번에도 물을 것도 없습니다.[35]

---

33) 앞의 『分類紀事大綱』 元祿 三年 十一月 十二日 平田所左衛門へ遺.
34) 『邊例集要』 권14, 雜犯, 癸酉(1693) 11월조.
35) 『邊例集要』 권14, 雜犯, 丁亥(1707) 12월조.

라고 啓를 올리니,

> 다시 책유하고 회답을 기다리라. 부산첨사는 재판에게 엄하게 따지고, 끝
> 내 듣지 않으면 도주에게 移書를 하되, 부사는 가볍게 청하거나 묻는 일이
> 없도록 하라.[36]

고 회계하였다. 그 이듬해, 1708년 2월 부산첨사는 館守倭에게 同律의 뜻
을 누차 책유하였으나 전혀 회답이 없다고 하면서, 피차간에 同律之意를 約
條중에 삽입하여 영구히 定式으로 삼을 것을 건의하였다.

여기서 約條란 대마도 또는 왜관과의 사이에 맺은 여러 가지 약조를 말
하는데, 그 내용은 『增正交隣志』 권4 約條와 『邊例集要』 권5 約條에 자세하
다. 특히 여기서 동래부사나 관수왜와의 사이에서 거론이 되고 있는 약조는
1683년(숙종 9) 癸亥通信使 때에 대마도에서 정한 약조를 말하는 것 같다.
그 내용은

> 一. 境界를 정한 밖에서는 크고 작은 일을 막론하고 왜관 경계밖으로 나
>   온 자는 모두 사형으로 다스린다.
> 一. 路浮稅를 행한 자를 현장에서 잡았을 때는 준 자나 받은 자나 모두
>   사형에 처한다.
> 一. 開市 때에 各房에 잠입하여 密賣를 한 자는 피차간에 사형에 처한다.
> 一. 五日雜物을 들여 보낼 때에 왜인은 色吏·庫子·小通事 등에게 욕을 하
>   거나 때리지 말 것.
> 一. 피차간에 범죄를 행한 자는 모두 관문 밖에서 형을 집행할 것.

등인데, 대마도 봉행 平眞賢 등 5인이 書名을 하여 가져와, 이것을 돌에
새겨서 왜관 밖 경계[37]를 정한 곳에 세웠다 한다.[38] 이외에도 『增正交隣

---

36) 위와 같음.
37) 倭館의 境界에 관하여는 『增正交隣志』 권4, 約條, 숙종 5년(1680)조에 「己未(1679)에

志』에는 館守倭가 다시 청해온 약조 8개항이 나열되어 있으나 交奸에 관한 조항은 없다.[39]

그후 9월이 되자, 관수왜는 일본에서는 唐人과 交通한 倭女가 그 수를 알 수 없을 정도로 많으나, 죄로 다스리지 않는다고 하였다. 더구나 약조에도 없는 죄를 어떻게 同律로 다스리겠는가라고 반문해 오기도 하였다. 이에 동래부에서는 交奸女人과 同情人은 우선 처단을 하고, 차후에 도해역관을 보낼 때에 島中移書하여 同律之罪를 약조에 삽입하자고 치계하였는데, 조정에서는 그렇게 하도록 하였다.[40]

그러나 이듬해 1709년 4월, 渡海譯官편에 甘玉을 교간한 왜인을 同律로 촉구하는 서계를 송부하였으나 받지 않자, 兩譯이 사력을 다하여 지금 서계를 받지 않으면 장래 江戶로부터 책임을 면치 못할 것이라고 강조하였으나 끝내 전하지 못하고 돌아왔다. 이에 조정에서는 兩譯을 임무를 소홀히 한 죄로 정배시키고, 犯奸倭人은 부산첨사로 하여금 엄격히 조사하도록 하였다. 그리고 재판의 서계도 조선쪽에서 거부하였다.[41]

그후 5월부터는 犯奸倭의 同律問題와 1704년이래 단절되었던 彦千代圖書[42]의 발급문제가 결부되어 여러차례 교섭이 진행되었지만 여전히 진전이

新館의 界限을 정하였다. …(중략)… 동쪽으로는 松峴에 이르기까지 館과의 거리가 3백보쯤되고, 서쪽으로는 西山에 이르기까지 관과의 거리가 80보쯤되며, 서남쪽으로는 草梁 民家에 이르기까지 관과의 거리가 1백보쯤되고, 남쪽으로는 바닷가에 이르기까지 관과의 거리가 1백보쯤 되게 한다」고 되어 있다.

38) 현재 釜山市立博物館 야외전시장에는 「約條制札碑」(부산기념물 제17호)가 전시되어 있는데, 비문의 내용이 위와 일치하는 것으로 보아, 당시에 세운 約條의 禁標(『增正交隣志』에는 標木을 세웠다고 기록하고 있으므로 아마도 같은 내용을 나무에도 써서 여러곳에 세웠을 것으로 생각된다)로 추정된다.

39) 『增正交隣志』 권4, 約條, 九年癸亥信使在馬島定約條. 館守倭又請申約條.

40) 『邊例集要』 권14, 己丑 9월조.

41) 『邊例集要』 권14, 雜犯, 己丑(1709) 4월조.

42) 彦千代圖書란 兒名送使인 대마도주의 아들 이름으로 발급되는 도서로서, 그 기원은 1452년 宗成職이 도주 습직때에 그의 아들에게 어릴때의 이름(兒名)인 千代熊丸으

없었다.

1710년(숙종 36)에 들어서면서 왜관의 상황은 더욱 복잡해져 갔다.

3월에는 동래부사 權以鎭으로부터 6개항에 달하는 건의문이 상계되었다. 그 내용은 역관과 초량왜관 왜인의 居住紊亂, 交易定價에 대한 논쟁, 譯官에 의한 부정적인 人蔘交易, 대마도주로부터 訓導에의 受給, 훈도·별차에의 增給, 중국생사를 역관이 왜인에게 전매하는 것 등이었다. 이에 대하여 앞의 세 가지는 정지가 되었지만 나머지는 논의만 되었을 뿐 아무런 조치가 취해지지 않았다.43)

4월에는 朝市에 간 조선여인과 왜인사이에 밀통이 많아 동래부사가 이를 금지하자 왜인들이 館外脫出하는 경우가 많았는데, 이를 방치한 죄로 훈도·별차가 경상좌수사에 의해 杖刑에 처해지기도 하였다. 이 내용을 『肅宗實錄』은 다음과 같이 기록하고 있다.

왜인이 초량촌에서 나온 이후에는 閭閻에 출입할 수가 없어서, 매번 朝市 때마다 아국 남녀가 간다. 그런데 남자가 가지고 가면 비록 팔지 못할 물품이라도 여인이 가지고 가면, 나쁜 물건이라도 반드시 팔기 때문에 朝市에

로 도서가 발급된 것에서 비롯된다. 임란후 통교가 재개된 후, 1611년 종의지는 아들 彦三(후에 義成)의 圖書발급을 조선에 요청하자, 조선에서는 宗義智의 조·일외교에 기여한 공적을 생각하여 그해에 도서를 발급하여 주고 사송선의 도항을 허가하였다. 그후 1615년 義成이 도주가 된 후에도 반납을 하지 않고 있다가 1657년 義成이 죽자 반납되었다. 한편 義成의 嫡子 彦滿(후에 義眞)도 부친의 예에 따라 圖書를 청구하였으나, 조선에서는 앞서 彦三의 圖書가 반납되지 않았다는 이유를 들어 발급하지 않다가 1642년에 발급하여 주었다. 따라서 1642년부터 1657년까지는 兒名送使가 2척인 셈이다. 1654년 彦滿이 도주가 되면서 彦滿送使는 이름을 「平義眞送使」로 바꾸어 1702년 義眞이 죽을 때까지 使送船이 파견되었고 1704년 반납되었다. 여기서 彦千代란 彦三·彦滿의 彦과 千代熊丸의 千代를 가리키는 것으로 생각된다(田代和生, 『近世日朝通交貿易史の硏究』 第1部 第3章, 渡航船增加工作とその種類』, 創文社, 1982, 78쪽. 孫承喆, 柳在春역, 『近世韓日外交秘史』 제5장, 補論, 1987, 강원대학교 출판부, 216쪽).

43) 『肅宗實錄』 권48, 숙종 36년 3월 갑오.

가는 자는 모두 여인이다. 동래부사 權以鎭이 草梁·釜山 海夫村人들에게 말하기를 이것은 단지 魚菜만을 파는 것이 아니고, 너의 妻女를 파는 것이다. 너희 역시 사람인데 어찌 이것을 참겠는가하니, 이때부터 여자를 보내지 않고 남자를 보내었다. 그러자 왜인들이 魚菜가 부족하다는 핑계를 대고 부득불 무역을 구하며 禁標 밖으로 나왔다.44)

그리고 館守倭와 一代官倭에게는 그 책임을 물어 公作米를 撤供할 것을 건의하기도 하였다.

한편 조선에서는 1707년 甘玉交奸事件에 대한 同律을 촉구하는 서계를 계속 대마도주에게 보내었다. 그 예로 5월에는 裁判이 圖書를 청하려고 왔는데, 뜻을 이루지 못하고 쓸데없는 답서를 받아가면, 무슨 면목으로 島主를 볼 수 있겠는가라고 하면서 조선측의 서계를 받지 않고 돌아가려고 승선하였다는 기록이 있다.45)

드디어 7월이 되자, 조선에서는 간왜여인 甘玉과 공모자 宋仲萬을 법에 의하여 관문밖에 효시하고, 역관을 통하여 이 사실을 관수왜에게 알리어, 만약 圖書를 얻을 뜻이 있으면 犯奸倭人을 참수하여 그 머리를 가져와 사죄하면 그 벌하는 뜻이 풀릴 것이라 하였다. 그러나 왜관으로부터는 더 이상의 조치는 없었다.

그러자 이듬해 1711년 5월, 비변사에서는 犯奸倭에게 同律을 적용하는 것을 對馬島에서는 약조를 핑계로 시종 거부만하고 있으니, 이번 사행이 저쪽에 도착한 후, 피차간에 同律勘罪의 뜻을 약조로 정할 것을 전교를 받아 시행하도록 지시하였다.46)

그리하여 약조를 체결하는 문제는 결국 1711년 辛卯通信使에게 위임되었고, 三使는 江戶 체류중에 대마도주 宗義方에게 요청을 하였다. 그러나 대마

---

44) 『肅宗實錄』 권48, 숙종 36년 4월 정미.
45) 『邊例集要』 권14, 庚寅(1710) 5월.
46) 『邊例集要』 권14, 辛卯(1711) 5월.

측에서 들어주지 않자, 이번에는 장군에게 직접 탄원하겠다고 주장하였다. 이에 당황한 對馬奉行은 일을 급속히 추진하여 드디어 교간에 관한 새로운 약조를 체결하게 되었다.

그 과정을 辛卯通信使 副使 任守幹은 『東槎日記』에서 다음과 같이 기록하고 있다.

> 몇 해 전에 館倭 源七이 부산여인을 범간한 일이 있었는데, 대마도에서 끝내 형벌을 쓰지 않으므로 朝家에서 약조를 정해 지금까지 행하고 있다. 이 때문에 사신일행이 江戶에 머무를 때, 이 문제를 논란하였으나 도주가 자못 어렵게 여기는 뜻이 있었고, 또 도주에게 서계를 보냈으나 역시 듣지 않았다. 세 사신이 상의하여 關白을 하직할 때에 글을 올리면 혹시 변통이 있을까 하여, 한편으로 書草를 만들고 한편으로는 奉行들에게 이 사실을 말하였더니, 奉行들이 약간 황겁한 기색이 있었다.
> 通譯官을 島主 집에 보내어 이 사실을 알리려 하자, '約條 사항에 強姦·和姦을 묻지 않고 다 같은 죄로 단정한다면 大明律에 위반되는 것이 있으니, 차등을 두어 죄를 정하면 사리가 당연할 것입니다. 꼭 島主 집에 보낼 것이 아니라 저희들과 결정하는 것이 좋겠습니다.'하기에 드디어 그 말에 따라 약조를 써서 奉行을 도주 집에 보내어 도주의 도장을 찍어 오게 하였다.[47]

그 내용은,

> 一. 馬島의 사람으로서 초량관 밖에 나가 여인을 強姦한 자는 律文에 의하여 死刑에 처한다.
> 一. 여인을 유괴하여 和姦한 자 및 未成年者를 強姦한 자는 영원히 유배하여 가둔다.
> 一. 여인이 관중에 잠입하였을 때, 잡아 보내지 않고 姦通한 자도 역시 그 다음의 律文을 적용한다.[48]

---

47) 任守幹, 『東槎日記』, 坤, 新定條約.
48) 약조의 원문을 소개하면,

는 것으로, 이때 비로소 양국간에는 교간범죄인에 관한 약조가 맺어 지게
되었고, 이후 이 약조에 의하여 同律로 처리하게 되었다.

　그 예로 1716년 부사 金始煥의 때에 목장에 살고 있던 金以石이 趙守命
과 공모하여 여인 季月을 관중에 데리고 가서 왜와 교간하게 하였는데, 以
石과 守命은 관문밖에 효시하고, 季月은 황해도 信川郡에 遠地定配하였으며,
奸倭 5인중 2인은 流竄之律을 적용하였다는 기록이 있다.[49]

5. 맺음말

　이상에서 1690년을 전후하여 부산 초량왜관에서 발생한 「交奸事件」을 奎
章閣에 소장되어 있는 『倭人作拏謄錄』과 그와 관련된 사료들을 중심으로
살펴보았다.

　이미 언급한 바와 같이 1678년 초량왜관이 신축되어 1872년 명치정부에

<朝鮮史料>
　　一.『邊例集要』권5, 壬辰(1712) 2월조. 任守幹,『東槎日錄』, 坤, 新定約條.
　　一. 馬島之人 出往草梁館倭 强姦女人者 依律文論以一罪事.
　　一. 誘引女人和奸者 及强奸未成者 永遠流竄事.
　　一. 女人潛入館中 以不爲執送 因爲奸通者 用次律事. 辛卯十一月日 對馬島 太守
　　　　着圖書.
　<日本史料>
　　一. 宗家史料『分類紀事大綱』31(日本國會圖書館所藏).
　　一. 館倭出館强奸者以一罪論斷.
　　一. 和奸及强奸未成者永遠流竄.
　　一. 女人自入館所淫奸者以次律施行.
　여기서 一 罪는 같은 죄 또는 한가지 죄로 직역이 되나, 그 의미는 斬罪에 해당되므
　　로 사형이라고 의역하였다.
49)『邊例集要』권14, 雜犯. 이외에도 1726년 丙午 5월, 1738년 戊午 11월, 1786년 丙午
　　12월에도 交奸事件에 관한 기록이 있는데, 조선인 공모자는 관문 밖 효시, 여인은
　　遠地定配하였고, 交奸倭人은 流竄之律에 따라 벌을 내리고 있다.

의하여 점령되기까지 왜관에 얼마나 많은 왜인이 거주하였는지 그 정확한
수를 알 수는 없다. 그러나 기록에 의하면 1678년 4월 23일 豆毛浦倭館으로
부터 草梁倭館에 이전하는 날, 館守 이하 460여명의 對馬人이 新館에 들어
갔다고 한다.[50] 물론 이 인원이 상주하는 인원인지, 아니면 통교를 위하여
일시 내항하는 인원을 포함한 것인지에 대하여 정확하지는 않지만 상당한
수가 상주하였고, 또한 이들은 모두 남자였던 것이다. 그래서 이들 왜인과
조선여인 사이에는 종종 交奸事件이 일어났고, 이것은 당시 유교를 국시로
하고 있는 조선사회에는 커다란 사회문제가 되었던 것이다.

  왜인과는 이유를 불문하고 사적인 접촉을 일체 허용치 않았던 조선으로
서 倭人交奸事件을 용납할 수 없었음은 당연한 처사였다. 그래서 조선에서
는 교간사건이 발각이 되면, 그 해당자를 모두 왜관의 관문밖에서 참수하여
효시를 하는 것으로 경계를 삼도록 하였으며, 동시에 왜관측에 대하여는 交
奸倭人을 조선측과 똑같이 처리해주도록 同律을 요구하였다. 그러나 왜관
(대마도)에서는 교간에 대한 약조가 없음을 이유로 들어 처벌하지 않는 경
우가 많았다.

  그리하여 결국 「同律之罪」의 적용문제는 1690년과 1697년의 교간사건을
계기로 하여 양국간의 외교문제로 비화되면서, 館守에 대한 撤供·撤市를 비
롯하여 圖書發給의 중지 등 구체적인 제제조치로 나타났다. 그러나 그럼에
도 불구하고 대마측에서는 同律의 조항이 약조에 없다는 이유로 계속 거부
하였고, 조선측에서는 1711년 辛卯通信使때 江戶에서 將軍에게 탄원할 것을
대마측에 사전 통보함에 이르러, 三使와 對馬島主 사이에 교간에 관한 세
가지 내용의 약조가 맺어짐에 의하여 1661년이래 50여 년간이나 문제가 되
어 왔던 교간왜인에 관한 同律罪의 적용문제가 타결을 보게 되었던 것이다.

  그러나 약조가 맺어졌다고 해서, 교간사건이 완전히 종식된 것은 아니었
고, 또 약조의 내용대로 양측의 범죄자들이 똑같이 처리된 것도 아니었다.

---

50) 田代和生, 앞의 책, 「草梁倭館の設置と機能」, 172~3쪽.

예를 들면 약조 후에도 왜관에서의 교간사건은 계속되었고, 또한 처벌에 있어서도 조선측의 경우는 교간사건에 관여한 조선남자는 모두 館門外 梟示를 하였고, 여인의 경우는 遠地定配를 하였지만, 왜관(대마)측은 流竄之律에 의하여 縛送한다고 하였지만, 일부만 적용되었고 또 대마도로 박송 후 어떻게 처리되었는가는 알 수 없다.

어쨌든 이러한 교간사건은 조선후기 한일관계사에 있어 官 중심의 접촉만을 다루는 정치·외교사적인 측면과는 달리 또 다른 측면에서 시사하는 바가 크다고 생각한다. 예를 들면 교간사건의 발단이나 처리과정을 통하여 당시 倭館 實態의 한 단면을 볼 수 있으며, 양국인의 사회적인 가치관은 물론 상호인식에 이르기까지 많은 소재를 제시해준다. 뿐만 아니라 同律의 문제가 결국은 통신사의 파견을 통하여 江戸에서 「新定約條」의 방식에 의하여 타결된다는 점에 이르러서는, 단순한 사회문제가 아니라 외교문제로 비화된다는 점에 있어서 그 역사적 의미는 상당히 크다고 생각된다.

이점에 있어 왜관 내에서 발생하였던 여러 사건, 예를 들면 行悖倭人·負債倭·密通·密賣 등 하층민의 접촉에서 일어난 여러 가지 사건을 통한 역사적 접근은 당시 왜관의 참 모습을 재현하는 일 뿐만 아니라, 조선후기 한일관계사의 실상을 조명하는 데 필수적인 연구소재라고 생각한다. 이러한 점에서 왜관을 통하여 본 「부산사람들의 生活史 硏究」가 촉망된다.

제2편
교류의 접점

제1장
명·청 교체기 對日外交文書의 年號와 干支

1. 문제제기

　조선후기 동아시아 국가간에는 여러 가지 通交關係가 존재하였다. 조선을 중심으로 생각할 때, 명과 청에 대하여는 事大·册封關係가 기본적인 형태였고, 그 외의 일본(제한적이지만 후금이나 유구) 등과는 對等交隣과 羈縻交隣이라는 이중구조의 교린관계를 지속해 갔다. 이러한 관계를 통틀어서 통교관계라고 하는데, 통교관계를 맺은 나라나 집단간에는 어느 경우든 관계형태에 따라 漢文으로 작성된 일정한 양식의 외교문서를 주고받는 것이 그 관계를 맺고, 지속해 가는데 필수적인 조건이었다.[1] 이 경우 한문으로 작성된 외교문서는 상호관계에 따라 그 양식이 달랐고, 일반적으로는 이 양식의 형태(書式)에 따라 양자간의 관계형태, 즉 상하관계나 수평관계 등을 가늠할 수 있다.

　조선의 경우 일본과는 國書와 書契라는 書式을 정하여 상호간에 외교문서를 주고받았다.[2] 國書란 조선국왕과 일본의 실제통치자인 장군이나 관백 사이에 주고받은 외교문서를 말하며, 書契란 그 외의 관계, 예를 들면 예조참판과 막부노중, 예조참의와 대마주태수 또는 부산첨사와 대마주태수 등

---

1) 田中健夫,『前近代の國際交流と外交文書』「漢字文化圈のなかの武家政權」, 古川弘文館, 1996, 1~4쪽.
2) 중국과 일본 양국에 보내는 외교문서 양식에 관해서는『典律通補別編』事大文書式, 交隣文書式에 소개되어 있고, 특히 일본에 보내는 외교문서의 양식에 대해서는『交隣志』『增正交隣志』『通文館志』에 國書式과 書契式이 상세히 언급되어 있다.

여러 관계에서 주고받은 외교문서를 말한다.

현재 조선후기 조선에서 일본에 보낸 국서와 서계는 여러 사료들을 통해 서식이나 내용이 거의 파악된다. 예를 들면 국서의 경우는 1606년부터 1811년까지 14회에 걸쳐 일본에 보내졌는데, 1606년 국서를 제외하고는 그 내용을 알 수 있다. 서계의 경우는 다행스럽게도 현재 국사편찬위원회의 對馬島宗家關係文書에 조선에서 대마도에 보낸 각종 서계의 원본이 총 9,442점이나 남아있어 이들 사료들을 통해 조선과 일본 관계는 물론 조선과 대마도의 관계를 아주 생생하게 재현해 볼 수 있게 되었다.

그런데 국서와 서계를 보면, 명·청교체기를 전후하여 書式이 크게 바뀌는 것을 볼 수 있다. 즉 국서의 경우는 1643년까지는 명의 연호를 쓰고 있으나, 1655년에는 간지만을 써서 년기를 나타내고 있다. 서계의 경우는 1644년 12월까지는 명의 연호를 썼고, 1645년 정월부터는 간지를 쓰고 있다. 즉 대마도종가관계문서 목록에 수록된 1614년 4월의 서계(NO. 1)부터 1644년 12월의 서계(NO. 628)까지는 모두 명나라 연호를 쓰고 있음에 비해, 1645년 1월의 서계(NO. 629)부터 1867년 9월(NO. 9426)[3]까지 조선에서 대마도에 보낸 모든 서계에는 한 건의 예외도 없이 명의 年號 대신 干支를 쓰고 있다.

書式에는 여러 가지 규정이 있지만, 조선의 경우 명·청의 책봉을 받았으므로 국내외 문서를 막론하고 연호의 사용은 매우 중요한 문제였다. 그렇다면 어떠한 이유로 이 시기에 와서 갑자기 대일외교문서인 국서와 서계에 中國年號의 사용을 중지하고 干支로 바꾸었을까.

이 글은 특히 이점에 주목하여, 연호변경문제와 조선의 대일정책, 나아가 동아시아 국제관계의 상관성을 파악하여, 한일관계의 구조적인 틀과 그 성

---

3) 『對馬島宗家關係文書』-書契目錄集V-에는 NO. 9442의 서계까지 수록되어 있지만, 조선에서 대마도에 보낸 서계로 가장 연대가 내려가는 것은 1867년 9월 (NO. 9426)의 서계이다.

격의 한 단면을 분석하는데 목적을 둔다.

2. 1645년 이전의 書式

조선에서 일본에 보낸 외교문서들은 모두 정해진 격식에 의하여 작성되었으며, 외교관계사료집인 『通文館志』나 『春官志』·『交隣志』등에는 國書式과 書契式이라는 항목을 설정해 그 격식을 상세히 적고 있다.

이들 사료를 통하여 대일외교문서의 양식을 보면, 國書[4]와 書契[5]는 모두 겉봉을 쓰는 外式과 내용을 적는 內式이 있다.

국서의 크기는 周帖의 길이가 세로 2척 4촌(약 73cm), 가로 5촌 5푼(167cm)이며, 매첩에 4행씩을 쓰도록 하였다. 먼저 국서의 外式을 보면, 오른쪽 가에는 '奉書'라 쓰고, 왼쪽 가에는 '日本國大君殿下'라 쓴다고 하고, 주를 달아서 처음에는 '日本國王'이라고 일컬었다. 1636년에 '日本國大君'으로 고쳤다가, 1711년에 다시 '日本國王'으로 바꾸었고, 1719년에 또다시 '日本國大君'으로 개칭한 사실을 설명하였다. 그리고 겉봉의 서식으로 '奉'자와 '日'자를 나란히 쓰고, '書'자와 '下'자를 나란히 쓴다고 했다. 마주 붙인 곳에는 '朝鮮國王 姓諱謹封'이라고 쓰고, 글자를 띠어 쓴 곳에는 '爲政以德'이라고 새긴 어새를 찍으며, 성과 휘를 쓴 곳에는 모두 다 어새를 찍는다고 했다.[6]

內式은 '朝鮮國王 姓諱 奉書'라고 쓰고, 四帖 한가운데에 평행으로 '日本國大君殿下'라고 썼다. 이 경우도 朝·日자와 書·下 자를 평행으로 나란히 쓴다. 그리고 五帖의 평행에서 시작하여 사연을 쓰고 끝에 '不備'라고 쓴 다

---

4) 국서의 형식이나 내용에 관하여는 柳在春, 「朝鮮後期 朝·日國書研究」『韓日關係史研究』 창간호, 1993, 참조.
5) 서계의 형식에 관하여는 李 薰, 「朝鮮後期 對日外交文書」『古文書研究』4. 1993, 참조.
6) 『交隣志』 國書式.

음 평행으로 '某年某月'이라 쓰고, 말첩 가운데 2행부터 '朝鮮國王 姓諱'를 쓰되, 연월일과 가지런하게 썼다.

그리고 국서를 담는 궤는 銀으로 장식하고 붉은 칠을 한 다음 金으로 용을 그렸다. 작성된 국서는 금으로 용을 그린 紅段甲褓로 싸서 궤에 넣은 후, 다시 금으로 용을 그린 紅綃甲褓로 쌌다. 위에서 설명한 國書式을 그려보면 다음과 같다.

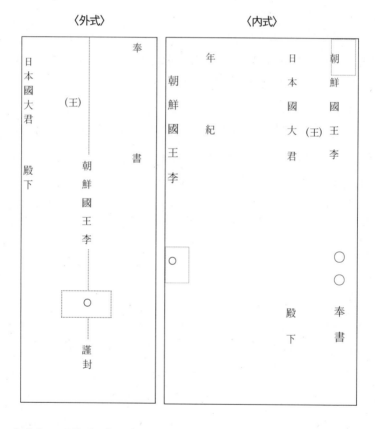

여기서 조선후기 일본에 보낸 국서에 쓰여진 年紀를 일람해 보면, 다음 표와 같다.

<표1> 조선후기 국서 년기일람

서기	왕년	년기	비고	서기	왕년	년기	비고
1607	선조 40	萬曆	회답겸쇄환사	1682	숙종 8	壬戌	통신사
1609	광해 1	萬曆	기유약조	1711	숙종 37	辛卯	〃
1617	광해 9	萬曆	회답겸쇄환사	1719	숙종 45	己亥	〃
1624	인조 2	天啓	〃	1747	영조 23	丁卯	〃
1636	인조 14	崇禎	통신사	1763	영조 39	癸未	〃
1643	인조 21	崇禎	〃	1811	순조 11	辛未	〃
1655	효종 6	癸未	〃				

이 표에서도 알 수 있듯이 조선후기 일본에 보낸 국서의 경우 1643년까지는 모두 명의 연호를 사용하였으나, 1655년부터는 한 건의 예외도 없이 모두 간지를 사용하고 있다.

그렇다면 서계의 경우는 어떠한지를 살펴보자.

書契는 그 크기를 보면, 周帖의 세로가 2척 3촌(약 70cm)이라 했고, 가로의 크기는 정하지 않은 것으로 보아서, 내용에 따라서 길이가 달라졌던 것으로 보인다. 실제로 국사편찬위원회에 소장되어 있는 서계의 크기도 세로의 크기는 대개 52~54cm였으나, 가로의 크기는 내용에 따라 60~80cm로 크게 차이가 있는 것을 확인할 수 있다.

이러한 書契도 外式과 內式이 모두 書式으로 정해져 있다. 먼저 『交隣志』에 기술되어 있는 外式을 보면, "오른쪽 위에 '奉書'라고 쓰고, 왼쪽에는 '日本國執政具銜某公閣下'라고 쓴다. 執事이하는 그 벼슬에 따르되, 대마도주는 '日本國對馬州太守某公'이라고 한다. 이상은 閣下라고 일컫고, 萬松院은 '日本國對馬州鍾碧山萬松院', 以酊菴은 '日本國對馬州沙門 以酊菴'이라고 일컫고, 江戸護行長老는 '日本國某長老'라고 일컬으며, 이상은 足下라고 한다. 그리고 '奉'자는 평행으로 하여, '日'자와 나란히 쓰고, '書'자는 '下'자와 나란히 쓴다. 合銜한 곳에는 '朝鮮國禮曹參判'이라 쓰는데, 도주에게는 參議의 명의로, 그리고 萬松院·以酊菴·護行長老에게는 佐郎의 명의로 작성하되, 한

자 띄어서 성명을 쓰고, 그 아래에 근봉이라 쓴다. 글자를 띄어 쓴 곳에는 圖書를 찍는다.

內式도 이와같이 하며, 三帖 一行에서부터 '朝鮮國禮曹參判姓名奉書'라고 쓰고, '日本國執政官銜을 갖추어 閤下라고 쓴 뒤에, 사연을 云云하고, 평행으로 '年月日'을 쓰고, 帖을 달리하여 한가운데에 (한글자 낮추어) 예조참판 성명을 쓰고, 도서를 찍는다."고 했다.

물론 여기에서 규정한 서식은 자료의 출간연대를 염두에 둘 때, 모두 18세기 이후의 서식이다.[7] 그러면 문제의 서계를 검토해 보자.

1) 대마도종가관계문서 서계번호 NO.628(1644년 12월)[8]

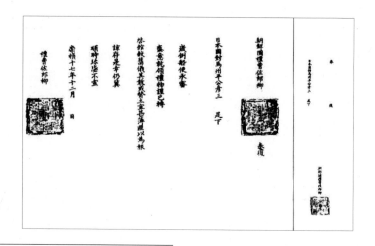

---

7) 『交隣志』의 출간은 1832년이며, 『通文館志』는 1714년 이후, 『春官志』는 영조조이므로 적어도 18세기 이후의 서식이라고 볼 수 있다.

8) 이 서계의 번역문

조선국 예조좌랑 유지립이 일본국 대마주 평공언삼족하에게 답장을 보냅니다. 세견선편에 성의껏 보내주신 예물을 잘 받아서 이미 삼가 전해 올렸습니다. 관곡과 구의는 외람되고 참람됩니다. 토의가 심히 박하여 보답이 되지 못하오나, 헤아려주시면 다행이겠습니다. 때에 따라 건강하시기를 비옵니다. 이만 줄입니다.

숭정 17년 12월 일 예조좌랑 유지립.

2) 대마도종가관계문서 서계번호 NO.629(1645년 1월)

이들 두 서계를 보면, 앞의 1644년 12월의 서계는 먼저 송수신자의 직명은 있으나, 서두의 인사말이 없으며, 곧바로 본문의 내용을 적고 있다. 그리고 '仍'부터 '不宣'까지는 결어사이다. 그리고 연월일 앞에 崇禎의 연호를 써서 작성연월일을 밝혔고, 끝으로 발신인의 직함과 도서를 찍었다.

뒤의 1645년 정월의 서계는 대일문서 서계 중 가장 전형적인 형식을 갖추고 있다. 송수신자의 직함이 있고, '獲披'부터 '倍品'까지 書頭詞의 인사말이 있으며, 이어 '日者'부터 '感荷'까지 본문이 있다. 그뒤의 말은 모두 결어사로 볼 수 있다. 그리고 연월일에는 단지 연호 대신에 간지를 적어 작성된 해를 적고 있다. 끝으로 발신인의 직명과 도서를 찍었다.9) 그런데 이들 서

---

9) 이 서계의 번역문
　　조선국 예조참의 유성증은 일본국 대마태수 평공합하에게 답장을 보냅니다.
　　답신을 받자와 안녕하시다니 크게 위로가 됩니다. 일전의 포송건은 여러번 감사하여도 부족하온데, 이번에 서신을 보내어 사의를 정중히 하시니 진실로 감사드립니다. 신춘에 건강하시고 복되시기를 바라오며, 나머지는 잘 보살펴주시길 바랍니다.
　　　　　　　　　　　　　　　　을유년정월 일 예조참의 유성증

계에서는 두 가지 큰 차이를 지적할 수가 있는데, 足下가 閤下로 변하는 것
과 年號가 干支로 바뀌는 것이다. 그렇다면 1645년부터 이렇게 書式이 달라
지는 이유는 어디에 있을까.

3. 연호변경과정

1) 일본과의 書式改定

조선의 예조참의나 동래부사, 부산첨사와 대마도주 사이의 호칭이 足下
에서 閤下로 바뀐 것은 이때가 처음은 아니다. 즉 연호가 간지로 바뀌는 것
은 이때가 처음이지만, 이미 조·일간에는 1636년을 기점으로 서계양식에
있어 많은 변화가 있었다.[10]

서식의 변경문제는 1635년 소위 국서개작사건의 판결(柳川一件)로부터
시작된다. 즉 막부는 사건의 처리과정에서 대마도주의 지위를 확립시켜주
는 한편, 자신들이 개정한 새로운 서식에 의해 조선과의 통교교섭을 벌였
다. 그러나 조선통교에 관한 일을 종전처럼 대마도주 마음대로 하지 않고,
반드시 사전에 막부의 지시를 받도록 하였다. 당시 대마도주를 통하여 조선
측에 알려온 서식의 변경내용은 다음과 같았다. ① 국서의 작성연월일 표시
때 쓰던 龍集을 일본천황 年號로 바꾼다는 것. ② 조선에서 일본에 보내는
국서에 장군칭호를 '國王'에서 '大君'으로 바꾸어 달라는 것. ③ 대마도주가
예조참의·부산첨사·동래부사를 호칭할 때, 과거 '閤下'라 했는데, '足下'라
고 고친다는 것 등이었다.[11]

---

10) 三宅英利著, 孫承喆譯, 『근세한일관계사연구』 이론과 실천, 1991, 172~182쪽. 李 薰,
　　 앞의 논문, 11쪽, 참조.
11) 손승철, 『조선시대 한일관계사연구』(위의 책), 201~206쪽.

물론 이러한 서식개정을 일본측에서 요구하였고, 1636년부터는 양국간의
외교문서에 그대로 통용되기 시작한다는 표면적인 현상만 보면, 조선외교
가 피동적인 것으로 이해하기 쉽다. 그러나 이러한 요구가 수용되는 과정을
보면 그것이 일방적인 해석이라는 사실을 쉽게 파악할 수 있다. 즉 조선에
서는 서식개정의 요구를 접하면서, 譯官과 馬上才를 대마도와 江戸에 파견
하여 '兼帶의 制度'를 약조하여 대마와의 기미관계를 강화하였다는 점이나,
'足下'의 호칭도 예조참판·참의와 대마도주간의 상호호칭은 '閣下'로 하고,
일본측의 상대방이 대마도주보다 하위인 경우는 '足下'로 호칭하기로. 하였
다는 점 등에서 대일정책의 주체적 입장을 확인할 수 있다. 그리고 조선에
서는 '年號'와 '大君' 등 서식개정에 관한 제반문제를 이듬해인 1636년에 丙
子通信使를 파견하여 최종합의하는 과정을 보면 그것이 일본의 일방적인
입장이 강조되는 것이 아니라, 양쪽의 필요충분 조건에 의하여 이루어지고
있음을 간과해서는 안 된다.[12]

그 예로 합의된 내용을 검토해보면, 일본에서 천황의 연호를 쓰는 문제
에 대하여 스스로 해명하기를,

> 우리 대군께서 삼대째 차례를 이으며, 왕은 아니지만 왕의 권한을 가진
> 것은 천하가 다 아는 바입니다. 그리고 '大君'이라는 글자를 쓰는 것은 어려
> 운 일은 아니지만, 그것을 쓰지 않는 것은 오히려 귀국을 존경해서 인데 어
> 찌 우리를 의심하십니까. 또 우리 나라는 바다 가운데 따로 있는 나라로 높
> 이는 바는 천황입니다. 그러므로 천황의 연호를 쓰고 있는데, 이 연호를 뺀
> 다면 다만 연월일만 쓰라는 것입니까. 만일 사신의 말씀대로 한다면 무슨
> 연호를 쓸까요. 이웃나라에 보내는 답서에 연호를 쓰지 않을 도리가 없는데
> 이같이 말씀하시니 자못 알 수 없습니다.[13]

12) 孫承喆,「朝鮮後期 對日交隣體制의 脫中華的 性格」『歷史學研究』第647號, 1993, 34쪽.
13) 任統,『丙子日本日記』12월 28일 무술.

이 내용에 의하면, 우선 일본이 명의 책봉을 받지 않았기 때문에 명의 연호를 쓸 수는 없고, 그렇다고 1636년 이전 국서의 '龍集'이라는 개작된 용어를 쓸 수도 없기 때문에, 천황연호 외에는 일본에서 달리 쓸 수 있는 용어가 없다는 것이다. 그리고 명의 책봉을 받지 않은 상태에서는 '國王'도 쓸수 없기 때문에 일본 내에서 장군을 높이는 칭호인 大君을 쓴다는 것이다. 또한,

> 大炊가 저에게 사사로이 말하기를 "우리 나라로 하여금 寬永의 연호를 쓰지 못하게 하려면 어찌 명나라에 通貢하게끔 길을 빌려주지 않는가. 大明의 臣이 된 후에는 寬永의 두 글자를 없앨 것이나 그렇지 않고서 우리에게만 연호를 없애라고 하는 것은 터무니없는 일이다. 만약 두 나라가 서로 연호를 없애려고 한다면 서로 약조를 한 다음에 그때부터 시행해도 늦지 않다." 고 하는데, 그 말이 불측하여 극히 통분하고 해괴하였습니다.[14]

고 한 것을 보면, 당시 일본도 분명히 명나라 연호 사용의 의미를 알고 있었으며, 그것이 불가능한 상황을 서로가 인식했다고 볼 수 있다. 그렇다면 양국은 이 시점에서 이미 명을 중심으로 한 동아시아 冊封體制가 붕괴되어 가는 것을 인지하고 있었던 것이 아닐까. 따라서 조·일 양국은 이때부터 명을 배제한 양국간의 새로운 외교관계를 모색하고 있었다고 보아도 무리가 없다. 결국 조선도 북방으로부터 청의 위협이 가중되는 가운데서는 당시의 국제상황 속에서 이러한 일본의 입장을 인정해 줄 수밖에 없었을 것이다.

이러한 점에서 '年號'와 '大君' 등 서식변경의 문제는 국서개작사건이 폭로된 후, 대조선 외교체제를 정비하려는 막부의 내부사정과 명·청의 교체라는 국제상황에서 이루어진 일이므로, 그 용어자체에 상대국에 대한 우월을 나타내는 의미가 내재한다고 볼 수 없으며, 오히려 명의 책봉이 불가능

---

14) 위의 책, 12월 29일 기해.

한 상황 속에서 조선과의 관계를 재설정하려는 의도에서 쓰여졌다고 생각한다. 그리고 조선에서도 임란 후 최초의 통신사인 丙子通信使를 파견하여 天皇年號와 大君號를 수용하고 있다는 점에 있어서, 병자통신사는 명 중심의 中華秩序가 붕괴되는 상황 속에서 새로운 交隣體制를 모색하기 위한 외교교섭으로 평가해야 한다.

2) 명·청교체와 朝鮮中華主義

① 中華秩序의 붕괴

16세기 후반, 만주에서 여러 부족을 통합해가던 女眞의 누루하치는 임진왜란이 일어나자 그 틈을 이용하여 세력을 더욱 확장해가면서 한때는 조선에 원병파견까지 제안하였다. 그후 조선과 일본사이에 國交再開 교섭이 한창 진행되고 있던 1605년, 누루하치는 國王의 호칭을 사용한 서계를 보내 여진과 조선이 피차간에 대등한 입장에서 화호를 맺자고 제의하기도 했다.

그러나 명 중심의 中華的 國際秩序를 재확립하는 것이 대외정책의 기본 방침이었던 조선은 이 제안을 수용할 수 없었다. 왜냐하면 조선에게 여진은 여전히 羈縻政策의 대상국이었기 때문이다. 따라서 조선이 여진과 우호관계를 유지해 가는 것은 그리 쉬운 일이 아니었고, 결국 양국사이에는 갈등이 더욱 증폭될 수밖에 없었다.

그 후 광해군의 중립적 외교정책의 결과 재위기간에는 후금과 특별한 충돌이 없었다. 물론 광해군의 중립정책은 당시의 국제상황에서 현명한 선택으로 평가되지만, 그것은 이미 명 중심의 中華秩序가 동요되어 가고 있음을 의미하는 것이다.

1623년 광해군을 몰아낸 서인일파는 집권하는 즉시 親明排金을 천명했고, 이러한 친명 정책으로의 복귀는 후금과의 관계를 파국으로 몰아 결국 丁卯胡亂의 직접적인 원인이 되었다. 1627년 정묘호란의 결과 조선은 명과의 관계는 끊지 안되 후금과 兄弟關係를 맺으며, 후금에 보내는 국서에는 어느 나라의 연호도 사용하지 않는 것으로 결말을 보았다. 1632년 후금에서는 다시 兄弟關係를 君臣關係로 고칠 것을 요구하였지만, 조선은 거부하였다.

드디어 1636년 4월, 후금은 국호를 淸으로 고치고, 연호를 崇德으로 하면서 태종을 皇帝라 칭했고, 12월에 조선을 재차 침략하였다. 군사적인 열세를 면할 수 없었던 조선은 결국 청에 굴복하여 丁丑和約을 맺고, 새로운 冊封體制에 들어갔다.15)

정축화약의 내용 중 외교에 관한 사항은, 1) 조선은 청에 대해 君臣의 禮를 지킨다. 2) 조선은 명의 연호를 버리고 국교를 끊으며, 명에서 받은 誥命·冊印을 청에 바친다. 3) 청의 正朔을 받고, 萬壽·千秋·冬至·元旦과 경조시에 공헌의 예를 행하며 사신을 보내어 奉表하되 명과의 舊禮와 같이 한다. 4) 일본과의 무역은 종전대로 하며, 일본의 사신을 인도하여 청에 來朝케 한다는 것 등이었다.

이상의 내용을 통해서 볼 때, 정축화약의 외교사적 의미는 조선조 대외정책의 기본방침인 명 중심의 中華秩序의 崩壞라고 규정지을 수 있다. 즉 청은 명을 대신하여 동아시아 국제질서를 청 중심으로 재편하려 했던 것이다.

결과적으로 임란이후에도 명 중심의 중화질서를 재확립하여 동아시아의 국제질서를 회복하려 했던 조선의 외교적 노력은 청에 대한 군사적인 열세에 의해 좌절될 수밖에 없었던 것이다. 그리고 이점에 있어서 적어도 조선은 자의든 타의든 전통적인 동아시아 외교체제인 명 중심의 中華秩序를 벗어나게 되었고, 또 淸 중심의 새로운 중화질서를 거부했다는 점에서 脫中華의 길을 걷게 되었던 것이다. 그리고 탈중화의 길을 걷게 된 사상적 배경으

---

15) 당시의 정세에 관한 논문으로는 崔韶子, 「淸과 朝鮮」-明·淸交替期 東아시아의 國際秩序에서-. 『中國과 東아시아世界』, 國學資料院, 1997과 同, 「淸朝의 對朝鮮政策」-康熙年間을 중심으로-, 『明淸史硏究』 제5집, 1996. 鈴木信昭, 「李朝仁祖をとりまく對外關係」『前近代の日本と東アジア』, 吉川弘文館, 1996, 참조.

로는 胡亂 이후 고조된 「朝鮮中華主義」의 성장을 지적할 수 있겠다.

② 「朝鮮中華主義」

조선조 事大·交隣政策의 사상적 배경은 朱子學的 世界觀의 형성에 의해 정착된 「華夷觀」에 바탕을 두고 있음은 이미 정설화되어 있다. 그리고 그것은 중국인의 화이관이 그대로 정착된 것이 아니라 조선 나름대로의 현실적이며 주체적인 성격을 지니고 있다. 이러한 점에 있어서 조선인의 「華夷觀」은 문화적인 가치인식에서는 중국과 동일문화·동일수준이라는 문화적인 자존의식에서 「小中華」를 자처하였던 것이다.[16]

그러나 이러한 대외인식은 16세기 이후 주자학의 심화와 더불어 명분론적인 성격이 강해지기 시작했고, 임진왜란과 병자호란을 거치면서부터는 춘추대의론을 앞세우며 더욱 경직화되어 갔다. 그리하여 중화문명과 동질성을 갖지 않을 경우, 화이구분론에 의하여 철저히 천시되고 배격되면서, 조선과 명의 문화만을 동일선상에 놓고 그 외의 모든 다른 나라를 오랑캐(夷)로 간주하였다.

특히 宋時烈은, "명과 조선은 「事大의 禮」와 「字小의 恩」과 「忠義의 節」로서 「君臣의 義」를 정한 나라이고, 반면 청은 명을 멸망시킨 君父의 원수일 뿐 아니라 문화적으로도 아주 열등한 야만족"이라 했다. 그래서 그는 夷狄 집단인 청에 의해 역전된 동아시아 국제질서를 중화질서로 회복하기 위해 「天理」와 「道理」를 지킬 것을 주장했다.

그는 조선의 문화가 오래된 점을 강조하고, 특히 주자학 전래이후의 도학에 관심을 갖고 있었다. 즉 여말에 정몽주와 같은 주자학자가 나와 나라안에 도학을 보급시켰으며, 晦齊-退溪-栗谷-牛溪에 이르러 道學이 전성하였다고 설명하고, 이제 조선을 東夷라고 부르는 것은 부적당하다고 주장했

---

16) 한영우, 『정도전사상연구』 제3장 社會·政治思想. 서울대학교 출판부, 1989, 참조.

다.[17] 조선문화에 대한 이러한 자부심은 조선이 명의 뒤를 이어 중화문명의 정통적인 계승자로 될 수 있는 논리적인 기반을 마련하였다.

그리고는 화이의 구별은 문명의 작흥 여하에 달린 것임을 강조하면서, 맹자의 말을 빌어 舜이 東夷의 사람이고, 또 文王이 西夷의 사람이면서도 훌륭한 성인이 된 점을 지적하여 중화문명이 결코 한족의 전유물이 아님을 명백히 하였다. 또 南夷의 지역이었던 七閩에서는 朱子가 나온 이래 중화의 예악문물이 크게 융성한 곳이 된 점을 들어, 중화문명이 지리적으로 中原에서만 꽃을 피우는 것이 아니라는 점을 강조하였다.[18]

이러한 논리선상에서 조선은 명의 뒤를 이어 정통유학의 전통을 유지·발전시켜야 하는 유일한 나라로 등장하는 것이며, 중화문명의 정통성은 堯-舜-禹-湯-文-武-周公-孔-孟-周-張-程-朱에서 조선에 계승되게 되었다는 것이다. 즉 문화적인 가치에 있어서는 중화문명이지만, 그 실체는 조선이 가지고 있으며 조선에서 찾는다는「朝鮮中心主義」의 가치관이었던 것이다.

그리하여 송시열의 만년에 이르러 중화인 명이 멸망하자, 중화문명의 담당자로서 조선이 설정되고, 조선이 그 주체가 되어 명을 계승한다는「朝鮮中華主義」가 팽창하게 되었다.[19]

나아가 조선문화에 대한 이러한 자부심은 1644년 명의 수도 북경이 함락되자, 명에 대한 의리론, 청에 대한 복수심에 의해「北伐論」으로 구체화되기도 했다. 그리고 1662년 명의 명맥이 완전히 끊긴 후에는 조선이 중심이 되

---

17)『宋子大典』권31, 雜著,「我東雖曰東夷 …(中略)…奧自麗末圃隱鄭先生出 而當路蔚然 出幽遷喬 一以禮義變其舊俗 而又得朱子書於中州 以敎於國中 自後道學漸明 以至於晦退栗牛 則道學大明於世矣」.

18)『宋子大典』권31, 雜著,「中原人指我東爲東夷 號名雖不雅 亦在作興之如何耳 孟子曰 舜東夷之人也 文王西夷之人也 苟爲聖人賢人 則我東不患不爲鄒魯矣」

19)「조선중화주의」의 개념에 관하여는 정옥자,「정조대 대명의리론의 정리작업」「<尊周彙編>을 중심으로-,『韓國學報』제69집, 1992과 同,「19세기 尊華思想의 位相과 역사적 성격-尊華錄을 중심으로-,『韓國學報』제76집, 1994, 및『조선후기 조선중화사상연구』, 일지사, 1998, 참조.

어 중화질서를 회복하자는 「尊周論」에 의해 「朝鮮中華主義」를 더욱 체계화
시켜갔던 것이다. 이렇게 볼 때, 「朝鮮中華主義」는 명의 멸망으로 인해 중국
대륙에서 「中華」가 소멸되어감에 따라, 조선이 자기를 「小中華」에서 「中華」
로 재 규정한 자존적인 자기인식이었다는 긍정적인 측면을 가지고 있기도 하
며, 年號變更의 의미도 이러한 관점에서 여러 가지 시사하는 바가 크다.

4. 간지사용

  후금으로부터 명의 연호를 쓰지 말라는 요구를 처음 받은 것은 1627년
2월이었다.20) 그러나 조선에서는 후금에 보내는 국서를 계첩으로 바꿈으로
서 연호를 쓰지 않았고,21) 1628년 2월에는 各司 및 各 衙門과 八道에서 명
의 새 연호인 '崇禎' 연호를 쓰도록 하였다.22) 결국 조선은 정묘호란 이후
에도 계속 명의 연호를 썼던 것이다.
  하지만 병자호란의 결과 정축화약에서 청의 연호를 쓰기로 하였으므로
1637년 1월부터는 '崇德' 연호를 써야 했으나 조선에서는 이때에도 그대로
이행하지 않았다.23) 그러나 4월부터는 崇德 연호를 일부 사용하기도 하였

---

20) 『인조실록』 권15, 5년 2월 무오. 「胡書의 내용은 다음과 같다. "어제 보내온 서찰을
　　받아보니 그 안에 天啓 연호를 썼기 때문에 우리 汗皇에게 전달하기가 매우 어렵습
　　니다. 오늘날 힘쓰는 것은 원래 귀국이 南朝와 마음을 같이 하기 때문에 이렇게 군
　　대를 일으킨 것인데, 지금 온 서찰을 보니 역시 예전 규례와 같습니다. 보아하니
　　귀국이 天啓의 연호로 우리를 제압하려고 하는데, 우리는 천계에 소속된 나라가 아
　　닙니다」.
21) 『인조실록』 권15, 5년 2월 경신.
22) 『인조실록』 권18, 6년 2월 기해. 「예조가 주청하기를, "도독 아문에서 이미 崇禎 연
　　호를 쓰고 있으니 우리 나라에서도 그렇게 해야 합니다. 서울은 9일부터 쓰고, 외
　　방은 문서가 도착하는 날부터 행용하게 하는 것이 마땅합니다. 즉시 各司와 各衙門
　　및 八道의 감사와 개성유수에게 알려야 합니다."하니 상이 따랐다」.

다. 예를 들면 이조에서는 崇德을 쓰고, 호조에서는 丁丑이라 쓰고, 예조나
외방에서는 崇禎이라 쓰는 등 통일성이 없었으며24), 5월에는 관상감에서
역서에 명의 연호를 쓰지 말고, 모년역서라고 쓸 것을 주장하여 그대로 시
행되기도 했다.25) 그러나 청의 압력에 못 이겨 심양에 납치된 세자일행의
관소를 비롯해 한강이북 지방이나 淸使가 확인할 수 있는 곳에서는 청의 연
호를 사용하고, 그밖에 양남지방과 문묘의 제향축사에서는 여전히 명의 연
호를 사용하였다.26)

그 후 정확한 시점은 알 수 없지만, 1641년 11월 광주목사와 전라병사가
청의 연호를 쓰지 않아 파직 당한 사건이 있음을 볼 때,27) 아마도 이때에는
관청에서는 이미 청의 연호사용을 원칙으로 하지 않았나 생각된다. 그리고
1643년 12월에는 제문과 축첩에도 청의 연호를 쓰도록 하교하고 있는 것을
보면,28) 청의 연호사용이 이미 국내에서는 보편화된 것 같다. 그러나 민간
의 경우는 제축문이나 묘비 등에 계속해서 崇禎 연호를 사용하고 있다.

그렇다면 이 시기에 대일외교문서에는 이 연호문제가 어떻게 처리되었을까.

먼저 1643년 4월, 조선에서 일본에 파견된 癸未通信使가 휴대한 국서에
는 崇禎연호를 사용하였다. 그리고 1644년 12월까지의 書契에도 모두 崇禎
연호를 사용하고 있는 것을 확인할 수 있다.29) 그러나 앞에서 「조선후기 통
신사의 국서일람표」에서 제시했던 것처럼 1643년 癸未通信使 다음의 통신

---

23) 『인조실록』 권34, 15년 1월 무진.
24) 『연려실기술』 제26권 仁祖朝故事本末 亂後時事. 이렇게 각 관아에서 연호와 간지를
    서로 다르게 쓴 이유가 判書의 입장인지 아니면 어떤 원칙이 있어서 인지는 알 수
    없으나, 당시 조정의 일관된 입장이 정해진 것은 아닌 것으로 보인다.
25) 『인조실록』 권34, 15년 5월 임진.
26) 『인조실록』 권35, 15년 10월 병오. 「상이 궁정에다 자리를 설치해 놓고 서쪽 으로
    향해 곡하고 절을 하였는데, 명나라를 위해서였다. 이 당시 안팎의 문서에는 대부
    분 청나라 연호를 썼지만, 祭享의 祝辭에는 그대로 명나라 연호를 썼다」.
27) 『인조실록』 권42, 19년 11월 기묘.
28) 『인조실록』 권44, 21년 12월 무인.
29) 『對馬島宗家關係文書』-書契目錄集 1-NO. 628 書契.

사가 1655년 乙未通信使였는데, 이때에는 干支를 쓰고 있었고, 書契의 경우는 1645년 정월부터 干支를 쓰기 시작하였다. 따라서 대일외교문서에서 干支를 쓰기 시작한 시점은 1645년 정월부터로 잡을 수 있겠다.

그렇다면 왜, 어떠한 이유로 이 시점에서 명의 연호 대신 간지를 쓰게 되었을까. 현재 이 문제에 정확한 해답을 제시해 주는 사료는 아직 찾을 수 없었다. 그러나 다행히『備邊司謄錄』에는 1645년 정월 초5일에 다음과 같은 기록이 있다.

> 예조에서 아뢰기를 "承文院의 계사에 대하여 '일본에 보낸 답서 가운데 大年號는 이전대로 써서 보냈는지 회계하라'는 일로 전교하셨습니다. 이에 '근래 島主에게 보낸 문서는 전의 연호에 의해 써서 보냈음을 감히 아룁니다.'하니, 전교하시기를 '지금 연호의 서식에 대해서 該曹에서 별로 변통하는 의논이 없다.'하셨습니다. '本院에서는 당분간 이전대로 써서 보내고자 하므로 감히 아룁니다.'하니, 전교하시기를 '전번대로 써서 보내는 것은 근거가 없는 일이니 의논하여 처단하라.'고 하셨습니다. 지금 이후부터는 書契 가운데 연호를 써서 보내는 일이 전일과 같지 않게 변통해야 합당한데 일이 새로운 規例에 관계되니 묘당으로 하여금 의논해 처리하는 것이 어떻겠습니까."하니 아뢴대로 하라고 전교하셨다.30)

즉 이 기록을 통해서 1645년 정월에 들어서면서, 대일외교문서인 서계의 연호문제가 논의되었고, 그 결과 書式에 관한 새로운 規例를 정해서 연호 대신 간지를 쓰게 되었다는 사실을 확인할 수가 있다.

그리고 그 이유에 관해서는 다만, 「전번대로 써서 보내는 것은 근거가 없는 일이니 의논하여 처단하라」는 것 이외에는 알 수가 없다. 그렇다면 여기서 근거가 없다는 것은 무엇을 의미할까. 그에 대한 정확한 내용을 현재로서는 찾을 수 없다. 그러나 다음의 기록을 통해서 그 이유를 유추할 수 있

---

30)『비변사등록』제9책 인조 23년 을유 정월 초5일.

지 않을까 한다.

즉 이후 일본과의 관계에 연호문제가 다시 제기되는 것은 1645년 3월,
예조에서 국왕에게 청한 기록이다.

> 일본에 보내는 서계에 대해서는 정축년 이후에도 崇禎의 연호를 썼는데,
> 대체로 청나라에 항복한 사실을 숨기기 위해서였다. 그런데 崇禎이 완전히
> 망하자, 묘당에서 서식을 고칠 것을 청하니, 답하기를 "이일을 끝내 숨기기
> 어려우니, 세자가 돌아온 이후부터 청나라 연호를 쓰는 것이 옳을 듯하다"
> 하였다.[31]

이 내용으로 볼 때, 조선에서 병자호란 이후에도 대일본문서에 명의 연
호를 계속 사용하였던 이유는 조선이 청에 항복하였다는 사실을 숨기기 위
해서였고, 명이 완전히 망한 시점에서는 서식을 고쳐야 한다는 건의가 이루
어졌다는 사실이다.

그리고 이어서,

> 지금 이 연호에 관한 문제는 事機가 매우 중하니, 자세히 살펴서 처리하
> 지 않을 수 없습니다. 지금 동래부가 사사로 本司에 보고해 온 소식을 들어
> 보건대, 館倭가 서계에 연호가 없는 것을 보고는 곧 "왜 弘光(南京의 연호)
> 을 쓰지 않았는가?"하므로, 역관이 답하기를 "중원이 정삭을 반포하지 않았
> 기 때문에 연호를 쓰지 못한 것이다."[32]

라고 되어 있는 것으로 보아, 이미 1645년부터 일본에 보내는 서계에 연
호를 쓰지 않고 있음이 확실하며, 그 이유는 명이 망하고, 중원이 정삭을 반
포하지 않았다는 사실 때문이었다. 따라서 이 인용문들을 근거로 한다면
1644년 명이 멸망한 것이 연호에서 간지로 바뀌는 가장 주요한 요인이었음

---

31) 『인조실록』 권46, 23년 3월 임진.
32) 위와 같음.

을 알 수 있다.

그러나 곧이어 비변사에서는 예조의 계사를 들어 세자가 돌아왔으므로
서계의 연호를 개식해야 하지 않는가를 물었다. 이에 대하여 비변사에서는,

> "(전략)…지금 만약 까닭 없이 새 연호로 고쳐 쓴다면 한번 요동하여 떠
> 드는 소란을 면치 못할 것입니다. 신들의 생각에는 우선 전일의 書契式으로
> 써 보내고 저들이 스스로 중원이 평정되었다는 소식을 들은 연후에 사실대
> 로 말하고 새 연호를 써보내는 것이 순서에 맞고 갑작스러움이 없으며 미봉
> 하는 계책에도 실로 순조롭고 편리할 듯합니다. 중론이 이러하므로 이렇게
> 아룁니다."[33]

라고 하였다. 즉 세조가 돌아왔으므로 새 연호를 써야 할 것이나, 새삼
연호를 바꾸어 양국간에 새로운 외교문제를 야기시키지 않으려는 의도가
엿보인다. 결국 이러한 논의를 거쳤지만, 명의 연호는 다시 쓰지 않은 채 간
지를 계속 썼다.

사실 조선에서는 1637년 정축화약이 맺어진 이후에도 명의 연호를 계속
해서 썼으며, 1638년, 39년에도 명에 대해 망궐례를 행했다. 그리고 1641년
8월에는 명에 밀사를 보내어 명과 밀통을 하였다.[34] 따라서 1644년 3월 청
에 의해 북경이 함락되기 전까지는 현실적으로 명의 멸망을 인정하지 않았
다. 그러나 청이 북경으로 도읍을 옮기고[35], 11월에 청의 황제가 즉위하여

---

33) 『비변사등록』 제9책 인조 23년 을유 3월 11일.
34) 『인조실록』 권42, 19년 8월 무진. 「이에 앞서 조정이 승려 獨步를 몰래 중국에 보
　　내어, 본국의 세력이 곤궁하여 청국의 통제를 받고 있는 이유를 갖추어 주달하고,
　　독보가 勅書를 받아 돌아왔다. 그런데 칙서 중에 "이전의 허물은 거론치 않을 것이
　　니 기어코 함께 협공하자."는 말이 있었다. 비국의 신료들 중에는 받아들이지 않을
　　수 없다는 자도 있고, 혹은 받아들이지 않는 것이 편하다는 자도 있었는데, 그 일
　　이 비밀에 부쳐져 사람들이 알지 못하였다」.
35) 『인조실록』 권45, 22년 7월 기축. 「상이 備局에 하교하기를, "청나라가 도읍 을 옮
　　긴 뒤에는 의당 문안하고 축하드리는 일이 있어야 할 듯하니, 그것을 의논하여 아

새 冊曆을 반포하자36), 조선에서는 비로소 명의 멸망을 정식으로 인정하게
된 것으로 판단된다.

　결국 명의 멸망을 분명히 알게 된 조선의 입장에서는 이후 명 연호를 쓸
수도 없게 되었을 것이며, 또 이러한 단계에서 청에 대한 적대감과 「朝鮮中
華主義」에 의해 청의 연호도 거부했던 것이 아닐까 생각한다. 더구나 일본
에서는 이미 독자적인 天皇年號를 쓰고 있었으므로, 조선이 明이 멸망한 단
계에서 다시 淸의 年號를 쓴다는 것은 국가의 위상이 일본보다 한 단계 아
래로 설정될 가능성이 있었다.

　조선이 청의 연호를 쓸 경우 일본으로부터 멸시를 당할 수 있다는 점은
『燃藜室記述』의 기사가 좋은 예가 된다.

　　　왜국이 참람하게 연호를 가졌으나 우리 나라에 보내는 문서에는 감히 연
　　호를 쓰지 못하였는데, 병자년 후에 倭人이 말하기를, "너희 나라가 이미 명
　　나라를 배반하고 犬羊(淸)을 섬기니, 우리 연호가 어찌 청국의 아래가 되겠
　　느냐."하고, 드디어 연호를 써 보냈다. 그때 조정의 의논이 혹은 받는 것이
　　불가하다 하였으나 최명길이, "우리가 이미 절개를 잃었으니 왜국과 서로
　　힐난할 필요가 없다."하고 드디어 받았다. 지금까지 왜국문서에 그 연호를

　　뢰어라."하니, 회계하기를, "지금 북경으로 도읍을 옮긴 것은 그 사체가 또 이전과
　　는 저절로 다르니, 사신을 보내어 축하를 드리는 것은 당연히 해야 할 일입니다.
　　正卿 이상으로 명망이 무거운 사람을 進賀使로 차출하고, 書狀官도 의당 엄격히 가
　　려서 보내야 합니다."하니, 상이 따랐다].
36) 『인조실록』 권45, 12월 무오. 「11월 1일에 皇帝가 諸王을 거느리고 天壇에 　제사하
　　여 登極을 고하였습니다. 그리고 皇極殿으로 돌아와서 하례를 받고 조 서를 반포하
　　였는데, 세자와 대군도 여기에 따라가 참여했습니다. 5일 朝參 때에는 또 몽고자와
　　한자로 된 새 冊曆을 반포하였습니다. 10일에는 황제가 제 왕 및 漢의 관원과 몽고
　　의 장수들을 황극전 앞에 대거 집합시키고, 淸·蒙·漢의 어음으로 각각 한번씩 조서
　　를 읽었습니다.…(중략)…11일 이른 아침에는 九王이 세자와 대군을 불러 장군 龍骨
　　大 및 孫伊博氏 등을 시켜 말을 전하여 이르기를, 북경을 얻기 이전에는 우리 두
　　나라가 서로 의심하여 꺼리는 마음이 없지 않았으나, 지금은 大事가 이미 정해졌으
　　니, 피차가 한결같이 성의와 신의를 가지고 서로 믿어야 할 것이다」.

사용한다.37)

라고 되어 있는 것으로 보아, 일본에서 천황의 연호를 쓰는 것은 청과 대
등한 의미를 갖는 것이다.

따라서 독자의 연호가 없던 조선은 主體的 立場에서 결국 淸의 年號 대신
에 干支를 썼던 것이라고 생각한다. 이러한 점은 이시기 대일정책이 청과는
관계없이 주체적이고 자주적으로 진행되었다는 점을 단적으로 나타내주는
예이며, 이후에도 이러한 입장은 견지되어 이후의 대일외교문서는 국서나
서계를 막론하고 단 한 건의 예외 없이 모두 간지를 썼던 것이다.

그리고 이러한 입장은 이후의 기록을 통해서도 확인할 수 있는데, 예를
들면, 1655년 6월 通信使가 갈 때, 국왕은 "일본에 가서 모든 문서로 수작할
때에 順治 연호를 그대로 써서는 안될 것"38)을 하교 하고 있다. 따라서 이
때는 벌써 대일본 문서에서 청의 연호를 쓰지 않는 것이 국론으로 정해졌
던 것을 알 수 있다. 또한 이로부터 한참후의 일이지만, 1747년 11월, 통신
사가 파견될 때에도 좌의정 조현명이 "국서에 乾隆 연호를 써야하지 않겠
습니까?"하고 물었으나, 국왕은 "일본에서 무슨 연호를 쓰는가"만을 묻고,
그 물음에는 답하지 않고 있다.39) 그리고는 당시 국서에 干支를 그대로 쓴
것을 보면, 이미 간지사용은 바꿀 수 없는 書式으로 정착되었음을 확인할
수 있다.

---

37) 『연려실기술』 제26권 仁祖朝古事本末 亂後時事.
38) 『효종실록』 권14, 6년 6월 을해.
39) 『영조실록』 권66, 23년 11월 갑진.

5. 맺음말

이상에서 1645년 정월을 기점으로 대일외교문서인 國書와 書契의 書式에서 명의 年號가 干支로 바뀌는 과정을 살펴보았다. 그러나 현재로서는 어느 사료에서도 왜, 어떠한 이유로 간지를 사용하게 되었는지를 명확히 밝힐 수 있는 기록은 찾을 수 없다. 다만 이상의 여러 정황들을 고려할 때, 1644년과 45년을 기점으로 연호가 간지로 바뀌는 이유를 다음과 같이 정리할 수 있겠다.

즉 1645년부터 중국의 연호 대신 간지를 쓴 이유로는, 1) 명의 멸망 이후라 명 연호를 계속해서 쓸 수 없다는 점. 2) 청에 대한 적대감과 「朝鮮中華主義」에 의해 청의 연호를 거부한다는 점. 3) 일본이 천황연호를 쓰기 때문에 청의 연호를 쓸 경우 조선이 한 단계 아래로 인식될 수 있다는 점. 4) 청의 책봉을 받고 있는 상태에서 조선에서는 독자적인 연호를 쓸 수 없다는 점 등을 지적할 수 있다.

결국 이러한 이유에서 조선은 명 멸망 후 청의 연호를 새로 사용하지 않았던 것이며, 干支사용의 외교사적 의미는 1) 조선의 대일외교가 청에 의하여 간섭받지 않고, 獨自的으로 진행되었다는 점. 2) 청을 배제한 조·일 交隣體制를 지속해 간다는 점. 3) 조선의 외교가 일본에 대해 주체적이며 자주적인 입장을 견지하고 있다는 점 등이다.

결론적으로 이러한 의미에서 대일 외교문서에서 중국연호가 간지로 바뀌는 것은 조선후기 朝·日關係가 脫中華的 交隣體制의 성격을 가지고 있음을 단적으로 보여주는 사례라 할 것이다.

제2장
『조선왕조실록』속의 조선후기 일본관계기사 분석

1. 서론

　최근 조선후기 한일관계사에 대한 연구가 진전되면서, 연구의 기초가 되는 1차사료의 정밀한 분석과 정리가 요구되고 있다. 특히 조선후기 한일관계의 여러사실을 기록한 『朝鮮王朝實錄』의 기사들에 대한 분석은 한일관계사연구의 가장 기초적인 작업이다.

　왜냐하면 이들 기사의 분석은 조선후기 한일관계의 현안이 무엇이었던가를 파악하게 해주며, 이를 통하여 조선후기 한일관계사의 흐름과 방향, 연구주제 내지는 문제의식을 개발하며, 연구가 어떠한 방향으로 진행되어야 하는 가도 아울러 파악할 수 있게 해주기 때문이다. 물론 연구자들에 의해 이미 『朝鮮王朝實錄』의 사료들이 기본적으로 이용되고 있음은 물론이다. 그러나 그 사료들에 대한 총체적이고 정밀한 분석은 아직 이루어지지 않고 있다. 이러한 의미에서 『조선왕조실록』에 수록된 한일관계기사들의 분석은 조선시대 한일관계의 전개와 추이를 분석하고, 한일관계사의 통시적인 흐름을 파악하는데, 아주 중요한 작업이라고 생각된다.

　먼저 이 글에서 분석대상으로 하고 있는 한일관계기사의 개념에 대해 정리를 해보면 협의의 의미에서는 일본의 정치·사회·경제·문화 등에 대 하여 기록한 사료 및 조선과 일본과의 관계에 대하여 기록한 사료를 말하며, 광의의 경우에는 조선의 일본에 대한 정치·경제·군사 및 그 외의 여러 방면에 걸친 시책과 시행된 내용을 기록한 사료를 의미하는데, 이 글에 서는 두 경우를 모두 포함하여 기사화한 기록을 대상으로 했다.

현재 『朝鮮王朝實錄』에서 파악된 한일관계기사는 총 15,587건으로 태조대(1392년)부터 명종대(1567년)까지가 9,208건, 선조대(1567년-1608년)가 4,792건, 광해군대(1608년)부터 철종(1863년)까지가 1,587건이다. 이에 관하여 태조부터 명종때까지의 기사는 有井智德에 의하여 분석된 바가 있고,[1] 또 선조대의 기사도 北島万次가 분석중에 있다.[2] 본고에서는 아직 소개가 되지 않은 광해군부터 철종때까지 1,587건의 기사활 정리·분석하여, 조선후기 한일관계기사가 갖는 사료적 특성을 고찰하면서, 그에 관한 연구 동향을 정리하고자 한다.

2. 일본관계기사의 특징

1) 왕대별 특징

조선후기 광해군대부터 철종대까지 256년간 일본관계기사가 가장 많았던 왕대는 광해군대이고, 다음이 인조·숙종·영조·정조의 순이며, 가장 적은 왕대는 철종·경종·헌종대이다. 물론 기사의 많고 적음은 재위기간과도 관련이 있지만, 그것보다는 <표 1>에서 알 수 있듯이 임란직후가 가장 많았고, 개항직전인 19세기 중반에 가장 적었다. 여기서 임란직후에 기사가 많은 것은 임란후 전쟁의 후유증과 뒤처리 및 단절된 한일관계를 재개하는데 따른 여러 가지 문제, 그리고 명·청교체시기의 한일관계 등을 고려하면 그 이유가 납득이 되지만, 19세기 중반기에 적은 이유에 대해서는 아직 충분히 설명하기가 어렵다.

---

1) 有井智德, 「李朝實錄の日本關係史料の研究」, 『靑丘學術論集』, 3, 1993. 261쪽.
2) 北島万次, 『秀吉の朝鮮侵略關係史料』, その一, 史料集, 1994 참조.

〈표 1〉 왕대별 기사일람

왕대별	년도	재위기간	왜란관계	포상관계	일본정세	일본대비	조선견사	일본견사	왜관관계	무역	외교의례	표류	중국관계	유구관계	기타	計
광해군	1608~1622	12	18	48	8	28	21	8	18	34	33	1	49	20	75	361
인조	1623~1649	27	24	17	31	24	17	18	7	25	57	10	36	5	59	330
효종	1649~1659	10	1	3	8	5	6	4	5	8	11	4	6	1	18	80
현종	1659~1674	15	2	14	1	2	0	2	45	17	4	16	1		8	112
숙종	1674~1720	46	11	22	14	21	13	6	27	32	52	9	10	4	70	291
경종	1720~1724	4	1			1		1		1	3				2	9
영조	1724~1776	52	12	27	7	15	6		14	10	26	6	4		37	164
정조	1776~1800	24	3	21	4	10	2	3	8	5	12	14	7	16	18	123
순조	1801~1834	34	1	25	7	1	4	9	6	1	31				8	101
헌종	1835~1848	15		1			1			1	4	1	1	1	4	14
철종	1848~1863	14							1						1	2
계	1608~1863	256	73	178	80	107	70	51	131	134	233	61	114	47	300	1587

한편 내용별로 보면, 외교의례에 관한 기사가 제일 많은데, 이것은 역시 조선후기 한일관계가 기본적으로는 양국 모두가 국가적인 통제하에 각종의 외교적인 틀속에서 전개되었기 때문에 여러 가지 외교적인 마찰이 항상 있어 왔다는 것을 시사하는 것이다. 그리고 이와 관련하여 상호간에 많은 사절왕래가 공식적으로 이루어지고 있기 때문에, 그에 관한 기사가 많을 수밖에 없을 것이다. 예를 들면 조선에서는 12번에 걸쳐 막부 장군에게 사신(回答兼刷還使 3회, 通信使 9회)을 파견했고, 대마도주에게는 54회에 問慰行을 파견했다. 한편 일본에서는 대마도가 매년 정기적으로 八送使를 파견하고 부정기적으로 大差倭·小差倭를 수시로 파견했음을 고려하면,3) 양국사이의 외교관계가 얼마만큼 다양하게 이루어지고 있는가를 가히 짐작할 수 있다.

두 번째로 임란 때의 전공자 및 순절·효자·순손들에 대한 논공행상 및 포상기사이다. 뿐만 아니라 일본의 정세와 대비에 관한 내용도 상당한 숫자임을 볼 때, 조선왕조의 일본인식은 기본적으로 적대감과 경계의식을 바탕

---

3) 洪性德, 『十七世紀 朝·日 外交使行 研究』, 전북대학교 대학원 박사학위논문, 1998 참조.

으로 하고 있음을 알 수 있다.

세 번째로 왜관관계 기사인데, 이것은 1609년 기유약조 이후 양국 사이에 무역이 이루어지면서 왜관에 일본인의 거주가 허용되자, 이들 자체는 물론 조선인들과 각종의 마찰이 생겨나게 되었기 때문이다. 뿐만 아니라 잠상과 밀매에 관한 사건도 적지 않게 등장하는 등 왜관을 무대로 하는 많은 사건이 발생하였다.

그 다음 중국과 유구에 관한 기사도 많다. 이들 기사들은 조선과의 개별관계가 아니라, 모두 일본에 관련된 기사들이다. 예를 들면 중국관계의 경우 광해군·인조대에는 후금과 청에 관한 기사가 많은데, 중국에서의 정세변동이나 조선침략 기사 등에 관한 조일양국의 정보교환 기사가 많다. 한편 유구관계 기사도 많은데 1609년 유구가 薩摩州의 침공에 의해 일본에 복속이 되었음에도 불구하고 조선과의 교류가 북경을 통해서 계속적으로 이루어지고 있었다는 사실도 주목할 만하다. 이러한 점에서 조선시대 한일관계의 연구가 단순히 조선과 일본만의 관계차원에서 다루어서는 안되며, 동아시아 국제관계 속에서 폭넓게 분석되어져야 한다는 점을 새삼 강조해 두고 싶다.

그 외 표류에 관한 기사가 있고, 기타로 분류된 항목에서는 다양한 관계를 보여주는 기사가 많아, 이를 통해 조일관계의 여러 모습을 살펴볼 수 있을 것이다.

2) 연도별 특정

한편 이들 기사들을 연도별로 50년 단위로 정리해 보면, 조선후기중 1650년대까지가 전체의 40%정도를 차지하며, 이후 연도가 뒤로 내려 갈수록 줄어드는 것을 볼 수 있다. 물론 18세기 영·정조시대의 양국관계를 생각하면 그만큼 조일관계가 안정된 결과라고 볼 수 있다. 그러나 19세기 중반기의 동아시아 정세를 생각하면, 역시 중앙정부의 국제정세에 대한 인식 부족과 국내정치의 혼란스러움 때문이 아닌가 한다. 뿐만아니라 1811년 이후 통신사가 단절되는 등 일본과의 관계가 소원해지기 때문일 것이다. 물론 이 부분에 관해서는 양국관계를 기록한 많은 등록류의 기록들을 통해 좀더 체계적으로 분석되어야 할 것이다.

〈표 2〉 년대별 기사일람

년도	왜란관계	포상관계	일본정세	일본대비	조선견사	일본견사	왜관사건	무역	외교의례	표류	중국관계	유구관계	기타	計
1608~1650	42	65	39	53	38	27	26	60	90	13	90	25	135	703
1651~1700	7	31	14	14	12	9	65	40	26	20	11	3	65	317
1701~1750	15	25	14	23	9	3	20	20	64	13	5	2	53	266
1751~1800	8	31	6	16	6	3	13	12	18	14	7	16	34	184
1801~1863	1	26	7	1	5	9	7	2	35	9	1	1	13	117
계	70	178	82	107	70	51	131	134	233	69	114	47	300	1587

3. 왕대별 기사분석

1) 광해군대의 일본관계기사

1607년 제1차 「回答兼刷還使」에 의해서 일본과의 사이에 임진왜란의 강화가 이루어지고, 이후 1609년 기유약조에 의해 1611년부터는 통교가 재개되었다. 광해군대의 일본관계기사는 총 361건으로 그 특징을 보면, 일본은 여전히 경제의 대상이었고, 임진왜란에 대한 전후 처리나 포상문제가 주요 현안이 되었다. 아울러 피로인의 쇄환에 대한 기사도 많다. 또한 통교가 재개되면서 부산왜관에 왜인의 거주가 허용됨에 따라[4) 왜관에서는 여러 가지

---

4) 1618년 6월 계미조에 비변사의 보고에 의하면 부산왜관에 왜인이 1천명이나 되므로 단속을 잘 해야 할 것을 청하였고, 1619년(광해11) 2월 병인조에 의하면, 경상감사 鄭造가 12월 초하루에 留館倭人 649명 가운데, 본국에 돌아간 왜인이 212명이고,

〈표 3〉 광해군대 기사일람

재위년	년도	왜란관계	포상관계	일본정세	일본대비	조선견사	일본견사	왜관사건	무역	외교의례	표류	중국관계	유구관계	기타	계
광해군 즉위	1608		8	1	2					1		1	1	7	21
광해군 1	1609	2	4		2	1	1		2	13			5	9	39
광해군 2	1610		4	2	3	1		1	11	9		1	2	9	43
광해군 3	1611	1	5		1		1	1	6	2				1	18
광해군 4	1612	1	9		2							1	6	10	29
광해군 5	1613	1	9		1			5	1			7	1	5	30
광해군 6	1614	1	1		1				1	1	1	1		8	15
광해군 7	1615			2		2						1		1	6
광해군 8	1616			1	1	2	1		3	1		2			11
광해군 9	1617	3	4	1	1	13	2		2	1		1		1	29
광해군 10	1618	1	1		7	1		4	2	1		12	5	8	42
광해군 11	1619	7	2		3			2	2			10		9	35
광해군 12	1620	1							2					3	6
광해군 13	1621			1	1		1	1	1	2		4		2	13
광해군 14	1622		1		3	1	2	3	1	2		8		2	23
광해군 15	1623							1							1
		18	48	8	28	21	8	18	34	33	1	49	20	75	361

문제가 발생하였고5) 통교재개에 따른 일본측 통교무역자에 대한 접대와 외교의례문제가 발생했다. 또 이 기간 중에는 1617년과 1624년에 두 차례에 걸쳐 「回答兼刷還使」가 파견되기 때문에 이에 관련된 기사도 많다. 또한 중국관계의 기사도 눈에 띄게 많은데, 그 이유는 임진왜란 때에 援軍을 파견한 명에 대한 기사와 만주에서 일어나는 후금의 정세를 일본에 전하는 기사가 많기 때문이다. 또한 일본(막부)에 대해 정보를 교환하는 유구와의 관계도 주목할 만하다.6)

관에 머물러 있는 자가 407명이라고 치계하였다.
5) 왜관에서 발생하는 대표적인 문제가 潛商, 密賣의 문제였고, 開市에 관한 사항도 많이 나온다.
6) 광해 1년 3월 계묘조의 기사에 의하면, 유구국 사람들이 우리나라에 표류하자 우리나라에서 天朝에 전송하였는데, 이에 流球國 中山王이 물품을 바치고 자문하니, 우

2) 인조대의 일본관계기사

인조대의 일본관계기사는 총 330건으로 기사내용의 유형별 분포는 광해
군대와 비슷한 현상을 볼 수 있다. 연도별로 현안이 되었던 주요사항들을
보면, 1624년도에는 「回答兼刷還使」가 파견되면서 그와 관련된 기사가 많
다, 또한 통신사편에 鳥統을 사오도록 했으며, 귀국길에 146명의 피로인을
데리고 왔다.[7] 한편 「回答兼刷還使」가 일본에서 받은 銀貨의 처리문제를
두고, 논란이 분분하였다.[8] 그리고 1626년에는 부산 왜관의 조세징수가 논
의되기도 했다. 1627년에 들어서면 후금과의 상황이 급박해지면서, 후금의
정세를 왜관을 통해 일본에 통보하기도 했다.[9] 한편 1629년에는 임진왜란
후 금지되었던 일본인의 상경에 대한 논의의 기사가 많은데, 결국 상경을
허락하였고, 이것은 조선후기 단 한번 이루어진 상경이 되었다.[10] 그리고
1634년부터는 馬上才 요청이 있게 되고, 이를 받아들여 1636년 通信使 때부
터는 마상재 파견이 정례화되기도 했다. 이 해에 특기할 만한 기사로는 降
倭의 자손들이 기예가 뛰어나므로 軍中에 두자는 건의가 이루어진다.[11] 이
기사도 임란 후 투항해 온 降倭에 대한 연구소재가 된다. 특히 아직 검증되
지는 않았지만, 최근에 1607년 「回答兼刷還使」 467명의 약 10%가 원래는
日本兵, 즉 降倭였다는 내용을 발표한 辛基秀의 연구와 관련하여[12] 임란 이
후 降倭는 주요한 연구주제가 된다.

리나라에서 流球國 中山王에게 후의에 답사하고 이웃나라 사이에 우호를 맺자고 자
문을 보내었다. 이부분에 관하여는 孫承喆外, 『朝鮮과 琉球』(1999, 아르케) 참조.
7) 『仁祖實錄』 3년 3월 신유.
8) 당시 은의 유통과정에 관해서는 한명기, 「17세기초 銀의 유통과 그 영향」, 규장각
15, 1992. 참조.
9) 『仁祖實錄』 5년 2월 을사.
10) 『仁祖實錄』 7년 4월 정축. 이때의 상경에 관해서는 田代和生, 「寬永 6年(1629)對馬使
節の朝鮮國「御上京之時每日記」とその背景(1)(2)(3)」, 『朝鮮學報』96, 98, 101.
11) 『仁祖實錄』 12월 정유.
12) 辛基秀, 『朝鮮通信使』 明石書店, 1999, 23쪽.

한편 1635년부터는 국서서식 변경에 대한 기사가 나오는데, 이 기사들을 통하여 조일관계가 임란 이후 「回答兼刷還使」 체제에서 「通信使」 체제로 정례화 되어가는 과정을 엿볼 수 있다. 동시에 중국에서 명·청의 세력교체 이후 새로운 조일관계를 체계화 시켜가는 과정으로 이해할 수 있다.13)

〈표 4〉 인조대 기사일람

재위년	년도	왜란관계	포상관계	일본정세	일본대비	조선견사	일본견사	왜관사건	무역	외교의례	표류	중국관계	유구관계	기타	계
인조 1	1623	3	1	0	1				1			1	1	5	13
인조 2	1624		1	0	3	4	1			1		0	0	2	12
인조 3	1625	0	1	0	0	2		0				1	2	4	10
인조 4	1626	1	3					1							5
인조 5	1627	4		1	1				2	3		2	1	9	23
인조 6	1628									1		3		5	9
인조 7	1629			2					6	24		1		1	34
인조 8	1630		2		1		4		3		1			1	12
인조 9	1631		1		2									5	8
인조 10	1632		1	2		2			1	2				1	9
인조 11	1633								1						1
인조 12	1634				1		3			1				2	7
인조 13	1635	3	4	1	2			1		1			0	1	13
인조 14	1636	2			1					3	1			2	9
인조 15	1637			2	2	3			1	1		2		2	13
인조 16	1638	4		3	6				1	4	1	4	1	4	28
인조 17	1639	1	1	2			1	1				5		2	13
인조 18	1640			1	1	2		1	2			2		1	10
인조 19	1641								1					1	2
인조 20	1642	2		2		2	5			1					12
인조 21	1643		1	1					2	5		3		4	16
인조 22	1644	1		1	1	1		1	1		4	1			11
인조 23	1645	1		4			1		1	2	1	1		6	17
인조 24	1646			3		1				1	1	2			8
인조 25	1647		1	2	1		1		1	3	1	5		1	16
인조 26	1648	2		3			2	2		1	1				11
인조 27	1649			1	1				1	3		2			8
		24	17	31	24	17	18	7	25	57	10	36	5	59	330

1638년에는 일본에서 德川家康의 吉利施端 탄압에 대한 기사가 기록되어 있고, 이때부터 소위 耶蘇敎에 대한 기사들이 등장하고 있다.[14) 또 일본에서 약재를 청구하여 경상도에서 채집하여 보내주고 있다.[15) 또한 우리나라 사람이 일본에서 생산된 담배를 몰래 심양에 들여보냈다가 발각된 일도 있었던 것으로 보아[16) 밀매와 잠상의 규모가 동아삼국에 연결되었던 것을 알 수 있다. 또 당시 일본에서는 대마도의 差人을 보내 중국의 정세를 파악하고 있는데, 조일관계를 이용한 일본의 대륙정세에 대한 관심을 엿볼 수 있다. 1641년에는 왜인들이 서적을 구하고 있는 기사가 있으며, 德川家康의 日光山 祠堂이 완공되자 편액과 시문을 청하기도 했다. 1643년에는 통신사가 귀국길에 피로인 14명을 쇄환한 기사가 나오는데, 임란이 끝난지 40여년이 지났는데도 피로인의 쇄환이 계속되고 있다.[17) 특히 1644년부터 48년 사이에는 耶蘇敎에 관한 기사가 많이 나오는데, 그 내용은 주로 일본으로부터 耶蘇敎에 대한 정보를 알려오는 내용이 많다.

---

13) 이 부분에 관해서는 孫承喆, 『朝鮮時代 韓日關係史硏究』 제4장 제1절, 1636년 丙子通信使와 脫中華의 교린체제. 참조.

14) 조선왕조의 耶蘇敎에 대한 인식에 대하여는 孫承喆, 「17세기 耶蘇宗門에 대한 朝鮮의 인식과 대응」 사학연구, 제58·59합집. 申東珪, 「耶蘇宗門禁制를 둘러 싼 朝日外交關係」 『江原史學』 제13·14합집 1998. 참조.

15) 이 부분에 관해서는 김호, 「일본으로 전해진 朝鮮醫書와 그 특징」, 제13차 韓日·日韓合同學術會議, 2000년 10월 19일~22일, 日本 福岡, 세계속의 동아시아문화-세미나에서 발표논문. 참조.

16) 『仁祖實錄』 16년 8월 4일.

17) 『仁祖實錄』 21년 10월 기축.

3) 효종대의 일본관계기사

〈표 5〉 효종대 기사일람

재위년	년도	왜란관계	포상관계	일본정세	일본대비	조선견사	일본견사	왜관사건	무역	외교의례	표류	중국관계	유구관계	기타	계
효종 즉위	1649								1		1				2
효종 1	1650	0		1		1	1			2	4			1	10
효종 2	1651			1				1						4	6
효종 3	1652			1		1	1	2	1	2	1		1	3	13
효종 4	1653			1	1		1	1	2	2	1			1	10
효종 5	1654	1		1	1	1									4
효종 6	1655		1	1	1	1			2	1		1			8
효종 7	1656			0	1	2			1					1	5
효종 8	1657		1	3						3				2	9
효종 9	1658		1	1						2				1	5
효종 10	1659					1		1		1				5	8
		1	3	8	5	6	4	5	8	11	4	6	1	18	80

효종대에는 10년간 총 80건의 기사가 있는데, 이 기간동안 특기할만한 사실은 1653년 8월에 하멜표류에 관한 기록이 나오고 있으며, 외교의례에 관한 기사들은 1655년 통신사파견에 따른 서식문제가 주된 내용이다. 그리고 구청의 내용 중에는 일본에서 性理學에 관한 서적을 청하고 있는 것을 볼 수 있다.

4) 현종대의 일본관계기사

현종대에는 15년간 총 112건의 기사가 나온다. 이 기간 중 특기할만한 기사는 1662년부터 倭館移轉에 대한 요청이 본격적으로 이루어지고 있으며,[18] 여러차례의 요청과 논의결과 결국 1678년 초량왜관으로 이전하게 되었다.[19]

18) 『顯宗實錄』 3년 1월 기묘.
19) 왜관이전에 관해서는 張舜順, 「朝鮮後期 倭館의 設置와 移館交涉」, 『韓日關係史研究』

〈표 6〉 현종대 기사일람

재위년	년도	왜란관계	포상관계	일본정세	일본대비	조선견사	일본견사	왜관사건	무역	외교의례	표류	중국관계	유구관계	기타	계
현종 즉위	1659							1	2					1	4
현종 1	1660						1	1	1						3
현종 2	1661	1	1				1		1						4
현종 3	1662							1			1				2
현종 4	1663		1					4	1		3			3	12
현종 5	1664		1		1			7	1	1				2	13
현종 6	1665		1	1	1			2	4	1	2	1			13
현종 7	1666		1					1			2				4
현종 8	1667	1	2					1			3				7
현종 9	1668		2					1		1	1				5
현종 10	1669		2					2		1	2			1	8
현종 11	1670		2					4			1				7
현종 12	1671							9							9
현종 13	1672							11	1						12
현종 14	1673							6							6
현종 15	1674		1					1						1	3
		2	14	1	2		2	45	17	4	16	1		8	112

한편 1671년에는 호남 무안현 사람이 유구국에 표류하였다가 薩摩州, 對馬島를 거쳐 조선으로 귀환하는 상세한 과정을 기록하고 있어, 조일 표류민의 송환체제에 관한 연구의 단서를 제공하고 있다.[20]

특히 이 시기에는 왜관에 관한 기사가 많은데, 왜관에서의 잠상과 밀매, 왜인난출, 왜관이전, 화재, 왜인살해사건 등 왜관에서 일어나는 다양한 사건들을 기록하고 있다. 조선후기 조일관계가 왜관을 중심으로 전개됨을 감안할 때, 왜관의 실태를 파악하는 좋은 사료들로 왜관의 다양한 면이 재조명되어야 할 것이다.

제5집, 1996 참조.

20) 조선후기 표류민송환실태에 관해서는 李薰, 『朝鮮後期 漂流民과 韓日官階』, 국학자료원, 2000과 池內敏, 『近世日本と朝鮮漂流民』, 1998 참조.

5) 숙종대의 일본관계기사

숙종의 재위기간이 46년간이었던 만큼 일본관계기사도 291건이나 된다. 이 기간 중 주목할 만한 기사들은 1675년에 왜관에서의 交奸事件이다.[21) 왜관에서의 교간사건은 이미 현종대부터 사건화되어 나타나기 시작하는데, 숙종대의 교간사건의 전말이『倭人作拏謄錄』에 상세하다. 이 교간사건은「倭館」의 社會史的인 意味뿐만 아니라, 1711년 신묘통신사의 파견을 계기로「犯奸約條」가 맺어짐으로써 外交史的으로도 매우 의미있는 기록들이다.[22)

또한 1693년부터 96년까지는 을릉도문제와 安龍福에 관한 기사들이 등장하는데, 이를 통해 독도문제의 단서를 풀어갈 수 있다.[23) 또 1703년에는 대마도에 파견되었던 譯官 韓天錫 등 113명이 배가 침몰하여 몰사한 기사가 나오는데,[24) 조선후기 통신사와는 별도로 대마도주에게 파견되었던 譯官史 研究의 사료이다.

1705년에는 公作米支給을 둘러싼 양국사이의 분쟁에 관한 기사가 나오는데, 왜관에서 이루어지는 무역을 둘러싼 여러 가지 마찰들을 기록하고 있다.[25) 무역의 실태를 파악하는데 주의깊게 분석할 사료들이다.

1711년에는 통신사파견을 둘러싸고 제기되는 외교의례에 관한 기사들이 많이 나오는데, 주로 국서의 양식과 일본장군의 호칭인 國王과 大君칭호에 관한 내용들이다.[26) 이에 관해서는 이미 여러 편의 논문이 발표되어 조일간의 외교 정책과 상호인식을 비교할 수 있는 소재들이다.[27)

---

21) 『肅宗實錄』 1년 5월 경인.
22) 왜관에서의 交奸事件에 관해서는 孫承喆,『近世朝鮮의 韓日關係研究』제2장 <倭人作拏謄錄>을 통하여 본 倭館. 국학자료원, 1999. 참조.
23) 독도문제에 관해서는 한일관계사연구회편『독도와 대마도』, 1996. 참조.
24) 『肅宗實錄』 29년 2월 갑오.
25) 조선후기 대일무역에 관해서는 田代和生,『近世日朝通交貿易史の研究』創文社, 1981. 및 鄭成一,『朝鮮後期 對日貿易』신서원, 2000. 참조.
26) 『肅宗實錄』 37년 5월 계축.

　또한 1713년에는 왜인의 日供과 청구하는 雜物을 쌀로써 값을 정하는 소위 「煥米의 制」에 대한 기사가 있어, 이 시기의 조일무역의 한 단면을 볼 수 있다.

<표 7> 숙종대 기사일람

재위년	년도	왜란관계	포상관계	일본정세	일본대비	조선견사	일본견사	왜관사건	무역	외교의례	표류	중국관계	유구관계	기타	계
숙종즉위	1674	0		1											1
숙종 1	1675	1	2		1			2				2		3	11
숙종 2	1676											1		3	4
숙종 3	1677		1					2	2						5
숙종 4	1678						1	2						1	4
숙종 5	1679				1									1	2
숙종 6	1680		1											1	2
숙종 7	1681	1		1	1	1	1	1		1				1	8
숙종 8	1682			1		5		2	3	1	1	1	2	1	17
숙종 9	1683		1		1		1	1				1		2	7
숙종 10	1684		1									4		6	11
숙종 11	1685														0
숙종 12	1686		2								1				3
숙종 13	1687				1					2					3
숙종 14	1688		2		1										3
숙종 15	1689		1						1					3	5
숙종 16	1690							2							2
숙종 17	1691									2				1	3
숙종 18	1692		1												2
숙종 19	1693			1										1	2
숙종 20	1694				1									3	4
숙종 21	1695		1	1			1	2	2	2				3	12
숙종 22	1696							1						7	8
숙종 23	1697	1						1	1	2				2	7
숙종 24	1698	0						1	4	1				1	7

27) 이에 관해서는 孫承喆, 앞의 책, 『朝鮮時代 韓日關係研究』와 三宅英利, 孫承喆譯 『근세한일관계사연구』, 이론과 실천, 1992에 상세히 서술되어 있다.

숙종 25	1699	1			1										2
숙종 26	1700			0					2						2
숙종 27	1701	0						3	2					1	6
숙종 28	1702	1	2	1	1			4						2	11
숙종 29	1703	1		1		4		1	2	1				1	11
숙종 30	1704	3			2						1				6
숙종 31	1705			1					1						2
숙종 32	1706														0
숙종 33	1707		1							1					3
숙종 34	1708		1					1						1	3
숙종 35	1709	0							1	1				1	3
숙종 36	1710	1	2	1	2	1		1	3					1	12
숙종 37	1711				2		1	1		15	1			3	23
숙종 38	1712			2						12				10	24
숙종 39	1713		2							3				1	6
숙종 40	1714	0			2			1							3
숙종 41	1715	1							1	1					3
숙종 42	1716			1					1	1	1			2	6
숙종 43	1717								1	1			2		4
숙종 44	1718				2	1	1			1	1			5	11
숙종 45	1719			1			1			1	4	2		1	10
숙종 46	1720			1	2				2			1		1	7
		11	22	14	21	13	6	27	32	52	9	10	4	70	291

6) 경종대의 일본관계기사

조선후기 가장 짧았던 4년간의 재위기간을 지낸 경종대에는 총 9건의 기사가 수록되어 있다. 이 기간 중 특별한 기사는 눈에 띄지 않고, 단지 일상적인 문제들인 圖書發給問題가 기록되어 있다. 圖書란 일종의 특권상인에게 주어진 도항증으로 조일무역의 한 단면을 살필 수가 있다.28) 이 도서발급 상황도 조선후기 대일무역의 구조를 밝히는데 중요한 단서를 제공하는 기사이다.

---

28) 조선후기 圖書에 관해서는 田代和生, 『近世日朝通交貿易史の研究』 앞의 책을 참조.

〈표 8〉 경종대 기사일람

재위년	년도	왜란관계	포상관계	일본정세	일본대비	조선견사	일본견사	왜관사건	무역	외교의례	표류	중국관계	유구관계	기타	계
경종 즉위	1720						1		1	2					4
경종 1	1721			1						1					2
경종 2	1722	1												1	2
경종 3	1723														0
경종 4	1724													1	1
		1		1			1		1	3				2	9

7) 영조대의 일본관계기사

조선후기 역대왕 중 가장 재위기간이 길었던 영조대 52년간의 일본관계 기사는 총 164건으로 그 중 제일 기사가 많은 것은 외교의례와 접대에 관한 항목인데, 그 이유는 재위기간 중 1748년과 1764년에 걸쳐 통신사가 두 번 파견되었기 때문이다. 영조는 통신사 파견에 즈음하여 특히 軍官들을 불러 일본의 사정을 소상하게 정탐하도록 하교를 하고 있으며[29] 귀국 후에는 이들로부터 직접 보고를 듣기도 했다. 이 가운데 통신사 일행의 견문 중 關白이 諸島에 알리는 비문에 통신사를 朝貢使로 선전하고 있다는 내용은 주목할 만하다[30] 그리고 1764년 통신사를 수행한 역관 崔天宗의 피살사건[31]에 대한 기사가 있는데, 당시 조일 양국인의 상호인식을 관찰할 수 있는 좋은 사료이다.

또한 표류민에 관한 기사도 많은데, 일부러 표류민이 되는 소위 故漂에 관한 기사도 등장한다. 예를 들면 1726년 6월 을미조에 우리의 어선이 자주 표류하여 일본으로 가니 죄주기를 청하는 기사가 있고, 반대로 일본측에서는 표류민송환을 이유로 3년 동안이나 돌아가지 않고 과다한 보상을 청

---

29) 『正祖實錄』 11월 계묘.
30) 『英祖實錄』 24년 윤7월 임오.
31) 이 사건에 관해서는 池內敏, 『唐人殺しの世界』, 臨川書店, 1999 참조.

〈표 9〉 영조대 기사일람

재위년	년도	왜란관계	포상관계	일본정세	일본대비	조선견사	일본견사	왜관사건	무역	외교의례	표류	중국관계	유구관계	기타	계
영조 즉위	1724													1	1
영조 1	1725	1	2											1	4
영조 2	1726									1					1
영조 3	1727	2									1				3
영조 4	1728		1		2						1			1	5
영조 5	1729		1							1	2				4
영조 6	1730								1						1
영조 7	1731								1	1					2
영조 8	1732			1					1	2				3	7
영조 9	1733							1		1				1	3
영조 10	1734				2							1		1	4
영조 11	1735				2					1					3
영조 12	1736		1					1			1	1			4
영조 13	1737			1						1				1	3
영조 14	1738		2	1				2		2					7
영조 15	1739		2												2
영조 16	1740		1											1	2
영조 17	1741	1									1			1	3
영조 18	1742		1												1
영조 19	1743													1	1
영조 20	1744		1					2						1	4
영조 21	1745		1							1					2
영조 22	1746		1							1		1		1	4
영조 23	1747			1	1	2		3		8					15
영조 24	1748		1	1										7	9
영조 25	1749										1				1
영조 26	1750	3	2	0	2										7
영조 27	1751	2													2
영조 28	1752		1						1					1	3
영조 29	1753														0
영조 30	1754				1					1					2
영조 31	1755	1						1							2
영조 32	1756	1													1
영조 33	1757				1			1	1	1				1	5

영조 34	1758		1						1				1	3
영조 35	1759													0
영조 36	1760		2		1			1						4
영조 37	1761							1						1
영조 38	1762				1									1
영조 39	1763		1		1	2				1	1		5	11
영조 40	1764			1				1					2	4
영조 41	1765		1										2	3
영조 42	1766				1					1			1	3
영조 43	1767			1										1
영조 44	1768		1							2				3
영조 45	1769									1				1
영조 46	1770			1										1
영조 47	1771			1				1					1	3
영조 48	1772		3							1				4
영조 49	1773	1											1	2
영조 50	1774												1	1
영조 51	1775													0
영조 52	1776													0
		12	27	7	15	6		14	10	26	6	4	37	164

하기도 해서 문제가 되기도 했다.32)

이어 1731년과 32년에는 대마도주와 도주 아들에 대한 圖書발급에 관한 기사가 등장하여, 도서에 관한 마찰이 계속되고 있음을 알 수 있다. 또한 1738년에는 禮單蔘의 부족한 현상이 나타나고, 이같은 현상은 1752년에도 제기되고 있다 이러한 기록들은 조선의 대일 무역품 중 가장 중요한 품목이 쌀과 인삼이었음을 감안할 때, 주목할 만한 사료로 생각된다.

한편 1741년에는 제주도인 21명이 표류하여 유구국에 도착하였다가, 중국의 福建省을 거쳐 4년만에 귀국한 사례의 기사가 나오는데, 당시 표류민 송환실태를 확인할 수 있는 사료이다.33) 또한 1754년의 기사 가운데는 영

---

32) 『英祖實錄』 5년 9월 신사.
33) 『英祖實錄』 17년 2월 기유.

남의 田稅 중 절반이 倭에게 들어간다는 기사가 있는데, 당시 대일관계에서 일본에 대한 경제적 부담을 단적으로 표현하고 있는 기사로 향후의 조일관계에 시사하는 바가 많다.[34]

8) 정조대의 일본관계기사

정조대의 기사는 총 123건이며. 가장 많은 종류의 기사는 임진왜란에 관련된 포상에 관한 내용이다. 물론 이 부분은 조선후기 일본관계기사의 기본적인 특정이기도 하지만, 영·정조대의 탕평책과 관련이 있지않나 관심을 가져볼 만하다. 연도별로 주목할 만한 기사로는 우선 유구에 관한 기사가 많다. 내용은 주로 양국 표류민의 송환과 북경에서의 조선사절과 유구사절의 만남[35]에 관한 내용이 많다. 이 기사의 내용들을 통해서 볼 때, 이 시기에도 조선은 유구에 대해 여전히 交隣國의 인식을 가지고 있었음을 알 수 있다.[36]

한편 1781년 2월에는 八送使에 대한 경제적인 부담 때문에 동래부사가 정지할 것을 청하였으나, 정조는 일본과는 약조가 정해져 있으므로 別例를 새로 만들 수 없다고 거절하고 있다.[37] 전례와 명분을 중시하는 조선왕조 대일정책의 기본입장을 확인할 수 있다. 이와 관련하여 17861년 10월, 통신사 교환에 필요한 예단 인삼 2백근을 강계부로 하여금 사들이도록 준비하는 것을 볼 수 있다. 이러한 입장은 1787년 9월 三南暗行御史 金履成이 보고한 것처럼. 倭供上納할 때에 잡비가 과다지출이 되고, 八送使와 飛船·特送 등에 주는 양식의 수효 문제 등 경제적인 부담이 가중되는 가운데도 변함이 없었다.

---

34) 『英祖實錄』 5월 신축.
35) 『正祖實錄』 10년 2월 임인, 22년 2월 계축.
36) 『正祖實錄』 18년 3월 신해조에 의하면, 유구국 사신이 呈文을 올려, 정기적으로 가는 사신편에 方物을 받기를 원했다는 기록이 있다.
37) 『正祖實錄』 5년 2월 정미.

〈표 10〉 정조대 기사일람

재위년	년도	왜란관계	포상관계	일본정세	일본대비	조선견사	일본견사	왜관사건	무역	외교의례	표류	중국관계	유구관계	기타	계
정조 즉위	1776				1		1	1						1	4
정조 1	1777									1	1				2
정조 2	1778				2		1			1	1				5
정조 3	1779				1	1		1						1	4
정조 4	1780						1			2	1		1		5
정조 5	1781				1			3		1					5
정조 6	1782				1					1	1	1		1	5
정조 7	1783		3											1	4
정조 8	1784		3								1	2			6
정조 9	1785				1					1		1		2	5
정조 10	1786							2					2	1	5
정조 11	1787							1		1		1		2	5
정조 12	1788		2									1		1	4
정조 13	1789				1										1
정조 14	1790										1		2		3
정조 15	1791		2		2	1					1			1	7
정조 16	1792		3											1	4
정조 17	1793	1	2												3
정조 18	1794									4	3		7	2	16
정조 19	1795	1	4	1										2	5
정조 20	1796			3						1					4
정조 21	1797					1					2			1	4
정조 22	1798	1	4					3			1	1	2	1	13
정조 23	1799					1							1		2
정조 24	1800	0	1										1		2
		3	21	4	10	2	3	8	5	12	14	7	16	18	123

이러한 조선의 자세와는 달리, 대마도에서는 1794년 8월, 통신사 왕래에 따른 번거로움을 줄이고 쓰임새를 절약하여 대마도에서 통신사의 행례를 행하자고 예조참의 앞으로 서계를 보내 왔다. 임란 이후 11차례나 시행되어

온 통신사의 정례화 된 행례가 깨어지고, 조선후기 교린체제의 동요가 일어
나는 시점으로 이후 한일관계에 큰 영향을 미치게 된다.

9) 순조대의 일본관계기사

순조대의 총 101건의 기사 중 내용별로 가장 많은 기사는 역시 易地通信
에 따른 기사들이고, 그 다음에는 임진왜란의 포상관련 기사가 여전히 많
다. 연도별 중요기사를 보면, 일본측의 통신사파견 연기요청에 대해 조선측
에서는 전례가 없음을 이유로 들어 계속 거부의 태도를 취하자, 대마도주는
막부의 뜻을 이행하지 못해 난처하게 되었다. 이때 통신사파견에 대한 양국
의 기본입장이 다른 것을 알고, 이 기회를 이용해서 譯官 崔國楨 등이 대마
도의 왜인과 함께 대마역지통신을 약속하는 양국의 서계를 위조하였고, 그
대가로 동철 2천근을 뇌물로 받은 사건이 발생했다. 이 사건에 대한 기존연
구는 역관들의 단순 사기극이 아니라 대마도주의 입장을 옹호하기 위한 조
선의 대일정책이 빚어낸 사건으로 결론짓고 있지만 이론의 여지가 많다.[38]
그러나 이 사건은 그해 8월에 통신사행절목을 강정할 때 폭로되어 관련자
전원이 모두 처형되었다.[39]

이어서 막부로부터 역지통신이 이루어지지 않으면 대마도주를 새로 뽑겠
다고 통보해 옴에 따라서 결국 조선왕조의 대일정책의 기조인 대마도주의
옹호원칙에 따라. 1811년 윤3월 통신사를 대마도에 파견하여, 그해 7월 역
지통신을 마치고 귀국하게 된다.[40] 그러나 국서교환방식은 통신사가 대마
도에 도착한 후에 국서를 전하면, 江戶에 전달되었다가 회답서를 가져올 때
까지 기다려야 하므로, 국서의 초본을 미리 보내어 통신사 기일에 맞추어

---

38) 長正統,「倭學譯官書翰からみた易地行聘交涉」『史淵』115, 九州大學文學部, 1978과 三
   宅英利, 손숭철역『근세한일관계사연구』413~415쪽 참조.
39) 『純祖實錄』5년 8월 무신.
40) 대마역지통신에 관해서는 孫承喆,『朝鮮時代 韓日關係史硏究』, 앞의 책 참조.

왕복할 수 있게 미리 조치를 취하였다.41)

그 외의 기사들은 대부분 표류, 대마도주 귀국에 따른 도해역관 파송, 도주 아들에 대한 도서지급. 왜관폭행 사건 등 일상적인 사건들에 대한 기사들로 특기할 만한 사건은 없다.

<표 11> 순조대 기사일람

재위년	년도	왜란관계	포상관계	일본정세	일본대비	조선견사	일본견사	왜관사건	무역	외교의례	표류	중국관계	유구관계	기타	계
순조 1	1801		2												2
순조 2	1802													1	1
순조 3	1803		2							1					3
순조 4	1804														0
순조 5	1805						1			3					4
순조 6	1806		2		1		2			1				1	7
순조 7	1807	1	3	1			1			1	1				8
순조 8	1808			2						4					6
순조 9	1809		2	1					2	4					9
순조 10	1810						1		1	6					8
순조 11	1811					4	1			2					9
순조 12	1812		3											2	4
순조 13	1813		1				2							1	3
순조 14	1814		1				1			2					4
순조 15	1815									1					1
순조 16	1816		4									1			5
순조 17	1817		1							1				1	3
순조 18	1818														0
순조 19	1819														0
순조 20	1820											1			1
순조 21	1821											1			1
순조 22	1822			1											1
순조 23	1823			1						2					3

41) 『純祖實錄』 10년 12월 을미.

순조 24	1824							1		1					2
순조 25	1825		1												1
순조 26	1826										1				1
순조 27	1827		1							1				1	3
순조 28	1828			1										1	2
순조 29	1829							2							2
순조 30	1830														0
순조 31	1831									1	2				3
순조 32	1832		2					1			1				4
순조 33	1833														0
순조 34	1834														0
		1	25	7	1	4	9	6	1	31	8			8	101

10) 헌종대의 일본관계기사

헌종대 15년간 중에는 14건의 기사가 수록되어 있는데, 주목할 만한 내용은 1845년 9월 일본과 異樣船에 관한 정보를 교환하고 있는 기사가 있다. 즉 좌의정 金道喜가 일본은 강화한 이래로 邊情, 異樣船, 邪敎에 관한 것을 통보하고 있으니, 예조로 하여금 異樣船이 왕래한 상황을 동래왜관에 서계로 보내고, 東武에 轉報하게 하여 邊方을 警報하는 뜻을 보이라고 아뢰었다.42) 조선왕조의 일본에 대한 交隣의 기본입장을 볼 수 있는 좋은 사료이다.

<표 12> 헌종대 기사일람

재위년	년도	왜란관계	포상관계	일본정세	일본대비	조선견사	일본견사	왜관사건	무역	외교의례	표류	중국관계	유구관계	기타	계
헌종 1	1835														0
헌종 2	1836										1				1
헌종 3	1837											1		1	2
헌종 4	1838														0
헌종 5	1839													1	1

---

42) 『憲宗實錄』 11년 9월 계유.

재위년	년도	왜란관계	포상관계	일본정세	일본대비	조선견사	일본견사	왜관사건	무역	외교의례	표류	중국관계	유구관계	기타	계
헌종 6	1840					1	1						1	1	4
헌종 7	1841								1						1
헌종 8	1842								1						1
헌종 9	1843													.	0
헌종 10	1844														0
헌종 11	1845								1						1
헌종 12	1846													1	1
헌종 13	1847														0
헌종 14	1848	1							1						2
		1				1	1		4			1	1	1	4	14

11) 철종대의 일본관계기사

철종 14년간 일본관계 기사는 단 2건만 기록되어 있다. 하나는 差倭에게 公作米退限을 5년간 다시 연장해 달라는 것이고, 순조의 諡號를 결정함에 있어 과거에 선조의 시호를 결정할 때의 예에 따라 祖로 하자는 의견이 개진되었다.[43]

〈표 13〉 철종대 기사일람

재위년	년도	왜란관계	포상관계	일본정세	일본대비	조선견사	일본견사	왜관사건	무역	외교의례	표류	중국관계	유구관계	기타	계
철종 즉위	1849								1						1
철종1	1850														0
철종2	1851														0
철종3	1852														0
철종4	1853														0
철종5	1854														0
철종6	1855														0
철종7	1856														0
철종8	1857													1	1
철종9	1858														0

---

43) 『哲宗實錄』 8년 8월 정사.

철종10	1859														0
철종11	1860														0
								1						1	2

4. 맺음말

　이상에서 조선후기 광해군대에서 철종대까지 『朝鮮王朝實錄』에 기록된 한일관계기사 총 1,587건에 대한 내용을 분석·정리해 보았다. 이를 항목별로 보면, 외교의례가 233건으로 가장 많고, 다음이 일본정세와 일본대비로 187건, 포상관계 178건, 중국·유구 161건, 무역 142건, 왜관관계 131건, 사신왕래 121건 순으로 되어 있다. 또한 연도별 통계를 보면. 1608년에서 1650년까지의 기사 중 임진왜란과 일본정세 대비기사가 제일 많고, 그 다음이 외교의례와 중국·유구관계 기사 순이다.

　따라서 이 통계를 통해볼 때, 조선후기 한일관계의 가장 큰 현안은 역시 임진왜란 이후 전쟁의 후유증과 뒤처리 문제, 둘째, 일본에 대한 적대감과 경계의식, 셋째, 단절된 통교관계의 회복, 넷째, 왜관의 운영문제였다고 여겨진다. 그리고 한일관계가 단순히 조선과 일본의 일원적인 관계가 아니라 중국과 유구를 포함한 동아시아 국제관계 속에서 전개되고 있다는 점도 간과해서는 안된다는 사실이다.

　이러한 기사의 특성은 조선전기와 비교하면 매우 흥미로운 사실을 시사해 준다. 즉 조선전기(태조-선조) 총 14.000건 중 왜구대책 사료가 6,546건, 사절왕래가 2,369건인 것을 보면,[44] 조선전기의 현안은 어떻게 하면 왜구를 통교자로 전환시킬 수 있는가가 가장 큰 문제였음을 알 수 있다. 실제로 이러한 기사들을 통해, 조선왕조의 대일본정책이 교린체제의 확립으로 정착

---

44) 有井智德, 앞의 논문, 324쪽 표 참조.

되고 있음을 볼 수 있다.

이러한 관점에서 조선후기 기사를 보면, 조선후기의 한일관계의 틀도 역시 조선전기 확립한 교린체제를 통신사와 왜관을 통해 유지해 간다는 원칙을 지켜가고 있었다고 생각된다. 나아가 중국과 유구관계를 통해서 볼 때, 대일정책의 기본틀은 동아시아 국제관계 속에서 교린체제를 유지해 가는 것이었다고 볼 수 있다.

그렇다면 교린정책의 기본입장을 갖고 있는 조선에게 일본은 도대체 어떤 존재인가. 有井智德은 조선전기의 한일관계기사를 분석한 글에서 '일조관계는 결코 평등한 호혜관계는 아니었고, 일본(일본전체를 의미하는 것은 아니지만)은 조선에 대해 침략적이었다는 점과 조선과의 통교무역관계에 있어서 커다란 이익을 받았다는 말하자면 일본은 수익자, 조선은 시혜자였다.'고 양국관계를 결론짓고 있다. 그런데 이러한 점은 조선후기도 예외는 아니었다. 사료의 성격상 일본의 침략성과 경계의식을 드러내는 기사가 365건(포상·대비·정세)으로 제일 많으며, 다음이 왜관 무역관계가 273건이기 때문이다.

물론 『朝鮮王朝實錄』의 한일관계기사가 이러한 특정만을 갖는 것은 아니다. 항목선정이나 내용을 필자가 임의로 분류한 것이기 때문에, 분류자에 따라 얼마든지 다른 특징을 도출해 낼 수 있기 때문이다. 이러한 점에서 본 연구가 갖는 한계를 인정하지만, 반면 다양한 특징을 갖는다는 점에 있어 「조선왕조실록 한일관계기사」가 갖는 연구소재의 다양성과 잠재력을 인정하지 않을 수 없다.

〈부록〉

1. 조선전기

조선전기 기사에 관해서는 有井智德에 의해 이미 태조부터 선조대까지를
분석한 논문이 있다(『李朝實錄』の日本關係史料の硏究』, 1993). 그런데 그는
사료의 내용을 종류별·연도별로 나누어, 그것이 연도에 따라서 어떻게 변
화하고 있는가를 살폈다. 그리고 각 왕대별 일본관계기사의 내용(종류별로
나눈 사료의 수와 그 변화, 왕대별 사료의 특색 등)에 대하여 개관하고, 그
것에 기초해서 조선전기 한일관계사의 성격을 규명하려 했다.

그 결과 건국초부터 태종중기까지를 왜구대책을 중심으로 한 시기, 태종
중기이후 성종초기에 이르는 왜인에 대한 통교무역체제가 완성기, 이후 통
교무역체제의 모순이 자주 나타나지는 1591년까지의 시기, 그리고 양국의
선린체제가 일거에 붕괴되는 1592년 이후의 임진왜란기로 시기를 나누고
있다. 또한 조선전기(1392~1608) 태조대부터 선조대까지 왜구 침구 사료는
312건인데 비해 그에 대한 대책사료는 6,546건으로, 이를 통해 조선이 어떻
게 왜구대책에 노력했던가를 알 수 있다고 했다. 나아가 일본에서 조선에
파견된 사절은 2,369건인데, 조선에서 일본에 파견한 사절은 71건으로, 이
숫자를 통해 양국관계의 성격을 짐작할 수 있다고 했다.

有井智德은 발췌한 사료수는 총 13,997건이다. 물론 이것을 정확한 숫자
라고 할 수는 없다. 왜냐하면 사료발췌와 분류가 주관적일 수밖에 없기 때
문이다. 예를 들면 有井智德는 조선전기 일본에서 조선에 파견된 사절 총수

---

* 부록 편은 손승철 편, 『한일관계사료집성』(경인문화사, 2004)의 발간사 중 조선전
   기와 유구관계사료 해제를 추가하였다.

를 2,369건으로 했지만, 韓文鐘은 거의 두 배가 넘는 4,842건을 제시하고 있다. 따라서 사료의 수는 연구자의 시각에 따라 큰 차이를 보일 수없다. 이점을 충분히 감안해 가면서 관계기사에 접근해 가야 할 것이다.

한편 필자가 태조대부터 선조대까지 발췌한 사료 수는 총 16,698건으로 선조대의 7,501건을 제외한 명종대까지의 기사 수는 총 9,197건으로 현황을 소개하면 다음 표와 같다.

〈태조－명종대 기사일람표〉

왕명	연도	왜구침략	응징대책	포상처벌	조선견사	일본견사	조선피로인	중국피로인	항왜	통교무역체제	유구	기타	계
태조	1392~1398	34	50	36	6	19	7	3	29	3	9	25	221
정종	1399~1400	5	4	1	1	11	1	1	8		1	6	39
태종	1401~1418	43	74	41	18	296	21	17	40	13	9	42	614
세종	1418~1450	24	414	144	200	721	13	58	82	217	48	221	2,142
문종	1450~1452	1	60	10	1	52			4	16	4	34	182
단종	1452~1455		35	5		118			1	6	6	54	225
세조	1455~1468	1	83	19	1	315		3	31	23	70	209	754
예종	1468~1469		1			29			3	4	1	13	51
성종	1469~1494	56	380	39	14	756		1	44	173	86	394	1,943
연산군	1494~1506	12	74	26		138			15	17	130	412
중종	1506~1544	44	898	96		55				222	58	541	1,914
인종	1545		4			1				4		3	12
명종	1546~1567	17	382	29		13				5	241	687
계		237	2,459	446	241	2,524	42	83	242	696	314	1,913	9,197

필자는 조선전기(태조－명종) 전체를 11개 항목(왜구침략, 응징대책, 포상처벌, 조선견사, 일본견사, 조선피로인, 중국피로인, 항왜, 통교무역체제, 유구, 기타)로 분류하였다. 특히 대왜효자·순순·절부를 포상과 처벌로 분류했고, 유구를 포함시켰다.

앞서 필자가 분류한 방식에 의해서 조선전기 한일관계의 특징을 개관해 보면 다음과 같다. 즉 위의 표에서 알 수 있듯이 우선 왜구의 침입에 관해서 보면 태조부터 세종까지는 성행하고 있으나, 문종이후에는 거의 자취를 감추는 것을 볼 수 있다. 이것을 통해 태조이래 조선왕조의 응징과 교린정책이 성공하고 있음을 알 수 있다. 조선은 건국직후부터 왜구의 금압과 피로인의 송환을 위해 중앙의 막부정권 및 지방의 중소영주들과 외교교섭을 전개하면서, 왜구를 평화적인 통교자로 전환시키기 위한 여러 가지 정책을 추진하였다.

조선이 취한 정책으로는 도항지의 제한, 즉 포소와 왜관제도, 도항자를 제한하기 위한 行狀·圖書·書契·文引, 근해에서 어로행위를 하는 왜인을 통제하기 위한 釣魚·收稅規定, 사송왜인을 통제하기 위한 上京路나 接待規定 등이 있었는데, 조선에서는 이러한 여러 가지 규정을 제도화함으로써 일본으로부터의 모든 통교자를 조선을 중심으로 하는 기미질서에 편입시켜갔고, 1443년 癸亥約條를 통하여 여러 제도를 가시적으로 완성하였다고 보아진다.

그러나 성종대에 들어와 1478년 이후 1494년 사이에는 대마도 및 삼포항 거왜인의 어업에 대한 금약이 해이해져 왜구가 매년 발생했고, 그에 대한 응징 및 대책사료도 증가한다. 그 후 중종대에는 양국간에 누적된 문제에 의해 1510년 삼포왜란이 일어났고, 1512년 임신약조에 의해 다시 회복되었다. 그러나 불안정한 양국관계는 다시 1544년 사량진왜변을 유발시켰고, 1547년 정미약조에 의해 다시 수습의 길을 걷게 된다. 하지만 정미약조에 의해 불이익을 받은 대마도는 세견선 증가를 비롯한 종래의 권익을 되찾기 위해 더욱 많은 僞使를 파견하여 제권익의 부활공작을 계속했고, 결국 명종 말년에 이르면 종래의 권익을 거의 보장받게 된다. 최근 위사에 관련된 연구가 새로운 관심사가 되고 있는데, 앞으로 조선전기 僞使問題의 규명은 조선전기 한일관계사의 중요한 연구테마가 될 것이다.

다음 선조시대의 7,501건의 기사는 임진왜란 때문에 사료의 발췌도 기본적으로 한일관계나 일본관련 기사는 물론이고, 임진왜란의 전황을 파악하는데 필요하다고 판단되는 모든 기사를 포함시켰다. 아직 기사내용을 분류 중에 있지만, 임진왜란의 성격을 분명히 드러내기 위해서는 일본의 침략과 그에 대한 대응이라는 관점에서 사료가 발췌되어야 하고, 분류항목이 정해

저야 한다. 따라서 일본군의 침입과 그에 대한 대책, 응전상황, 국왕의 이동
이나 동태, 명군관계, 의병관계, 조선의 피해, 강화교섭(통신사파견이나 전
쟁중의 강화교섭, 임란직후부터의 강화교섭, 탐적사 및 회답사의 파견과정)
등 선조대의 한일관계의 흐름을 파악할 수 있는 기사는 모두 발췌했다.

2. 유구관계

『朝鮮王朝實錄』에는 1392년부터 1840년까지 총 437건의 유구관계 사료
가 수록되어 있다. 또한 사료의 내용을 보아도 조·유관계의 모든 부분을 망
라하고 있어서 조유관계를 파악하는데 가장 중요하고 기초적인 사료라고
할 수 있다. 유구 관계사료의 내용을 종류별과 연대별로 분류해보면 다음
표와 같다.

이 표를 통하여『朝鮮王朝實錄』에 수록된 유구 관계사료의 특징을 정리
하여 보면 다음과 같다.

첫째, 조선과 유구가 국가간의 공식적인 교류는 주로 조선전기에 이루어
지고 있으며, 후기에는 표류민 송환이나 중국 또는 일본에 관련된 사료가
대부분이다. 둘째, 조·유간의 사신왕래는 주로 유구에서 조선에 온 사신이
대부분이고, 조선에서는 단지 2번만 사신이 파견되었다. 셋째, 유구에서 조
선에 온 사신들은 거의 상경하여 조선국왕을 알현했으며, 조선에서는 이들
은 상국의 입장에서 후한 접대를 행했다. 넷째, 조선측의 유구사신에 대한
우대는 위사의 발생을 초래했고, 이들은 경제적인 이익이나 불경청구를 목
적으로 왕래했다. 다섯째, 조선초기 조류관계는 피로인 쇄환을 명분으로 시
작되며, 중·후기에는 양국의 표류민 송환의 명분으로 바뀌어 진다. 여섯째,
양국교류의 경제적인 측면을 보면 유구에게 절대적으로 유리한 무역이며,
조선은 유구를 통하여 동남아산 물자를 수입하고, 유구는 동남아산 물자의

<유구관계 기사일람표>

왕 대기사	유구사신옴	조선사신감	조회	접대	위사관련	피로인	표류민 유구	표류민 조선	무역	유구사정	일본관련	중국관련	불경청구	기타	계
태조 (1392~1398)	4		2			2								1	9
정종 (1398~1400)	1														1
태종 (1400~1418)	2	1				3						1		2	9
세종 (1418~1450)	5	2	6	2	3	2	6	1	2	1	3	1		14	48
문종 (1450~1452)		1												3	4
단종 (1452~1455)	1			2	1		1			1					6
세조 (1455~1468)	15		8	13	8	2	2	2	1	2	7		4	6	70
예종 (1468~1469)														1	1
성종 (1469~1494)	13		1	33				3	5		7	3	5	16	86
연산 (1494~1506)	2			2	1		4		1		1	2	1	3	17
중종 (1506~1544)	3			1	2		18	11	1		2	16		4	58
명종 (1545~1567)								1		1	2	1			5
선조 (1567~1608)								3			18	17		5	43
광해 (1608~1623)								7			3	4		8	22
인조 (1623~1649)								3			1	1		4	9
효종 (1649~1659)											1				1
현종 (1659~1674)								6							6
숙종 (1674~1720)								2			1	3		1	7
영조 (1724~1776)								1							1
정조 (1776~1800)								10				14		3	27
순조 (1800~1834)								6							6
헌종 (1834~1849)														1	1
총 계	46	3	18	51	16	10	59	28	10	5	46	63	10	72	437

중계역할을 행했다. 일곱째, 조선은 사신이나 표류민을 통하여 유구사정에 깊은 관심을 가지고 있었으며, 유구의 정황이나 지도를 정확히 파악하고 있었다. 여덟째, 조선과 유구의 교류가 제일 빈번했던 시기는 15세기 중반부터 1세기간이며, 조선중기인 양란을 전후해서는 일본의 정세를 자세히 알려오고 있으며, 조선후기에는 주로 중국을 통해서 교류가 이루어지고 있다. 아홉째, 조선은 유구이외에도 동남아의 久邊國이나 爪蛙國과도 여러 차례에 걸쳐 교류를 행하고 있다.

제3장
17세기 耶蘇宗門에 대한 조선의 인식과 대응

1. 문제제기

7년간의 임진·정유왜란이 조선사회에 끼친 피해는 새삼 언급할 것도 없이 이후의 對日認識을 부정적으로 각인시킨 처절한 것이었다. 특히 수를 알 수 없을 정도로 많은 조선인들이 왜군에 의해 피랍되어 갔는데,『朝鮮王朝實錄』에는 피랍조선인가운데 1599년부터 1643년까지 총 23회에 걸쳐 7,650여명이 쇄환한 것으로 기록되어 있다.

피랍조선인들의 일본생활은 구체적으로 알 수 없다. 다만 이들 중 상당수가 일본에서 생활하면서 天主敎로 改宗하였다는 사실은 이미 잘 알려져 있다. 따라서 임란 직후부터 조선에 돌아온 쇄환자들 가운데 천주교도들이 포함되어 있을 것으로 추정하는 일은 그리 어렵지 않다. 그래서 일부 학자들은 한국천주교 기원을 임진왜란 시기까지 앞당기는 주장을 하기도 한다.[1] 뿐만 아니라 이 시기의 사료인『朝鮮王朝實錄』·『備邊司謄錄』·『同文彙考』·『邊例集要』·『海行摠載』·『倭人求請謄錄』·『對馬島宗家文書』(국사편찬위원회 소장본) 등에는 耶蘇宗門 즉 천주교에 관해 많은 기사가 나온다. 따라서 이러한 이유로 일부학자들은 그 가능성을 계속 강조하여 왔다.

이 글은 특히 이러한 문제에 초점을 맞추어, 이들 사료의 기사를 면밀히 검토·분석하여, 17세기 조선정부의 耶蘇宗門에 대한 인식과 반응을 살펴보

---

1) 인천가톨릭대학교 아시아복음화연구소, 『임진·정유왜란과 가톨릭교회』(1988. 11. 인천종합문화예술회관 국제회의실) 초록집에 수록된 토론문 참고

고자 한다. 이러한 연구는 한국천주교의 기원을 확인하는 절차가 됨은 물론
이고, 나아가 이 시기가 이미 중국으로부터 西學이 전래되는 시기라는 점을
감안하여 西學史研究에도 일조가 되었으면 한다.

2. 피랍조선인과 日本天主教會

임진·정유왜란 7년간에 걸쳐 일본에 강제로 끌려간 피랍조선인의 총수에
관하여는 현재 정확한 수치를 산출하기 어렵다. 그러나 현재까지의 연구를
종합해 보면, 內藤雋輔는 2~3만 명[2], 山口正之는 5만 명 이상[3], 中村榮孝는
6~7만 명[4], 金義煥[5]·李元淳[6]·李琛衍[7]은 10만 명으로 추산하였다. 즉 일본
학자들은 5~6만 명 내외로, 한국학자들은 대체적으로 10만 명 이상으로 추
정하고 있다.

당시 기록을 보면 1598년 5월, 정유재란 때 무안에서 일가족과 함께 일
본군에게 피랍되어 3년간이나 피로인의 생활을 하고 돌아왔던 姜沆은 피랍
당시의 상황을 다음과 같이 기록하였다.

적이 臣을 士族으로 인정하여 臣 및 형과 아우를 일제히 선수에 결박하여
배를 돌려 무안현의 한바라 모퉁이로 끌고 갔는데, 그곳에는 적선 6~7백척

---

2) 內藤雋輔,「壬辰·丁酉役における被擄朝鮮人の刷還問題について」下,(『朝鮮學報』34, 1965)
   의 132쪽에서는 5~6만으로 주장하였으나, 『文祿慶長役における被擄人の研究』(東京
   大出版會, 1976), 216쪽에서는 2~3만으로 정정하였다.
3) 山口正之, 『朝鮮西教史』 雄山閣, 1967, 20쪽.
4) 中村榮孝, 『日鮮關係史の研究』 下, 吉川弘文館, 1969, 254쪽.
5) 김의환, 『조선통신사의 발자취』, 정음문화사, 1985, 165쪽.
6) 이원순, 「임진·정유재란시의 조선부로 노예문제」 『조선시대사논집』(느티나무, 1992)
   12쪽.
7) 이채연, 『임진왜란 포로실기 연구』, 박이정출판사, 1995, 35쪽.

이 두어리에 있었고, 우리나라 남녀가 왜놈과 더불어 거의 반반씩 되었는데, 이 배 저 배에서 부르짖고 우는소리가 바다와 산을 진동시켰습니다.[8]

그리고 다시 순천으로 끌려갔는데, 그곳에도 戰船이 줄을 지어 정박하고 있었고, 피랍조선인을 태운 배만도 1백여 척이나 되었다고 한다.

이러한 사정은 같은 시기에 일본군이 남원을 공격해오자, 영광군 칠산 앞바다에서 피랍된 鄭希得의 경우도 비슷하다. 정희득 일행은 일본으로 피랍될 때에 진해에 일시 머물렀는데, 피로인을 실은 배가 심히 많았으며, 울부짖는 소리가 여러 배에서 들려와 밤새 잠을 이룰 수가 없었다고 했다. 이어 창원 앞바다로 끌려갔는데, 그곳에도 각지의 피로인들이 집결하여 울부짖는 소리가 마치 지옥에 들어온 것 같이 처참하였다고 적고 있다. 정희득은 피랍인수에 대하여,

> 우리나라 남자로서 전후에 일본으로 잡혀온 자들을 …만일 모조리 찾아 모은다고 하면 무려 3·4만은 되겠고, 노약자와 여자를 합하면 그 수가 곱절이나 될 것입니다.[9]

라고 하였다. 그리고 1617년 제2차 회답겸쇄환사에 의하여 쇄환되어 온 金以生도 九州의 薩摩州에만 3만 7백 인의 피로조선인이 특별한 구역에서 창검의 무술을 익히고 있다고 보고하였다.[10] 薩摩州의 藩主인 島津義弘은 「紅頭倭最惡」으로 불릴 만큼 조선인에게 극악한 왜장으로 임란 당시 1만 명의 군사를 동원하였으며, 베어간 鼻와 首(耳)가 39,607개로 보고될 정도로 조선인에게 가혹하였다.[11] 한 大名에게 피랍된 수가 이 정도이니, 임란에 참전

8) 姜沆, 「賊中封疏」『看羊錄』
9) 鄭希得, 『海上錄』 권1, 自賊中還泊釜山日封疏.
10) 『光海君日記』 권114, 광해군 9년 4월 계축.
11) 최호균, 「코베기로 분석한 임진·정유왜란시 인적 피해의 실태」『상지대학교 병설 전문 대학논문집』 제17집, 1998, 9쪽.

한 大名이 30명이 넘고, 16만의 병력이 동원되었음을 상기할 때,[12] 피랍조
선인의 수를 최소한 10만 명으로 잡는 것도 전혀 무리한 추정이 아니라고
본다.

당시 조선인들은 조선침략을 위해 대군이 동원되어 일손이 부족하게 되
자, 필요한 노동력을 보충하기 위한 耕作奴隷, 권세가 가문에서 잡역을 위
한 家事奴隷, 기술착취를 위한 工匠奴隷, 전쟁터에서 군량의 수송과 축성을
위한 勞動奴隷, 그리고 노예상인을 통해 동남아나 유럽으로 팔기 위한 轉賣
奴隷로 피랍되었으며, 그 외에도 미색을 탐하는 호색적 욕구의 충족 등 매
우 다양한 목적으로 끌려갔다.[13]

『宣祖實錄』에는 왜군이 조선인을 피랍해 가는 모습을 다음과 같이 적고
있다.

> 남녀노소를 막론하고 걸을 수 있는 자들은 다 잡아갔고, 걸을 수 없는 자
> 들은 모두 죽였으며, 조선에서 노략한 자들을 모두 일본으로 보냈다.[14]

는 것이다. 왜군의 피랍대상은 노동력이 있는 건장한 남녀만이 아니라,
어린 아이에 이르기까지 무차별했으며, 때로는 특수한 기능을 가진 사람들
을 목표로 하는 경우도 있었다. 예를 들면 1593년 11월에 豊臣秀吉이 직접
명령을 내려 조선인 細工人과 縫官女를 잡아서 진상토록 했으며,[15] 島津軍
은 정유재란 당시 상당수의 陶工들을 붙잡아 九州지역으로 집단 이주시키
기도 했다.

---

12) 北島万次,「豊臣政權の朝鮮侵略」吉川弘文館, 1995, 35~6쪽.
13) 內藤雋輔, 앞의 논문(하) 133~135쪽.
14) 『선조실록』권93, 선조 30년 10월 경신.
15) 『鍋島家文書』65, 『島津家文書』809. 北道万次, 『朝鮮日 日記·高麗日記』, そしえて,
    1982, 318쪽에서 재인용. 中村 質,「秀吉 政權과 壬辰倭亂의 特質」『아시아문화』, 제
    8집, 한림대학교 아시아문화연구소, 1992, 47쪽에서 재인용.

물론 피랍조선인 가운데는 그들의 학식이나 기능으로 비교적 우대 받은
자도 없지는 않으나 그것은 매우 희귀한 일이었다. 예를 들면 江戶時代 일
본 주자학의 기초를 세우는데 큰 영향을 미쳤다고 평가되는 姜沆이나 鄭希
得이 그 대표적인 사례이고, 승려나 大名의 家臣이 된 사람도 있다.16) 그러
나 1617년 2차 회답겸쇄환사로 다녀온 李景稷의 기록인『扶桑錄』에서「朝
鮮被虜太半爲人奴業」17)라고 적고 있는 바와 같이 피랍된 조선인들은 대부
분 노예가 되어 살아갔다.

피랍조선인들의 일본생활에 관하여는 그다지 연구가 되어있지 않지만,
그들의 천주교 생활에 대하여는 당시 일본에서 활동하였던 신부들의 보고
서를 엮어서 집필한 메다나 신부의『한국천주교 전래의 기원』에 비교적 상
세하다.18)

『한국천주교 전래의 기원』에 의하면, 임진왜란 초기인 1592년부터 1594
년 사이에 이미 수백 명의 피랍조선인들이 교리교육을 받기 시작했다고 기
록하고 있으며, 이들 중 200여 명이 九州의 大村와 有馬에서 세례를 받는다.
이들이 구체적으로 어떠한 경로를 통해서 선교사들과의 접촉이 이루어지는
가는 알 수 없으나, 당시 전쟁에 동원된 영주들 가운데는 천주교 신자가 많
았는데, 적어도 이들의 허락 하에 천주교와의 만남이 이루어진 것으로 생각
된다.

당시 일본의 천주교신자(소위 기리스당이라고 부름)를 37만 명으로 추정
할 때,19) 피랍조선인들의 천주교와의 만남은 그리 어려운 일이 아니었을

---

16) 北島万次,『豊臣秀吉の朝鮮侵略』, 앞의 책, 263쪽.
17) 李景稷,『扶桑錄』8월 22일
18) 이 책은 일본에서 30년 이상 선교활동을 했던, Juan G, Ruiz de Medina 신부의
  『Origennes de la Iglesia Catolica Coreana desde 1566 hasta 1784』(1566년에서 1784
  년까지 한국교회사의 기원)을 박철교수가『한국천주교전래의 기원』이란 제목으로
  1989년에 서강대학교 출판부에서 번역되었다.
19) 五野井隆史,『日本キリスト教史』, 吉川弘文館, 1990, 206쪽.

것이다. 그리고 이때 이미 일본에는 조선인 복사들을 위한 조그만 신학교가 생긴다고 한다. 또한 교리서와 기도문 등이 조선어로 번역되고, 이해 성탄절에는 長崎에서 100여 명의 조선인이 세례를 받았고, 이틀 뒤인 12월 27일에는 스페인 예수회 신부 세스뻬데스와 일본인 레온 한깐이 천주교 신부로서는 최초로 조선에 입국하여 웅천에 머물기도 했다.[20]

피랍조선인에 대한 선교는 날로 확산되어 1594년에는 九州에만도 2천여 명의 조선인 신도를 확보했다고 하며, 1595년에는 九州와 五島지방에서 세례를 받은 조선인수가 3천명을 넘어섰다고 했다.[21]

1597년에는 일본예수회 주교인 뻬드로 마르띤스(Pedro Martins)가 비인간적인 노예사냥과 전매를 금지하도록 조선과 일본에서 활동중인 노예상인 중 천주교도들을 파문했다. 그러나 그것이 그다지 큰 효과가 있었다고는 보아지지 않는다. 1605년 일단의 피랍조선인 신도들이 探賊使로 일본에 파견된 惟政과 함께 귀국할 때, 당시 한 귀족(양반)이 惟政에게 유럽인 신부를 동행하고 싶다고 청했으나 거절당했다고 한다. 귀국후 교리를 전파하겠다고 결심한 이 사람은 대마도에서 루지에리 신부가 만든 한자로 된 교리서를 직접 필사했다고 한다.[22] 그러나 이러한 사실은 조선측의 사료에서는 확인되지 않는다.

한편 五島 열도에서는 피랍조선인 빠블로(Pablo)가 같은 조선인에게 교리를 강론하며, 자신의 집에 기도소를 설치하자, 많은 조선인 및 일본인 신도들이 그곳을 이용했다 한다. 이들 신도들 중에서 일부가 예수회에 입회를 요청했고, 1608년 12월 예수회에서는 일본인들이나 중국인들과 동등한 조건하에서 조선인들의 입회요청을 수락했다.

---

20) 佐島顯子, 「임진·정유왜란과 크리스챤 장병」(앞의 『임진·정유왜란과 가톨릭교회』 국제심포지움에 수록) 참조하면, 이들이 조선인과 접촉할 가능성을 전혀 배제하고 있다.
21) 메디나, 앞의 책, 75쪽, 「많은 천주교도들을 보유하게 된 조선」.
22) 메디나, 앞의 책, 49쪽, 「양국의 조선인 신도들」.

1610년 조선인 신도연합회는 長崎에서 신도들과 동포들로부터 헌금과 성금을 모아 교회를 건설했다. 비록 자금부족으로 조그만 교회건물만 세웠지만, 이 시기에 세웠던 일본 천주교회의 11개 교당중의 하나가 된 것이다. 이 교회를 스페인 성인 순교자의 이름을 따서 산 로렌스(San Lorenzo)성당이라고 불렀다.

그러나 1612년부터 德川幕府에서는 천주교를 박해하기 시작하였고, 1614년에는 德川幕府의 천주교 말살정책이 공식적으로 선포되었다. 천주교 탄압은 99명의 선교사와 350인 이상의 천주교도들의 해외 추방으로부터 시작되었는데, 이 과정에서 추방대상에 일부 피랍조선인도 포함되어 있었다. 그러자 이들은 다시 일본을 떠나 중국의 마카오나 마닐라, 캄보디아 등 당시 동남아지역에서 무역활동을 하며 소위 일본인마을(日本人町)을 형성해 살던 일본인 사회에 들어가 신앙활동을 계속했다.

이즈음 1613년 8월 16일 동경 아사쿠사에서 첫 조선인 순교자인 하찌깐 호아낀이 참수당하게 되고, 1614년 口之津에서 조선인 진구로(仁九郎)·뻬드로(Pedro)·미겔(Miguel)이 능지처참을 당해 순교한다.

그리고 1620년 2월 12일, 長崎에 있는 산 로렌스 조선인 성당이 파괴된다. 長崎의 長谷川催六 영주는 시내 중심가에 있던 여러 곳의 성당과 함께 교외에 있던 산미겔·로즈 산또스·산 로렌스 성당을 차례로 철거했고, 이로써 일본에 있던 11개의 모든 성당이 파괴되었다. 이후에도 천주교를 포기하지 않는 피랍조선인들의 순교가 1643년까지 기록되어 있다.[23]

한편 피랍조선인의 쇄환은 조선과의 교역에 생존을 걸어야 했던 대마도주에 의해 시작되었다. 1599년 6월 대마도에서는 부산첨사 李宗誠 앞으로 四國의 阿波城主가 석방한 鄭希得·柳澳 등 15인을 송환해 오면서, 조선에 대해 화호요청을 하였다.[24] 이듬해인 1600년 2월에도 대마도에서는 새로

---

23) 메디나, 앞의 책, 71쪽, 「일본에서 순교한 그 밖의 조선인들」.
24) 『선조실록』 권 115, 선조 32년 7월 신유.

집권한 德川家康이 임진왜란을 일으킨 豊臣秀吉과는 아무런 관련이 없다고 하면서, 화호요청이 德川家康의 뜻임을 강조하고는 160여명의 피로인을 송환해 왔다. 이후에도 피랍조선인의 송환은 계속되었고, 조선에서도 현실적으로 일본과의 화호가 필요하다는 주장이 점차 강해졌다. 그리하여 1604년 8월에는 惟政과 孫文彧을 探賊使로 일본에 파견하였고, 그들은 일본의 정세를 정탐하고 돌아오면서, 피로인 3천명을 송환하였다.

이어 대마도주가 대마도인의 부산교역을 허가 받은 것에 대한 감사의 답례로 1,390명을 송환해 왔고, 드디어 1607년 제1차 회답겸쇄환사에 의하여 두 나라 사이에 강화가 성립되면서 1,240명이 송환되었다. 그리고 이후에도 피랍조선인의 쇄환은 전쟁이 끝난 지 40여 년이나 지난 1643년 2월까지 계속되었다. 『朝鮮王朝實錄』에는 전쟁 직후인 1599년 6월부터 1643년 2월까지 총 23회에 걸쳐 7,650여 명이 쇄환된 것으로 기록되어 있다. 물론 이 통계는 『朝鮮王朝實錄』에 기록된 것만으로 실제는 이보다 훨씬 많았을 것이다.[25]

따라서 이들 쇄환인들 가운데, 천주교도들이 포함되었을 가능성은 충분하다. 그러나 『朝鮮王朝實錄』의 쇄환기사는 물론 쇄환에 직접 참여했던 1607·1617·1624·1636·1643년 등 3차례의 회답겸쇄환사 및 2차례의 통신사에 이르기까지 그 어느 기록에도 천주교도에 관한 내용은 찾을 수 없다.[26]

3. 1644년 耶蘇宗門捕送 요청

朝鮮 史料에 나타나는 천주교에 관한 최초의 기록은 1638년 3월, 『朝鮮王朝實錄』의 「島原의 난」에 대한 기사이며, 吉利施端이라는 용어로 표기했다.

25) 손승철, 『조선시대 한일관계사연구』 지성의 샘, 1994, 121~124쪽.
26) 米谷均, 「朝鮮通信使と 被虜人刷還活動について」『對馬島宗家文書 第1期 朝鮮通信使記錄 別冊 中』, ゆまに書房, 1988, 참조.

즉 동래부사 鄭良弼의 치계에 의하면,

> 家康이 일본의 관백이었을 때, 吉利施端이라고 하는 南蠻人들이 일본에
> 와 살면서 단지 하느님에게 기도하는 것만 일삼고 人事는 폐하였으며, 사는
> 것을 싫어하고 죽는 것을 기뻐하며 惑世誣民하였는데, 家康이 남김없이 잡
> 아다 죽여버렸습니다. 이때에 이르러 島原지방의 조그만 동네에 두서너 사
> 람이 다시 그 술수를 전파하느라 마을을 출입하면서 촌사람들을 속이고 유
> 혹하더니, 드디어 난을 일으켜 肥後守를 죽였습니다. 이에 江戸의 執政 등이
> 이들을 모두 죽였다고 합니다.[27]

이어 두 번째의 기사는 2년 뒤인 1640년 9월, 부산에 도착한 차왜를 통하
여 江戸의 소식을 전하여 오면서, 장군이 吉伊施端을 엄하게 금한다는 내용
이었다.[28] 이와 같이 조선에 천주교에 관한 소식이 전해진 것은 모두 부산
왜관을 왕래하는 差倭로부터 구두로 풍문을 전해들은 것이었다.

천주교에 관하여 정식의 서계가 일본으로부터 전달된 것은 1643년, 대마
도주가 동래부사 앞으로 邪法을 금하였다는 것과 조선에서도 엄칙해 달라
는 통보였다. 즉

> …여러 해 동안 南蠻國의 상선이 우리나라에 왔습니다. 그러나 그들이 본
> 래 邪法으로 사람을 교화하여 바꾸려하나, 다만 우매한 자만이 그것을 많이
> 믿습니다. 그래서 우리 大君이 그 朋黨을 미워하여 올해부터 금지하여, 約船
> 이외의 다른나라의 상선은 동쪽으로 오지 않도록 명령을 내렸습니다. 귀국
> 역시 엄칙하시지 바랍니다.[29]

이에 대해 동래부사는 곧 답서를 보내어, 조선에서도「邪를 억제하고 正

---

27) 『인조실록』 권36, 16년 3월 병자.
28) 『인조실록』 권41, 18년 9월 정유.
29) 『同文彙考』 附編 권25, 邊禁, 2쪽, 「對馬島主告禁斷南蠻商船仍請釜山貿易書」.

을 받드는 것을 나라를 다스리는 대요로 삼고 있다」(抑邪扶正乃俓邦之大要)
고 했다.

그러던 중 1644년 5월, 동래부사 沈之溟 때에 차왜 源成長이 예조참의 앞
으로 南蠻 邪法宗旨를 잡아서 보내달라는 정식의 요청을 하였다. 즉

> …東武執政으로부터 연락이 있었는데, 南蠻 邪法宗旨派가 대명과 귀국 사
> 이에서 사흘이상 되는 곳에서 올해에 對州사이에 배를 보낸다고 합니다. 만
> 약 그러한즉 그들을 모두 산채로 잡아주기 바랍니다. 귀국 역시 이 명령을
> 모든 항구에 알리어 約條船 이외의 혐의자는 잡아서 倭館 館守에게 보내주
> 시기 바랍니다.[30]

이에 대해 예조에서는 참의의 명의로 답서를 보내어, 근래의 여러 섬을
수색하여 邪宗妖術의 무리를 잡아 보낼 것을 약속하였다. 즉,

> 보내주신 서신에 蠻船을 잡아보내라는 내용은 잘 받아보았습니다만 놀라
> 고 괴이하였습니다. 我國에서 남만은 바닷길로 서로 만리나 밖에 있어 전대
> 로부터 선박왕래가 없었습니다. 우리나라에서는 謹守疆界하여 절대로 他國
> 과 通和를 하지 않았고, 오직 貴州가 있을 뿐입니다. 혹 바람에 표류하여 오
> 는 자는 漢船과 貴地의 배일 뿐이며, 도착한 즉시 쇄환하여 잠시라도 머무
> 는 것을 허락지 않는데, 이것은 귀주도 잘 알고 있습니다. 더구나 우리나라
> 의 禮俗은 원래 엄하여 異術에 현혹되는 것을 용납지 않습니다. 근해의 여
> 러 섬과 빈곳(사람이 살지 않는 곳)이라도 邊臣으로 하여금 매번 수색하도
> 록 하여, 도굴을 막으며 법제 또한 엄합니다. 소위 里菴甫島라는 이름은 지
> 금 처음 듣는 것으로 소재를 알지 못합니다. 邪宗妖術이 무리를 유혹하고
> 백성을 어지럽히는 것을 함께 忿嫉하는 것은 당연한 것으로, 용서할 수 없

---

30) 『同文彙考』附編 권25, 邊禁, 3쪽, 「島主請何捕蠻船書」. 이 사건의 간략한 진행사항이
   『東萊府接倭狀啓謄錄可考事目錄抄』(奎章閣圖書 No.9764), 甲申 5월에 수록되어 있으
   며, 접대 때의 상황에 관해서는 『倭人求請謄錄』一, 乙酉 3월 20일(奎章閣資料叢書
   金湖시리즈 對外關係編, 179쪽)에 상세하다

는 것입니다. 만약 나타난다면, 우리 변방을 侵盜할 우려가 없지 않은 즉, 연해 진포의 병관에게 방비를 엄하게 명하여, 만약 色目을 달리하거나 約條船 이외의 배가 우리 경계의 島港에 들어 온 즉, 즉시 사로잡아 부산 倭館에 호송하여 조금이라도 소홀함이 없도록 하겠습니다…31)

당초 대마도주의 서계에는 里菴甫島라는 지명은 등장하지 않으나, 동래 부사가 館守倭와 말하는 가운데 청취한 것이고, 이 내용을 예조에 장계로 올렸다.32)

그런데 대마도로부터 이러한 요청이 있은 지 얼마 되지 않은 그해 8월에 廣東省 廣州府 南海縣의 배가 長崎로 항해하던 중 전라도 진도군 南桃浦에 표착한 사건이 일어났다. 당시 備邊司에서는,

漢人이 표류하여 우리나라 지경에 이르게 되면 처리가 매우 어렵습니다. 지난번 왜인이 耶蘇宗門의 일로 우리에게 자못 소망한 것이 있었으니, 이 배가 원래 長崎로 갈 것이고 보면, 여기에서 대마도를 거쳐 보내는 것이 순편할 것 같습니다. 그러니 영리한 역관을 별도로 정하여 그들을 풀어서 대마도로 넘겨주고, 또 漢船으로 하여금 돌아갈 길을 얻게 하소서.33)

라고 하여, 52명의 표착중국인들을 배와 함께 대마도로 보냈다. 당시 조선에서 이 배에 耶蘇教徒가 타고 있었다는 확신은 가지고 있던 것은 아니었고, 이 기회를 이용하여 대일회유책으로 삼고자 했던 것이다.34) 이러한 성격은 역관 洪喜男의 발언35)과 이들을 대마도에 인도할 때에 대마도에 보낸

---

31) 위의 책, 2쪽. 「禮曹參議答書」. 같은 내용의 서계가 『對馬島宗家關係文書』-書契目錄 1-(國史編纂委員會刊, 1991)의 No.601·602로 수록되어 있다.
32) 『邊例集要』 권17. 雜條, 甲申(1644) 5월.
33) 『인조실록』 권 45, 22년 8월 계혜. 『비변사등록』 제8책, 인조 22년 8월 22일. 비변사의 이러한 입장에 대해서는, 『倭人求請膽錄』 一, 己丑 7월 초7일(奎章閣資料叢書 金湖시리즈 對外關係編, 244쪽)에 공문을 통해서도 알 수 있다.
34) 申東珪, 「耶蘇宗門禁制를 둘러싼 韓日外交關係」 『江原史學』 제13·14합집, 1998, 226쪽.

서계36)에서 확인할 수 있다. 이에 대해 대마도에서는 동래부사와 예조참의 앞으로 감사의 서계와 함께 이 사실을 막부에 보고하였다고 전해왔다.37)

그런데 『朝鮮王朝實錄』에는 이듬해인 1645년 3월에 이들 표착중국인에 관한 기록이 다시 나오는데, 이들 중 5명이 耶蘇宗門이었음을 알려오고, 이들을 심문한 결과 耶蘇餘黨이 天津에서 배 두척을 만들어 가지고 그 중에 宗旨라는 중이 그 배를 타고서 장차 귀국지방으로 갈 것이라고 하면서, 연해의 各鎭으로 하여금 그들을 잘 살펴서 잡도록 당부하였다.38) 그리고는 다음과 같은 서계를 보내왔다.

저번에 이상한 선박을 잡아 보내주신 일에 대하여는 우리들이 주에 있을 때에 執政 등을 통하여 大君께 보고를 드린 다음, 그 배를 長崎로 보내어 배에 타고 있던 52인을 규찰한 결과, 그 가운데 耶蘇 5인이 섞여서 숨어 있다가 과연 그들의 죄를 승복하였습니다. 귀국의 간절하신 후의의 공효가 가상히 여길만했습니다. 그래서 집정 등이 우리들에게 諭告하여, 감격하고 권장하는 취지를 귀국에 전달해서 선린의 후의를 稱賞하게 하였으므로, 사신을 보내어 자상하게 사례말씀을 드리도록 하였습니다. 南蠻의 邪徒들을 본국에

---

35) 홍희남의 발언, "지금 당선을 압송한다면 모든 것이 편리하고 좋을 것입니다. 그러나 그들(대마도)이 조사한 뒤, 耶蘇의 무리가 아니면 받아들이지 않을 폐가 있을지도 모르니 부산의 왜관으로 回泊시켜 보낸다면 그들 스스로가 처리할 것입니다"(『接待倭人事例』인조 22년 8월 24일조. 『承政院日記』인조 22년 8월 22일조).

36) 『同文彙考』권25, 3쪽. 「禮曹參議以押送異樣船事與島主書」 "…조정에서 좌우에 海防을 엄히 하도록 하였는데…전라좌수사 장계에 진도지방 南桃浦 항구에 황당선 1척이 外洋에서 漂到하여서, 우리 변장이 잡아서 본선에 탄 52명에게 그 거주 및 표박한 연유를 묻은 즉 南海의 사람으로 장사를 위해 배를 타고 長崎를 향하던 중, 바람을 만나 표류하여 왔다합니다. 그 배를 조사한 바, 자칭 한인이라고 하나, 異樣船이 전에 머무른 곳을 알 수 없고, 혹 거짓을 하는 가도 알 수 없어서, 아국에서는 변별할 수가 없습니다. 이에 변신에게 영을 내려서 관수에게 보내고자 하니, 귀국에서 처리하시기 바랍니다."

37) 『同文彙考』권25, 附編, 4쪽 「島主謝禮曹參議書」.

38) 『인조실록』권46, 23년 3월 경인. 『東萊府接倭狀啓謄錄可考事目錄抄』(奎章閣圖書 No.9764), 乙酉 3월.

서는 엄격하게 제제하므로 그들이 직접 본국으로 숨어 들어오지 못하는데,
본국이 귀국과 서로 통한 때문에 妖術者의 배가 귀국의 해변 포구에 이르렀
다가 본국으로 은밀히 들어오곤 하니, 가증스럽고 죽여야 할 무리들입니다.
이 때문에 전하께 아뢰니, 전하께서 연해 鎭浦의 兵官들에게 호령을 내리시
어 심상치 않은 선박들을 사찰해서 約條이외의 표류하는 선박이 있을 경우
에는 속히 그들을 체포하여 釜山館으로 호송하도록 해 주시면 매우 다행이
겠습니다. 본국의 성의를 표한 토산품 품목은 별지에 기재하였으니, 삼가
잘 살펴주시기 바랍니다.[39]

이에 대해, 조선에서는 예조참의의 명의로「蠻船捕送의 일은 양국의 성
신에서 나온 것이며, 삼가 좌우에서 알리어 대군의 명을 받아 … 대군께서
깊이 감사한다 하오니, 大君의 은혜가 한량없습니다. 邪術이 대중을 미혹하
는 것은 마땅히 함께 미워할 일로, …조정에서도 진실로 가슴깊이 새기어
해방을 엄칙하였고, 지금 다시 분명히 하여 예외의 異船이 도항간에 난입하
면, 즉시 연해 邊臣이 사로잡아서 釜館에 압송하기를 어찌 소홀히 하겠습니
까…」[40]라고 하여 耶蘇宗門에 관해서는 양국이 共助함을 확인했고, 그것이
선린의 길임을 분명히 명시하고 있다. 이러한 점에서 조·일 양국은 耶蘇宗
門에 대해 입장을 같이 하고 있었으며, 이는 곧 조선의 대외정책을 반영한
것이라고 생각된다.[41]

즉 조선이 일본과 입장을 같이 하는 데에는 당시의 국제정세와도 밀접한
관련이 있다고 본다. 예를 들면 1636년 병자호란이후, 조선이 군사적인 열세
에 의해 청에 대해 事大는 했지만, 상대적으로 반발이 커갔고, 청을 견제하
고 일본과 우호관계를 유지하려는 조선의 입장에서 耶蘇宗門에 관련된 일본
과의 共助體制는 조선에서도 매우 현실적인 의미를 갖는다고 볼 수 있다. 그

39)『인조실록』46권, 23년 5월 임인.
40)『同文彙考』권25, 附編, 7쪽,「禮曹參議答書」.
41) 申東珪,「耶蘇宗門禁制를 둘러싼 韓日外交關係」『江原史學』제13·14합집, 1998, 246~
    248쪽.

러나 이러한 공조의 입장도 1653년 하멜일행의 표류 때에는 달라진다.

이후에도 耶蘇宗門을 잡아 보내달라는 요청이 여러 차례 있었다. 즉 1645
년 6월, 왜사가 동래부사 李元鎭과 함께 宴禮를 하였는데, 正官 橘成般이 홍
희남을 통해, 搜捕하는 일을 엄격히 해줄 것을 요청했고, 이어서 搜捕하는
일에 혹시라도 우환이 있게 되면, 조선에도 우환이 있게 될 것이니 두 나라
가 화호를 보존해야 한다고 했다.42) 이와 같은 분위기 속에서 1650년 3월
에는 표착한 중국인을 바로 중국으로 송환한 것에 대해 죄를 물어 이만과
노협을 유배시키기까지 했다.43)

4. 1653년 하멜표류와 耶蘇宗門

한편 조선과 일본사이에 야소종문금제와 포송에 관한 공조가 이루어질
즈음, 네덜란드인 朴燕(본명 : 벨테브레)일행(1627년)과 하멜일행(1653년)이
조선에 표착하였다.44) 그렇다면 조선에서는 이들과 耶蘇宗門 관계를 어떻
게 인식하였을까.

朴燕이 조선에 표착한 것은 1627년이다. 물론 그의 표착년도와 표착지에
관해서는 1628년설도 있고, 표착지도 경주·제주·호남 등 이견이 있으나,45)

---

42)『인조실록』권 46, 23년 6월 병진, 을사.
43)『효종실록』권3, 1년 3월 임술.
44) 박연과 하멜표류에 관한 기존연구로는, 李仁榮, 「南蠻人朴燕考」『京城大學史學會報』
    7. 1935. 梁弘植, 「地理上 發見時代의 濟州道」『제주도』제7호, 1963. 中村榮孝, 「蘭
    船의 朝鮮漂着과 日鮮의 交涉」『靑丘學叢』23, 1966(후에『日鮮關係史의 硏究』, 하,
    吉川弘文館). 金良善, 「仁·孝 兩朝 蘭人의 漂到와 韓·中·口 三國의 外交關係 -耶蘇宗門
    問題를 中心으로-」『鄕土서울』30, 1967. 金泰能, 「和蘭船舶의 大靜縣漂着」『제주도』
    제 39호, 1969. 同, 「和蘭國漂人 "벨트브레"의 行蹟」『제주도』제46호, 1970. 申東珪,
    「17세기 네덜란드의 朝鮮貿易企圖에 관한 考察」『史學硏究』재55·56합집, 1998 등
    이 있다.

여기서는 그 문제에 관하여는 논외로 하고, 그들이 동래부사에게 인도되었을 때부터를 耶蘇宗門 문제와 관련하여 다루고자 한다.

박연 일행 3인이 표착한 후, 그들을 심문한 동래부사는 그들이 일본 長崎로 가는 사람으로 알고 倭館으로 보냈지만, 왜관에서는 이들이 日本으로 오는 漂人이 아니며 자기들과는 무관한 사람들이라고 하면서 되돌려 보냈다.46)

아마 이 시기만 하더라도 일본에서 耶蘇宗門 禁制에 관한 어떠한 지시도 없었으므로 신병인수를 거부하였을 것이다. 그 결과 박연일행 3인은 조정에서 지시가 있을 때까지 동래부에 억류되어 있었으며 4·5년이 지나서야 서울로 압송하라는 지시에 의해 상경하게 되었다. 이 기간동안 그들이 어떤 생활을 했는지 알 수 없다.

朴燕 일행은 상경 후, 仁祖를 알현하였을 때, 일본으로 보내줄 것을 탄원했지만, 뜻을 이루지 못하였고, 降倭 및 歸化漢人으로 조직된 소위 漢倭軍에 소속되어 禁旅에 편입되었다. 당시의 상황을 尹行恁의 『碩齋稿』에는 「朴延이란 사람은 阿蘭陀人인데 崇禎元年에 호남에 표착하여 조정은 그를 訓局에 예속시켜 降倭 및 漂漢人의 將으로 하였다」47)고 기록하고 있다. 그후 박연은 1636년 정자호란 때에 출전하여 전공을 세웠다 하나, 동료 2인은 전사한 것으로 되어있다. 그리고 박연은 그 공로로 조선여인을 아내로 맞아 1남 1녀를 얻었다한다.

朴燕이 그후 어떤 생활을 하였는지 알 수 없다. 다만 『碩齋稿』에 "延은 대장 具仁垕의 휘하에 있었다. 그 자손도 역시 訓局에 편입되어 군적에 올랐다"는 기록이 있는 것으로 보아, 그의 자손들과 함께 훈련도감에 편입되어 군인일가를 이루면서 「身逸而食足」48)하게 평생을 살았다. 그의 死年은

---

45) 표착년도와 표착지에 관한 여러 가지 주장에 관하여는 申東珪,「네덜란드인 朝鮮漂着에 관한 재고찰-표착선·표착지·표착년을 중심으로-」,『史學硏究』재57·58합집 참조.

46) 『接倭使目錄抄』 현종 8년 正月始 10일.

47) 尹行恁, 『碩齋稿』 권9 「海東外史」 朴延條.

알 수 없으나, 하멜 일행이 표착하여 상경하였다가 전라도로 갈 때, 석별의
정을 고하던 때가 61세라 하니, 그 후일 것이다.

　박연과 耶蘇宗門과의 관계도 명확치 않다. 박연의 신앙생황을 유추할 수
있는 기록으로는,

　　　朴淵은 南蠻國人인데 崇禎 戊辰年間에 우리나라에 漂到하였다. 위인이 卓
　　犖하고 識慮가 있으며, 그 論說이 보통 사람보다 능했고, 매양 善惡禍福의
　　이치를 말하고 툭하면 하늘이 갚는다고 말하니 그 말이 道 있는 자에 類하
　　더라.[49]

　　　위인이 卓犖하고 번번이 善惡禍福을 말해 이르기를, 하늘이 반드시 갚아
　　줄 것이니, 그 말이 道가 있는 자에 類하더라.[50]

　라는 기록이 있다. 이 기록을 통해 그가 구체적으로 어떤 종교인인가를
가늠하는 일은 쉽지 않다. 이에 대해 박연이 善惡禍福을 분명히 말하고 있
고, 道를 가졌다는 내용을 통해 당시 네덜란드가 신교국가였음을 고려하여
新敎徒(프로테스탄트)임을 주장하는 견해[51]가 있으나 확인할 길은 없다. 더
구나 박연이 장사를 목적으로 항해하다 표착하였음을 상기할 때, 그의 종교
적 성분을 가리는 일은 그렇게 큰 의미가 없다.

　그러나 1653년 제주도에 표착한 하멜의 경우는 사뭇 다르게 볼 수 있다.
박연과는 달리 하멜은 조선에서 탈출 후, 자신들의 표착경위와 조선에서
의 체험 및 생활 등을 바타비아 총독에게 보고하였고, 이 보고서를 통하여
그 내용을 알 수 있다. 이 보고서는 국내에는 주로「하멜漂流記」로 알려져

---

48) 成海應,『硏經濟全集』권56, 草榭談獻.
49) 鄭載崙,『閑居漫錄』권2.
50) 尹行恁,『碩齋稿』권9「海東外史」朴延條.
51) 金良善,「仁·孝 兩朝 蘭人의 漂到와 韓·中·日 三國의 外交關係 -耶蘇宗門 問題를 中心
　　으로-」『鄕土서울』30, 1967, 42쪽.

있다.52)

1653년 7월 24일(양력, 8월 16일)53) 새벽, 제주도에 표착한 하멜 일행 36명은 5일후 제주읍으로 압송되어 제주목사 李元鎭에게 심문을 받았다.54) 그들은 阿蘭陁人으로 일본 長崎로 가는 길이라고 하면서, 돌려 보내주기를 간청했지만, 제주목사는 이들에 대하여 조정에 치계하고 지시를 기다렸다. 그후 9월 9일, 조정에서 파견된 문정관과 통역관으로 朴燕이 도착하였고, 박연과의 대화를 통해 그들이 阿蘭陁人이고 일본으로 가는 도중 폭풍에 의해 표착하였음이 확인되었다.

하멜 일행은 박연에게 일본으로 보내줄 것을 요청했지만, 박연은 조선의 국속상 입국한 외국인은 모두 억류하여 둔다고 하면서, 자신의 입장을 설명하였다. 그 이듬해 5월 드디어 서울로 상경하여 박연과 마찬가지로 화포를 잘 다룬다는 이유로 禁旅에 편입시켜 조선에 살도록 했다. 당시 상황을 제주 목사 이원진은 다음과 같이 치계하였다. 즉

배 한척이 고을 남쪽에서 깨져 해안에 닿았기에 大靜縣監 權克中과 判官 盧錠을 시켜 군사를 거느리고 가서 보게 하였더니, 어느 나라 사람인지 모르겠으나 배가 바다 가운데에서 뒤집혀 살아남은 자는 38인이며 말이 통하지 않고 문자도 다릅니다. 배 안에는 藥材·鹿皮 따위 물건을 많이 실었는

---

52) 「하멜보고서」는 국내에는 李丙燾, 『하멜漂流記』 -附朝鮮國記-, 일조각, 1954. 金泰振, 『하멜일지 그리고 조선국에 관한 기술』, 전남대출판부, 1966 등으로 번역·출간되어 있다.

53) 하멜표류기에는 양력으로 쓰여졌으나, 본 논문에서는 음력을 기준으로 하고 있기 때문에, 하멜에 관한 날짜는 음력으로 환산하였다.(韓甫植 編著, 『韓國年歷大典』嶺南大學校出版社』1987)

54) 하멜일행의 표착지점에 관해 최근 새로운 주장이 제기되었다. 종래의 학설에 의하면, 현재 하멜 기념비가 세워져 있는 安德面 沙溪里 山房山 밑의 용머리해 안이라고 주장되기도 하고, 模瑟浦, 江汀, 中文 등의 해안지역이 주장되기도 했으나, 申東珪는 앞의 논문에서 당시 화란의 거리환산을 계산하여 翰京面 高山里 水月峰 밑의 해변으로 고증하였다.

데 木香 94包, 龍腦 4缸, 鹿皮 2만 7천이었습니다. 파란 눈에 코가 높고 노란 머리에 수염이 짧았는데, 혹 구레나룻은 깎고 콧수염을 남긴 자도 있었습니다. 그 옷은 길어서 넓적다리까지 내려오고 옷자락이 넷으로 갈라졌으며 옷 깃 옆과 소매 밑에 다 이어 묶는 끈이 있었으며 바지는 주름이 잡혀 치마 같았습니다.

倭語를 아는 자를 시켜 묻기를 '너희는 서양의 吉利是段인가?'하니, 다들 '耶耶'라고 하였고, 우리 나라를 가리켜 물으니 高麗라하고, 本島를 가리켜 물으니 五叱島라고 하였고, 中原을 가리켜 물으니 혹 大明이라고도 하고 大邦이라고도 하였으며, 西北을 가리켜 물으니 韃靼이라 하고, 正東을 가리켜 물으니 日本이라고도 하고 郎可朔其라고도 하였는데, 이어서 가려는 곳을 물으니 郎可朔其라 하였다고 합니다.

이에 조정에서 서울로 올려보내라고 명하였습니다. 전에 온 南蠻人 朴燕이라는 자가 보고 '과연 蠻人이다.'하였으므로 드디어 禁旅에 편입하였는데, 대개 그 사람들은 火砲를 잘 다루기 때문이었습니다. 그들 중에는 코로 통소를 부는 자도 있었고 발을 흔들며 춤추는 자도 있었다.[55]

이 치계내용으로 볼 때, 조선에서는 이들이 吉利是段인 것을 확인하고도 그대로 조선에 억류하고 있었다는 것을 알 수 있다. 더구나 2년후인 1655년 3월에 청국사신이 입경하자, 그들을 청 사신의 눈에 띠지 않도록 감금하였는데, 이들 중 2인이 나무하러 간다고 속이고, 청 사신을 만나 고국으로 돌려보내 주기를 간청하다가, 이 사건으로 말미암아 2인이 죽임을 당하였다.[56] 그해 6월 청 사신이 다시 오자 이들을 모두 죽이자는 논의도 있었으나,[57] 그들 중 불평분자 3인을 전라도 우수영으로 유배를 보냈고, 이듬해 1656년 3월, 전년에 유배된 3인과 함께 하멜 일행 33인을 전부 전라도 鵲川 兵營에 감금하였다. 이로부터 10년간의 긴 유배생활이 시작되었고, 그 기간 중 11인이 사망하였다. 1663년 2월에는 다시 생존자 22인을 여수좌수영에

---

55) 『효종실록』권 11 4년 8월 무진.
56) 『효종실록』권 14 6년 4월 기묘.
57) 金良善, 앞의 논문, 48쪽.

12인, 순천에 5인, 남원에 5인씩 분치하였다.

이들은 기회가 있을 때마다 조선으로부터의 탈출을 계획하였고, 드디어 1666년 8월 6일(양력 9월 4일), 8인이 야음을 틈타 배를 타고 도망하여 일본 五島列島에 도착하였다. 그후 長崎의 商館에 인도되어, 바타비아를 거쳐 고국으로 향해, 그 이듬해 7월 암스테르담에 도착했다. 이로써 13년간의 조선에서의 억류생활이 끝을 맺는다. 하멜일행 8인이 도망을 할 당시, 조선에 남아 있던 사람은 8인이었는데, 1663년 전라도 3곳으로 분치한 후, 3년 사이에 다시 6명이 죽었기 때문이다.

하멜일행 8인으로부터 그들의 표착과 억류생활에 대하여 심문한 막부에서는 조선에 대해 나머지 8인이 耶蘇邪徒로 의심된다고 하면서, 종래의 약속대로 이들을 일본에 인도하여 주기를 요청하였다. 그 요청문은 다음과 같다.

> …최근 유민 8인이 우리나라 長崎에 표도하였는데, 자칭 阿蘭陀國 商珉이라고 합니다. 그 정상을 물으니, 우리나라에서 장사를 하려고 넓은 바다를 건널 때, 졸지에 회오리바람을 만나 귀국의 전라도에 이른 것이 13년 전 가을이었는데, 몰래 작은 배를 훔쳐 타고 도망하여 이곳에 이르렀습니다. 그리고 나머지 8인은 생사를 알지 못합니다. 생각건대 全羅剌史가 당연히 화를 낼 것이나, 지난번에 蠻舶이 耶蘇邪徒를 싣고 와서 우리 백성을 미혹하게 하여, 우리나라에서는 耶蘇를 멸하고 엄금하였습니다. 지금 그 사람들이 다시 거짓으로 서로 섞일까 두려운데, 귀국에 억류되어 있다고 합니다. 생각컨대, 그 진실과 거짓을 반드시 변별하여, 만약 邪術로 사람들을 현혹하는 무리가 있으면 나라에 법이 어찌 받아들일 수 있겠습니까. 그러나 지금 혐의가 있어 큰명을 삼가 받들어 사신을 보내어 자문하오니, 그들의 사정을 깊이 살피시어 鄰好의 뜻을 밝혀 주시기를 바랍니다.58)

이러한 요청에 대해 조선에서는 그들이 표착하였을 당시, 말과 문자가 통하지 않아 어느 나라 사람인줄도 몰랐으며, 또 1644년 진도에 표착한 耶

---

58) 『同文彙考』 附編 권 35, 漂風 11쪽.

蘇黨類들하고는 달라 포송하지 않았고, 그들이 耶蘇黨類라면 어찌 일본으로 갔겠는가라고 오히려 일본에 대해 되묻고 있다. 즉,

> …蠻舶이 일찍이 계사(1653)년에 전라도 부근에 표도하였는데, 한 배의 사람은 거의 죽고 단지 36인이 살아남았다. 모양이 이상하고 언어가 통하지 않았고, 또 문자가 통하지 않아 어느 나라 사람인지 알 수가 없었다. 갑신 (1644)에 진도에 표도한 자들을 귀국에 보낸 사람들과는 서로 類가 달랐다. 이 땅에 14년간 머물렀는데, 오직 魚採로 업을 삼았고, 다른 기술은 없었다. 만약 저들이 조금이라도 사람들을 현혹시킨 일이 있었다면, 우리나라에서 어찌 域內에 머물도록 했겠으며, 하물며 貴州에서 종전에 耶蘇黨類를 執送해 달라는 청도 있었는데, 어찌 인호의 뜻을 조금이라도 소홀이 할 수 있겠는 가. 또 그들이 만약 그러한 종류라면 귀국으로 피하기를 두려워할 것인데, 어찌 배를 훔쳐서 스스로 死地로 들어갔겠는가.[59]

라고 하였는데, 이는 이미 조선에서 하멜 일행이 도망친 이후, 일본측의 항의가 있을 것을 예상하고 준비된 답변이었다. 그간의 사정에 관하여 실록에 자세히 기록하고 있다. 즉,

> 이른바 아란타 사람이란 몇 년 전에 표류해 온 南蠻人을 말하는 듯한데, 이들의 복색이 왜인과 같지 않고 말도 통하지 않았으므로 어느 나라 사람인지 알 수가 없었으니 무슨 근거로 일본으로 들여보내겠습니까. 당초에 파손된 배와 물건을 표류해 온 사람들로 하여금 각자 알아서 처리하도록 하였으므로 우리에게는 잘못이 없으니 숨길 만한 일도 없습니다. 차왜가 오면 그대로 답하면 그만입니다. 역관을 시켜 그들의 복장과 말이 왜인과 같았는지의 여부를 물어보고 그들의 답을 들은 다음에 만인이 표류해 온 실상을 갖추어 말해야 되겠습니다. 이렇게 공문을 보내는 것이 편리하겠습니다.[60]

---

59) 『同文彙考』附編 권 35, 漂風 12쪽. 같은 내용의 서계가 『對馬島宗家關係文書』 書契 目錄集 1, No.1212에 수록되어 있다.

60) 『현종개수실록』 권16, 7년 10월 경오.

이에 대해 일본측에서는 더 이상 추궁하지는 않고, 다만 나머지 잔류인을 인도하여 주기를 요청하였는데,

> 우리 大君께서 들으시고 執政을 통하여 이르시기를 '우리 五島에 표류한 자들은 阿蘭陀國 蠻種이다. 듣건대 귀국에서 구류하고 있는 자들은 같은 종류이며, 그들 蠻人은 오래 전부터 본국에 來貢하여 온 자들이다. 그러니 지금 생존자 8인을 赦州에 호송하여 주기를 바란다'고 하시어, 이에 正官 平成陸과 都船主 源調忠을 보내어 간구합니다.[61]

라고 하여, 조선에서는 나머지 생존자 7인을 대마도에서 온 차왜편에 호송하여 가도록 했다. 그 기록은 다음과 같다.

> 아란타인의 일은 이미 지난번 서계에 다 말하였는데, 그들이 표도해 왔을 때는 어느 나라 사람인줄 몰랐고, 돌아갈 길도 아득하여, 그들을 불쌍히 여겨 南邊에 두어 편안하게 생업에 종사케 하였으나, 하루아침에 도망가 귀국 지방으로 흘러 들어가 만족한다 하니, 우리 백성과 함께 鄰好의 도리상 마땅히 다시 나머지 사람을 찾아서 돌려보내지 않겠는가.… 그들이 살아서 故土로 돌아간다면 이 역시 좋은 일이 아니겠는가. 그들 중 1인은 작년에 죽고 생존자는 7인인데, 지금 온 사신 편에 보낸다.[62]

이상의 사건전말에 관하여는 실록에는 다음과 같이 기록하고 있다.

> 동래부사 安䋖이 치계하여 아뢰기를, "差倭 橘成陳 등이 역관들에게 말하기를 '10여 년 전에 阿蘭陀 郡民이 물화를 싣고 표류하여 탐라에 닿았는데, 탐라인이 그 물건을 전부 빼앗고 그 사람들을 전라도 내에 흩어 놓았다. 그 가운데 8명이 금년 여름에 배를 타고 몰래 도망와서 江戶에 정박했다. 그래서 江戶에서 그 사건의 본말을 자세히 알고자 하여 書契를 예조에 보내려

---

61) 『同文彙考』 附編 권 35, 漂風 14쪽.
62) 『同文彙考』 附編 권 35, 漂風 15쪽.

한다. 아란타는 바로 일본의 屬郡으로 貢物을 가지고 오던 길이었다. 그런데
조선에서 물화를 빼앗고 그 사람들을 억류해 두었으니 이게 과연 성실하고
미더운 도리인가.' 하고, 또 말하기를 '차왜가 나왔을 때 本府와 接慰官의 문
답이 예조가 답한 서계와 다르지 않아야 될 것이다. 또 島主와 江戶의 집정
자 사이에 크게 틈이 났는데, 만약 서로 어긋나기라도 한다면 도주가 먼저
화를 입을 것이다.63)

라고 하였다. 그리하여 조선에서는 일행 중 최후까지의 생존자 7인을
1668년 4월 왜관에 인도하였고,64) 이어 長崎를 거쳐 본국으로 돌아갔다.

그러면 하멜일행의 종교문제에 관한 기록을 검토해보자. 먼저 앞에서 인
용하였지만, 제주목사 이원진의 치계에서 보았듯이, "왜어를 아는 자를 시
켜 묻기를, '너희는 서양의 吉利是段인가?'하니, 다들 '耶耶'라고 대답하였
고, 『研經齊全集』에 「시험삼아 倭語로써 서양 吉利是段을 불러 보였더니,
무리가 모두 기뻐하면서 대답하기를 耶耶라 하니 耶耶는 옳다는 말이다」라
는 기록이 있는 것으로 보아, 이들이 耶蘇教徒임을 확인할 수 있다. 더구나
귀국후 발간된『하멜漂流記』를 보면, 그들은 표착에서부터 일본으로 도망
갈 때까지 13년간 어려운 일이나 기쁜 일이 있을 때마다 시종 그들이 믿는
神에게 호소와 감사를 올리고 있다. 예를 들면 제주도에 표착후, 제주목사
의 우호적인 환대에 대하여,

> 그는 또한 우리의 질병에 대하여 염려와 주의를 해주니, 우리는 耶蘇教
> 信者 가운데 받는 대우보다, 偶像崇拜者에게 더 나은 대우를 받았다고 할 수
> 있다.65)

고 했고, 표류기의 끝부분에서도,

---

63) 『현종개수실록』 권16, 7년 10월 庚午.
64) 『邊例集要』 권17, 雜條, 戊申 4월.
65) 이병도, 앞의 책, 31쪽.

> 우리는 神에게 13년 28일 동안의 포로생활에서 우리를 구출하여 주신데
> 대하여 감사를 올리고, 동시에 뒤에 떨어져 있는 우리의 불쌍한 동무들에게
> 자비를 베풀어 주시기를 간절히 빌었다.66)

라고 하였음 볼 때, 이들을 耶蘇教徒로 단정하는 것은 당연하다.67)

결국 이들은 표착 당시부터 조선에서 탈출하여 고국으로 돌아갈 때까지
분명 吉利是段이었음에 틀림없다. 그리고 그들 나름대로 13년간의 억류생
활 속에서도 신앙생활을 계속했을 것이다. 1653년에 표착하여 3년간의 서
울생활은 훈련도감에 소속되어 군사업무에 종사하였기 때문에 대인접촉이
그리 활발하지는 못했겠지만, 1656년 이후 10년간의 전라도지역에서의 억
류생활은 비교적 상당히 자유로와 휴가를 받아 어느 때는 한 달 동안이나
다른 곳에 가는 것을 허락받기도 했다.68) 예를 들면,

> 小船을 타고 해안을 따라 생활자료를 구하여 보기도 하고, 또 어느 때는
> 작은 섬들을 돌아다니며 우리 목적에 적합한 것, 즉 우리의 망명에 적당한
> 것이 없을까 보러 다니기도 하였다. 다른 二邑에 있는 동무들은 매양 우리
> 를 찾아와 보며, 우리도 水使의 태도여하에 따라 그들을 자주 回謝訪問하기
> 도 하였다.69)

라고 하고 있다. 그러나 그 어느 기록에도 조선에서의 천주교에 관한 흔
적은 찾을 수가 없다. 한편 표류기의 후반부에 「朝鮮日記」가 있는데, 조선
인의 종교에 관해서도 유교, 불교, 무속 등 비교적 상세히 기록하고 있다.
하지만 이 부분에서도 천주교에 관해서는 그 어떠한 언급도 없다. 또한 조
선에서도 하멜 일행을 일본에 포송하지 않은 이유를 설명하는 서계에 "만

---

66) 이병도, 앞의 책, 64쪽.
67) 金良善, 앞의 논문, 50~51쪽.
68) 이병도, 앞의 책, 52쪽.
69) 이병도, 앞의 책, 55쪽.

약 지들이 조금이라도 사람들을 현혹시킨 일이 있었다면, 우리나라에서 어
찌 域內에 머물도록 했으며…"라는 내용을 통해서도 이들과 조선인 사이에
그 어떤 종교적인 접촉도 없었음을 알 수 있다.

5. 1686년 島主請捕送異樣船隻書와 호칭문제

하멜 일행이 일본으로 돌아간 이후에도 1670년 5월, 중국인 65명이 제주
도에 표류해 온 일이 있었는데, 제주목사는 이들이 明人임을 확인하고 이들
의 표착사실을 조정에 치계하고는 비밀리에 長崎로 돌려보냈다. 그후 1686
년, 다시 대마도주가 예조참의 앞으로 耶蘇邪徒의 포송을 청해왔는데 그 내
용은 다음과 같다.

　　云云…本邦은 자고로 耶蘇邪徒가 백성을 미혹하게 하는 것을 절대 금하여
　그 잔당이 모두 진멸하였다는 것을 지난해에 여러 차례 보고하여 귀국도 잘
　아는 바입니다. 귀국에는 耶蘇邪徒가 전무하다는 것을 일찍이 들었습니다.
　비록 그렇지만 양국이 일심하여 除害法邪하자는 것은 고금의 약속이며 신의
　이며, 하물며 인호가 두터울진데는…또 연해 근포의 각관에 교유하여 당에
　대한 검찰을 더욱 강화하고, 만약 규외의 異船이 표착한 즉 속히 사로잡아
　왜관으로 보내는 것이 선린의 지성을 더욱 밝히면 크게 다행스러운 일입니
　다. 지금 다시 이렇게 청하는 것은 올해 東都에서 거듭 엄명이 있었기 때문
　입니다.[70]

즉 대마도에서도 조선에 耶蘇邪徒가 없다는 사실을 잘 알고 있지만, 막부
로부터 엄명이 있어 다시 요청한다는 내용이다. 이에 대해 예조참의는 다음
과 같은 답서를 보냈다. 즉,

---

70) 『동문휘고』 附編, 권25, 邊禁 16쪽.

云云…소위 耶蘇邪術이 대중을 미혹하고 백성을 어지럽히는 것은 이는 진실로 인정으로 함께 忿嫉하는 것이며, 王法으로도 허용될 수 없는 것이다. 조정에서도 이미 해방을 엄히 하도록 하여, 만약 規外의 異船이 섬이나 항구에 곧바로 들어오면, 곧 잡아서 釜館에 호송하는 일이 추호도 소홀함이 없을 것이다. 하물며 우리나라의 법제가 한선이나 귀지선의 표도 이외는 지극히 엄해 이러한 邪種의 왕래, 교통은 절대 없을 것이다. 지나간 형세를 잘 헤아려서…전후 포송의 청을 시행할 것입니다.71)

라고 하여, 조선에서도 耶蘇邪術로 대중을 미혹하는 일은 王法으로 허용될 수 없으며, 차후에도 海防을 엄격히 하여 邪種의 왕래나 交通은 절대 없을 것이며, 規外의 異船이 나타나면 곧바로 포송할 것을 약속하였다.

이러한 내용은 같은 시기, 『邊例集要』에도 언급되어 있는데,

耶蘇宗文의 設은 갑신(1644년) 여름에 시작되었는데, 耶蘇宗文은 南蠻의 불도를 숭상하는 것과는 다른 部落이다. 많은 수가 일본으로 도래하여 이단을 행하여서, 모두 討滅하였으나, 나머지 무리가 각처로 흩어져, 도주가 야소를 사찰하여 關白에게 알린다고 하면서, 搜捕捉送하는 일을 청하는 일을 裁判이 서계를 가지고 왔다.72)

고 하면서 야소종문을 금제하여 관백에게 보고하는 것이 대마도주의 임무임을 강조하였다. 이와 같이 일본에서 야소종문을 금제와 포송을 요청하는 경우도 조선에 야소종문이 있다는 전제가 아니라, 規外의 異船에 의해 야소종문이 조선에 오는 경우를 상정했던 것이다.

한편 이 시기의 사료에 등장하는 천주교도를 칭하는 여러 종류의 명칭에 관하여 살펴보자.

---

71) 『동문휘고』附編 권 35, 邊禁 17쪽. 같은 내용의 서계가 『對馬島宗家關係文書』書契 目錄集 1, No.1893에 수록되어 있다.
72) 『邊例集要』권17 雜條 丁卯 3월.

사료에 나타나는 천주교도의 명칭

번호	서력	조선	일본	명칭	출처	비고
1	1638	인조16	寬永15	吉利施端	『仁祖實錄』 16년 3월 丙子	
2	1640	18	17	吉伊施端	『仁祖實錄』 18년 9월 丁酉	
3	1643	21	20	邪法	『同文彙考』 附編 권 25, 邊禁	
4	1644	22	1	宗門	『倭人求請謄錄』 一, 乙酉 3.20	
5	1644	22	1	邪宗妖術	『同文彙考』 附編 권 25, 邊禁	
6	1644	22	1	耶蘇宗文	『仁祖實錄』 22년 8월 癸亥	
7	1645	23	2	耶蘇宗門	『仁祖實錄』 23년 3월 庚寅	
8	1645	23	2	耶蘇,南蠻邪徒	『仁祖實錄』 23년 5월 壬寅	
9	1649	27	慶安 2	耶蘇宗門	『備邊司謄錄』 27년 10월 11일	
10	1653	효종 4	承應 2	吉利是段	『孝宗實錄』 4년 8월 戊辰	
11	1666	현종 7	寬文 6	耶蘇黨類	『對馬島宗家關係文書』 No.1212	
12	1686	숙종12	貞享 3	耶蘇邪徒	『同文彙考』 附編 권 25, 邊禁	
13	1686	12	3	耶蘇邪黨	『同文彙考』 附編 권 25, 邊禁	
14	1686	12	3	耶蘇邪術	『同文彙考』 附編 권 25, 邊禁	
15	1687	13	4	耶蘇宗文	『邊例集要』 권17, 丁卯 3월	

이 표에서 보는 바와 같이, 여러 사료에서 천주교를 가리키는 명칭은 매우 다양하다. 우선 기본적으로는 耶蘇라는 용어가 제일 많이 등장한다. 그리고 길리시단이란 용어인데, 한자표기는 조금씩 차이가 나는 것을 보면, 발음 나는대로 옮겨 적었기 때문인 것 같다. 그러나 하나의 공통적인 특징은 천주교를 邪敎의 한 부류로 보고 있다는 점이다. 즉 妖術·邪術·邪法·邪徒·宗門(宗文) 등 그 표현은 다양하지만, 결국 모두 邪敎의 宗派나 敎義를 지칭하고 있다.

6. 맺음말

이상에서 17세기에 발생한 천주교 관계의 여러 사건을 현존하고 있는 사료들을 통하여 통시적으로 고찰하여 보았다. 앞서 언급한 바와 같이 임진·정유왜란에 의해 일본에 피랍된 조선인 가운데 상당수가 천주교도가 되었음은 사실이다. 따라서 피랍인중 쇄환된 7,650여명 가운데 천주교도가 포함되어 있을 가능성은 충분하다. 그러나 그 어느 쇄환기록에서도 천주교와 관련된 기사는 찾아볼 수 없으며, 또 쇄환된 이후에도 국내에서 그 어떤 종교활동을 한 흔적도 발견되지 않는다.

史料에서 천주교와 관련된 기록이 처음 언급되는 것은 1638년 3월 「島原의 난」에 대한 동래부사의 치계부터이다. 그리고 천주교에 관하여 정식의 서계가 일본으로부터 전달되는 것은 1643년 대마도주가 동래부사 앞으로 邪法을 금하였다는 것과 조선에서도 엄칙해 달라는 것이었다. 이에 대해 조선에서도 「邪를 억제하고 正을 받드는 것을 나라의 大要」로 삼는다는 회신을 보냈다. 결국 이러한 내용은 당시 조선에서도 천주교를 邪術로 인식하고 있었다는 것을 의미한다. 그러나 천주교가 조선국내에서 문제가 된 적은 없었다. 이후에도 조선에서는 적어도 천주교 금제에 대하여는 일본과 共助體制를 취하여 일본측의 요구에 적극적으로 호응하고 있지만, 그것은 조선에 천주교도가 있어서가 아니라 어디까지나 일본에 대한 외교적인 회유책의 일환이었을 뿐이다.

이러한 가운데 1653년 하멜 일행의 표착은 천주교에 대한 조선정부의 입장을 확인할 수 있는 대표적인 사건이다. 1626년 朴燕의 표착 당시에는 耶蘇에 대한 관심이 거의 없었던 것 같으나, 1653년 하멜 일행의 표착 당시에는 그들을 처음 대면한 제주목사가 직접 吉利是段임을 확인하였다. 그럼에도 불구하고 조선에서는 이들을 바로 일본으로 보내지 않았고, 13년간 조선국내에서 억류하였으며, 억류기간중 10년간은 전라도에 분치시켰다. 10년간의 전라도 억류생활중 이들은 비교적 자유롭게 생활할 수 있었음에도 당시의 조선기록이나 귀국후 작성된 『하멜漂流記』 중에 조선에서의 종교생활의 제약이나 조선인교도와 만났다는 기록은 전혀 없다. 더구나 조선의 실정과 종교를 자세히 언급한 「朝鮮國記」에서도 조선내의 천주교에 관해서는 아무 기록도 없다.

그 후 1686년 대마도주의 耶蘇邪徒의 포송요청이나 그에 대한 회신에서도 별다른 변화를 발견할 수가 없다. 즉 1638년 이후 일본으로부터의 耶蘇宗門捕送 요청도 조선에 야소종문이 있기 때문이 아니라 規外의 異船이 표착하는 경우였던 것이다. 다만 1686년 서계에는 이전과 다른 표현으로 「朝鮮에는 耶蘇邪徒가 全無하다」는 문구가 분명히 등장하고 있다. 결국 이상의 여러 내용을 통해서 볼 때, 적어도 17세기에는 전기간을 통해 조선에 천주교도가 존재할 가능성은 전혀 없다고 본다.

물론 이 기간동안에도 예수회에서는 조선에 선교사를 파견하려는 시도는 있었지만, 그 이유가 조선에 천주교도가 있었기 때문은 아니었다. 또 1603년부터 북경에 使行했던 李光庭 등 많은 왕래자들에 의해 漢譯西學書와 世界地圖가 들어오고, 이후 많은 사람들에 의해 西學書가 읽혀졌지만[73], 적어도 그것이 종교적으로 문제가 되기 시작하고, 조정에서 천주교에 대한 직접적인 반응이 나타나는 것은 1785년 4월 『正祖實錄』의 기록에서부터다. 실록에는 "서양의 책들이 처음으로 雲臺(觀象監)의 역관의 무리들로부터 흘러들어오기 시작한지 여러 해가 되었는데, 백성들을 속이는 일이 날로 심해지고 그것을 믿는 무리들이 많아졌다"[74]고 기록하고 있는데, 결국 이 시점부터 천주교의 금지가 논의되기 시작한 것으로 봐야 한다.

따라서 임란 때의 피랍조선인 중 쇄환된 사람가운데 천주교도가 있었을 가능성과 또 17세기 사료들 가운데 耶蘇에 관한 기사가 있다는 사실만 가지고 한국천주교의 기원을 임란 때까지 올려 잡는 것은 전혀 事實的이지 못

---

73) 西學과 天主敎의 전래과정에 관한 내용과 문제점에 관하여는 李元淳, 『朝鮮西學史硏究』, 一志社, 1986, 62~69쪽. 趙珖, 『朝鮮後期 天主敎史 硏究』 고려대학교 민족문화연구소, 1988, 11~17쪽. 姜在彦, 『조선의 西學史』, 民音社, 1990, 제2장 참조.
74) 『정조실록』 권19, 9년 4월 무자.

하다. 왜냐하면 현재까지 알려진 17세기의 그 어느 사료에서도 조선에 천주
교도가 있었다는 사실이 확인되지 않기 때문이다.

제4장
조선후기 강원도의 표류민 발생과 송환
- 1819년 안의기 일행 표류를 중심으로

1. 머리말

바다를 항해 중에 일기불순이나 해류에 휘말려 표류하다가 목적지가 아닌 다른 곳에 도착하는 것을 표착, 그리고 이러한 사건을 당한 사람을 표류민이라고 한다. 기존 연구에 의하면 조선후기(1599~1888)에 조선인이 일본에 표착한 사건은 모두 1,112건 10,769명에 이른다. 반면 일본인이 조선에 표착한 것은 132건 1,110명으로 일본에 비해 조선이 10배나 많았다.[1] 그리고 조선인표류 가운데, 강원도에서 일본지역에 표류한 것은 64건으로 전체의 5%에 불과했다.

이들 표류민에 대한 연구는 경상도나 전라도 지역은 부분적으로 진행되고 있지만,[2] 강원도 표류민에 대한 연구는 전무하다. 표류민의 대부분이 어민들이었고, 또 상인도 있었다는 점을 통해 볼 때, 강원도 표류민들에 대한 연구는 동해안 주민의 생활사는 물론 상업사 연구에 절대적으로 필요하다. 특히 동해안 주민들의 주요 이동 경로가 동해바다를 이용했음을 감안할 때, 이들에 대한 연구는 매우 중요하다. 이 점에서 표류민에 대한 연구는 지역

---

1) 조선시대 한일 간에 발생한 표류민에 관한 대표적인 연구는, 한일관계사학회 편, 『조선시대 한일표류민연구』(국학자료원, 2001); 이훈, 『조선후기 표류민과 한일관계』(국학자료원, 2000); 池內敏, 『近世日本と朝鮮漂流民』(臨川書店刊, 1998); 정성일, 『전라도와 일본』(경인문화사, 2013) 등이 있다.

2) 이훈, 앞의 책과 정성일, 『전라도와 일본』(경인문화사, 2013).

사 연구를 위해서도 매우 절실한 형편이다.

이 글에서는 조선후기 강원도 표류민 가운데, 특히 1819년 1월, 일본 돗토리현에 표류한 강원도 평해(현 경상북도 울진군 평해)출신 12명을 대상으로, 표류경로와 표착, 그리고 송환에 이르기까지의 전 과정을 종합적으로 다루고자 한다. 이들의 표류와 표착, 송환에 대해서는 이미 일부 언론과 논문에서 부분적으로 소개된 적은 있지만,3) 표류와 송환의 전 과정이나 강원도 연해민의 생활이 다루어진 적은 없다. 그런 의미에서 이 글이 강원도 연해민의 생활사와 한일관계사 연구에 일조가 되기를 기대한다.

2. 강원도의 표류현황

조선후기 조선인이 일본에 표착한 사건을 조선과 일본의 전 지역을 대상으로 출항지와 표착지를 도표화하면 다음과 같다.

---

3) 『매일경제』 1995년 6월 21일, 『울진닷컴』 2003년 8월 22일 <200년 전 한일우정 우호공원으로 되 살아나>.『강원도민일보』 2007년 9월 13일 <「아! 대동해」 일본, 독도·동해표기 삭제 200년간 교류 훼손>
   앞의 이훈, 정성일, 池內敏의 저서, 하우봉, 「일본에 표착한 조선인의 일본인식」 『조선시대 한일표류민연구』(국학자료원, 2001) 134쪽. 鳥取縣, ≪江戸時代の鳥取と朝鮮≫, 2010 등이 있다.
   필자는 2012년 1월 27일, '바람의 언덕'과 '돗토리현립박물관'과 "돗토리현립도서관·을 방문하여 관련 자료를 입수하고 관계자(大嶋陽一 학예사)로부터 설명을 들었다. 이하 안의기 일행의 표착과 송환과정에 대하여는 당시 입수한 자료(『鳥取に流れ着いた朝鮮人-文政二年伯耆國赤崎沖漂流一件史料集』(1998,鳥取縣立博物館), 『江戸時代の鳥取と朝鮮』(2010,鳥取縣), 『伯耆國赤崎沖朝鮮人漂流一件』(池內敏·坂本敬司, 2003)을 참고하여 작성하였음을 밝혀둔다. (손승철 엮음, 『중·근세 동아시아지역의 해륙경계분쟁』(2013, 경인문화사)의 답사기 참조)

<표 1> 조선인의 출항지와 표착지

출항지 / 표착지	평안도	경기도	충청도	전라도	제주도	경상도	강원도	함경도	불명	계
쓰시마[對馬島]	2	2	6	80	26	249	7	3	28	403
고토[五島]			2	84	60	6			2	154
이키[壹岐]				12	1	7			1	21
히젠[肥前]				30	17	6			2	55
히고[肥後]				1						1
치쿠젠[筑前]				10		43	1	2	2	58
오쓰미[大隅]				3	2					5
사쓰마[薩摩]	1	1		14	15	1			1	33
류큐[琉球]				2						2
나가토[長門]	1	3		25	1	115	27	4	30	206
이와미[石見]			1	10		49	18	7	4	89
오키[隱岐]				2		9	4			15
이즈모[出雲]				5		22	2	3		32
호우키[伯耆]						1	1			2
이나바[因幡]						1				1
타지마[但馬]					1	2		1		4
탄고[丹後]				1			2	2	2	7
쓰루가[駿河]			1							1
에조치[蝦夷地]						1				1
나가사키현[長崎縣]				2	5					7
시마네현[島根縣]					1	1	2			4
불명									11	11
계	4	6	10	281	129	513	64	22	83	1,112

※ 출처 : 이훈, 『조선후기 표류민과 한일관계』 65쪽

이 표를 통해서 보면, 조선의 출항지는 경상도가 513건으로 전체 표류의 46%를 차지하고 있다. 그 다음은 전라도, 제주도 순이었고, 강원도는 64건으로 전체의 5% 수준이다. 물론 이 숫자는 기록에 나와 있는 것만으로 실

제는 이보다 훨씬 많았을 것이다.

이 가운데, 강원도 표류민이 일본에 표착한 지점을 보면, 나가토(長門)가 27건으로 가장 많았다. 그 다음으로는 이와미(石見)가 18건, 쓰시마(對馬)가 7건, 오키(隱岐) 4건, 이즈모(出雲) 2건, 탄고(丹後) 2건, 호우키(伯耆) 1건, 치쿠젠(筑前) 1건이었다. 결국 동중국해에서 대한해협으로 북상하는 구로시오(黑潮)난류와 캄차카반도를 거쳐 동해안지역으로 남하하는 오츠크한류와 대륙쪽에서 동쪽으로 불어오는 편서풍에 의해서, 현재의 야마구치, 시마네, 돗토리현의 해안에 주로 표착하였다.

조선후기 조선에서 출항한 지점과 일본에 표류한 지역을 지도로 표시하면 다음과 같다. 또한 동해상의 해류와 편서풍에 관해서는 1932년에 작성(宇田道隆 作)된 도면이 참고가 된다.4)

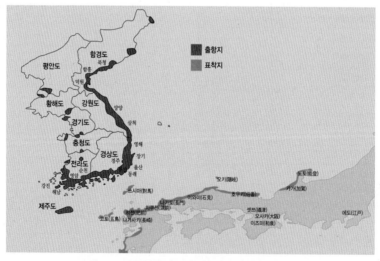

〈그림 1〉 조선표류민의 출항지점과 일본표착지점

---

4) 이훈, 『조선후기 표류민과 한일관계』, 65쪽에서 재인용.

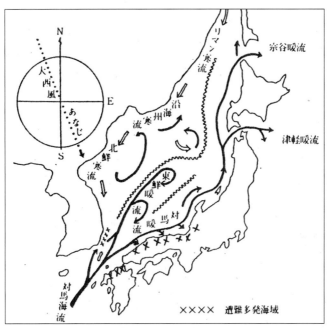

〈그림 2〉 동해상의 해류와 편서풍

조선후기 강원도 지역민의 표류상황을 연대 순으로 출항일, 표착일, 표착 인원, 출항지, 조난지역, 표착지 등으로 도표화하면 다음 표와 같다.5)

---

5) 池內敏(앞의 책, 14쪽)과 이훈(앞의 책, 65쪽)의 통계에 다소 차이가 있으나, 이 글 에서는 이훈의 통계를 따른다. 또한 강원도의 표류발생 건수가 <출항지와 표착지> 에서는 66건, <강원도표류일람>에서는 64건으로 2건의 차이가 있으나, 64건을 그 대로 인용하였다.

〈표 2〉 강원도 표류민 일람

	출선일	표착일	표착인원	출신지 (출항지)	신분 (직업)	목적지	조난해역	표착지	기타
1		1691.11.26	5 (병사 1)	삼척	어민			石見 唐鐘浦	
2	1695.1.18	1695.1.23	7 (동사 1)	울진	어민			出雲 神門郡	
3	1717.11.14	1717.11.14	6	강릉	어민			石見 彼來浜	
4		1722.12.26	10	강릉	어민		경상도 영해	長門 向津具浦	
5	1724.2.7	1724.2.9	9	강릉	어민			石見 津間浦	
6		1724.2.10	6	양양(강릉)	어민			長門 須佐浦	
7		1725.12.9	9	삼척	어민	은진	장기	長門 阿武郡 須佐大浦	
8	1731.12.28	1731.1.19	10	고성 8 경흥 2		울진		長門 見嶋	
9	1739.1.16	1739.1.25	9	평해		낙안		筑前 若松浦	
10		1742.12.28	15	고성				石見 大浦	
11	1744.11. 하순	1744.12.2	6	양양	어민			石見 鹽田浦	
12		1750.1.15	11	삼척	어민			長門 見嶋	
13		1752.10.15	8	평해	어민			長門 見嶋	
14	1763.1.5	1763.1.20	21	고성		영일		石見 津摩浦	목면 구입차
15	1773.12 하순	1774.1.4	7	삼척	어민			出雲 外園浦	
16	1774.10.23	1774.11.5	6	간성	어민			出雲 秋鹿郡	
17	1776.11.12	1774.11.16	6	강릉	어민			石見 溫泉津浦	
18		1777.10.6	13	간성 11 영일 1 덕원 1		영일		隱岐	상매차 경상도
19		1782.12.23	8	삼척	상매			石見	
20		1783.1.24	8 (동사1, 사망1)	평해	어민			長門 大津郡	
21	1783.12.6	1783.12.9	8	평해	어민			長門 立石浦	
22		1784.1.23	9 (아사 1)	통천		평해		隱岐	
23		1784.11.7	15	간성		영일		隱岐	미곡 구입차 경상도
24	1788.10.4	1788.10.8	14	삼척 13 북청 1 (함경도)		영일		石見 淺利浦	미곡 조달차 경상도

25	1788.12.2	1788.12.5	12	울진		울진		長門 須佐浦	
26	1789.12.21	1789.12.24	10	평해				長門 見島郡	
27	1788.12.하순	1792.1.2	8 (동사2)	평해				長門 見島	
28	1795.11.1	1795.11.3	13	삼척 11 평해 2	상매	영해		長門 大津郡 大浦	건어 구입차 경상도
29	1796.1.9	1796.1.12	7(익사 2, 병사 1)	울진 5 강릉 2	상매	경상도		長門 見島	魚상매차 경상도
30		1799.11.5	8	삼척	상매	영덕· 울산		대마도 豊浦	鹽상매차 경상도
31		1799.11.6	6 (병사 1)	울진	상매	영덕		長門 大津郡 黃波戶浦	상매차 전라도 경상도
32	1801.11.하순	1801.12.1	5 (동사 1)	평해	어민			長門 阿武郡 須佐浦	
33		1805.12.2	10 (병사1)	삼척	상매	울산		石見 高津浦	상매차 경상도
34		1814.8.27	7	평해 6 울산 1	상매	울산		대마도 鰐浦	
35		1815.11.21	11	평해	어민			石見 美濃 土田浦	
36		1819.1.12	12	평해	상매			伯耆 八橋浦	건어 판매
37		1820.10.17	11 (병사 1)	삼척	상매	울산		隱岐	鹽구입차 경상도
38		1820.11.3	8	평해	상매	경상도 울산		長門 大津郡 井上浦	鹽구입차 경상도
39		1821.12.16	7(병사 1)	간성				石見大浦	
40		1821.12.27 (28)	11	평해	어민			長門 豊浦郡 角嶋	
41		1821.12.28	11	평해	어민			長門 大津郡 大浦	
42		1822.2.13	14 (병사 1)	평해	상매	울산		石見 飯浦	鹽구입차 경상도
43		1826.3.6	9	울진	상매	울산· 영덕		長門 大津郡 靑海島	鹽구입 및 판매차 경상도

44		1827.9.15	5	평해	상매	울산		長門 菅田磯	鹽구입차 경상도
45		1828.12.21	11	평해	어민			대마도 富浦	
46	1831.9.16	1831.9.22	11	평해 9 동래 2	상매	낙안		대마도 琴浦	건어 구입차 전라도
47		1834.12.7	15	간성	상매	함흥		長門 大津郡 黃浦	건어 구입차 함경도
48		1838.1.14	10	간성	상매			長門 阿武郡 木与浦	어물판매
49	1849.12.10	1849.12.23	10	강릉	상매	함흥		石見 熱田浦	미곡 판매차 함경도
50		1854.12.7	7	울진	상매	전라도		長門 大津郡 大浦	상매차 전라도
51		1854.12.19	16	간성	상매	경상도		長門 大津郡 通浦	상매차 경상도
52		1855.12.1	5	평해	상매	영일		대마도 緖方浦	板木 적재차 경상도
53		1856.11.25	14	울진 10 부산 2 김해 1 홍양 1				石見 大浜浦	新造船 시승시 표류
54		1859.4.12	8	울진	상매	울진· 양산		長門 見嶋郡	장사차 경상도
55		1860.12.24	6	평해	상매	영일		五見 浜田浦	鹽구입차 경상도
56		1861.2.4	7	평해 4 대구 1 창원 1 함흥 1	상매	경상도 울산		長門 阿武郡 大井浦	상매차 경상도
57		1861.12.24	6	평해	상매	경상도 영월		石見 浜田浦	상매차 강원도
58		1862.1.2	9	강릉	상매	북청 영일	영해	長門 大津郡 大浦	상매차 함경도 경상도
59		1862.10.10	7	울진	상매	낙안	울산 방어진	對馬島 鴨居瀬	장사차 전라도

60		1862.11.2	9	삼척 7 사천 1 고성 1		상천·울 산·영덕	평해	長門 阿武郡 大島	
61		1884.10.20	1 (일본선 편승)	울릉도		부산		長崎縣 府中浦	
62		1885.12.15	9	삼척				島根縣 知未郡	
63		1886.1	7	강릉	상매	경상도 영일 포항	장기	山口縣 豊浦郡 阿川村	魚상매차 경상도
64		1887.12.30	7	울진		부산	장기	長門州 山口縣 見島	

이들 표류민의 출발지를 보면, 통천 1건, 간성 7건, 고성 3건, 강릉 7건, 양양 2건, 삼척 12건, 울진 10건, 평해 21건, 울릉도 1건이다. 표류민은 평해지역이 가장 많았고, 삼척, 울진, 강릉, 간성 순이었다. 그리고 표류민의 신분별 분류를 보면, 상인 27건, 어민 20건, 불명 17건으로 상인과 어민이 대부분이었고, 시기별로는 18세기에는 어민이 많았으나, 19세기에는 상인이 많아지는 경향을 보인다.

고동환의 연구에 의하면6) 조선후기 강원도에서는 평해의 월송포와 삼척의 삼척포가 유통의 중심지였다. 일반적으로 경상도 전라도 지역의 상인들이 함경도의 어물을 교역할 때, 거의 대부분 평해를 경유했다. 그이유로 평해는 18세기 후반 한양과 지방을 연결하는 6大路 중의 하나인 한양 - 평해로의 기점으로 육로교통의 출발점이기도 했으므로 해상유통의 중심지로도 쉽게 성장할 수 있었다.

평해에는 越松浦, 仇珍浦, 正明浦, 厚里浦 등이 있었는데, 중심포구는 월송포였다. 뒤에 자세히 언급하겠지만, 평해의 안의기도 월송포의 구산에서 출항하였다. 당시 평해지역의 유통실태를 보면, 평해와 호남지역의 교역은

---

6) 조선후기 강원도 지역의 포구간 유통양상에 관해서는 고동환,「조선후기 船上活動과 浦口間 商品流通의 양상-표류관계기록을 중심으로」의 연구를 인용하여 정리하였다.

평해의 어물과 호남의 곡물을 교환하였고, 평해-울산의 교역에서는 소금산지로서의 울산의 특성이 반영되었다. 이 표에서도 37, 38, 42, 43, 44에서는 평해와 울산의 소금교역중 표류한 것이고, 23, 24, 49에서는 쌀을 구입하기 위해 출항했다가 표류한 것이고, 9, 31, 46, 59는 전라도 지역에 장사차 출항했다가 표류를 한 것이었다.

또한 강원도 지역에서 평해와 더불어 가장 중요한 해상교통의 중심지가 삼척이었다. 삼척에는 三陟浦와 藏晤浦가 있었는데, 평해가 강원도 지역의 어물유통의 중심지라고 한다면, 삼척은 미곡유통의 중심지였다. 삼척의 미곡상들은 충청도의 은진, 전라도의 강경포까지 가서 미곡을 구입하여 강원도지역에 판매하고 있었다. 특히 태백산맥으로 내륙지역과의 통로가 원할치 못했던 영동지역의 미곡유통은 바다를 경유할 수밖에 없었기 때문에, 동해안의 중간지역에 위치했던 삼척을 중심으로 미곡유통을 행했던 것이다.

그리고 강원도 북부지역의 유통 중심지는 간성과 고성이었다. 간성에는 黃浦, 松池浦가 있었고, 고성에는 高城浦, 鳴沙浦가 있었다. 상품유통 상황은 함경도에서는 어물을 구입하였고, 경상도에서는 곡물이나 목면을 구입하고 어물을 판매하는 형태였다.

이상의 내용을 통해서 볼 때, 강원도의 표류민은 연근해에서 어로행위를 하는 경우보다는 상품유통을 위해 원거리 이동을 위해 항해를 하다가 표류하는 경우가 많아서, 어로활동을 했던 어민들보다는 상인이 압도적으로 많았음을 알 수 있다.

3. 1819년 안의기 일행

1) 八橋 표착

1819년 정월 7일, 강원도 평해(현 경상북도 울진군 평해)를 출항한 상선 한척이 겨울의 동해바다에서 강풍을 만나 조난을 당했다. 이 배의 선장은 安義基였고, 배에는 선장을 포함하여 12명이 타고 있었다. 배는 동쪽으로 흘러 동 11일 오후 2시경, 호키구니(伯耆國) 야바세(八橋) 마쓰가타니(松ヶ谷)(현 아카사키赤崎)의 근해를 표류하고 있던 것을 해안경비를 담당하고 있었던 赤崎番所의 감시병이 발견하였다. 番士는 휘하의 감시병에게 표류하는 배가 육지로부터 어느 정도 떨어져 있는지, 어선인지 상선인지를 알아보도록 했고, 선원들이 굶어 죽지 않도록 음식물의 준비하도록 지시했다. 그리고 표류선의 발견을 상급기관인 돗토리번의 御船手에게 곧바로 알렸다. 御船手는 동 13일에 이 내용을 돗토리번의 家老에게 보고했다.[7]

한편 마쓰가타니(松ヶ谷) 앞바다에 표류하고 있던 배는 다시 동쪽으로 표류하여 12일 저녁에는 八橋의 해안에 표착했고, 선원 12명은 상륙했다. 해안에 상륙한 12명은 御船手의 지시를 받아 곧바로 八橋의 赤崎屋라고 하는 상가로 가도록 했고, 이들은 그 다음날 저녁에 같은 마을의 빈집으로 옮겨 그곳에서 한동안 머물렀다. 표착 보고를 받은 돗토리번에서는 경비를 위해 병졸 25명을 八橋에 파견했다. 그리고 표류민의 구호를 위해 필요한 비용은 돗토리번의 부담으로 하도록 했다. 그리고 이들 표류민에 대한 구호는

---

7) 『鳥取に流れ着いた朝鮮人-文政二年伯耆國赤崎沖漂流一件史料集』(1998, 鳥取縣立博物館)에는 史料飜刻文의 형태로 『家老日記(控帳)』, 『御用部屋日記』, 『御目付日記』, 『在方諸事控』, 『町奉行御用日記』, 『江戸御留守居日記』, 『因府年表』, 『因府歷年大雜集』, 『石井記錄』, 『異國人拾貳人長崎え船送一件記』, 『長崎志續編』, 『漂民被仰上』, 『倭館館守日記』가 수록되어 있다. 이들 사료 가운데, 『家老日記(控帳)』에는 정월 13일부터 윤6월 22일까지의 사항이 수록되어 있다.

1767년에 아세리군(汗入郡) 죠만무라(上万村)(현 오야마마치 : 大山町)에 표착한 사례에 따르도록 각 부서에 명했다.8)

　이들은 그 후, 돗토리번주가 있는 시내로 옮겨 약 4개월간 체재한 후, 나가사키(長崎) - 쓰시마(對馬)를 거쳐 조선에 귀국했다. 돗토리번에서는 이들을 후하게 대우했고, 주민들도 그들을 따뜻하게 환영했다고 한다. 표착 조선인들과 표착지의 관민들과의 친밀한 교류는 안의기가 호송했던 돗토리번

---

8) 조선후기, 돗토리번에서는 조선인이 표착한다던지, 아니면 일본인이 조선에 표착한 사례가 여러 차례 있었다.

○ 돗토린번에서 조선에 표착한 사례 :

▷ 1637년 윤3월 9일에 야소에몬(彌三右衛門) 등 36인이 울릉도에 갔다가 4개월간 고기를 잡고, 6월 29일 울릉도를 출발하여 돗토리로 돌아오던 중, 표류하여 울산 방어진에 표착했고, 이들은 조선 관민의 보호를 받아 9월 10일 대마번에 인도되어 돗토리로 돌아왔다.

▷ 1666년 7월 3일, 돗토리 오오야(大谷)집안 사람들 50인이 울릉도에 갔다가 21인이 표류하여 경상도 장기에 표착했고, 이들은 조선 관민의 보호를 받아 10월 5일에 부산을 출발하여 대마도에 도착했고, 이후 대마번의 안내로 그 이듬해 2월 22일 오사카에서 돗토리번에 인도되었다.

○ 조선에서 돗토리번에 표착한 사례 :

▷ 표착은 아니지만, 1693년 4월 18일, 울릉도에 갔던 안용복일행 43명중 안용복과 박어둔 2인이 일본 오키섬 어민들에 의해 납치되어 4월 26일, 돗토리현에 인계되었다가, 6월 1일 심문을 받은 후, 일본인의 '울릉도 도해금지령'이 내려지고 안용복은 귀국이 허용되어 나가사키를 거쳐 쓰시마를 경유하여 11월 2일, 부산 왜관에 인도되었다가, 12월 10일 조선측에 인도된 사건이 있었다. 안용 복등 11인은 1696년 5월 15일, 울릉도에서 고기를 잡던 중 일본 오키섬의 어민이 고기를 잡는 것을 보고, 이들을 추격하여 5월 18일 오키섬에 도착했고, 그곳에서 일본인이 오키섬에 도항하는 것을 항의하고 취조를 받은 후, 6월 14일 다시 돗토리번에 소환되었다가, 그해 8월 6일 추방되어 양양으로 돌아온 일이 있었다. (손승철, 「17세기 말, 안용복사건을 통해 본 조일간의 해류경계분쟁」, 『한일관계사연구』 제42집 참조)

○ 1767년 윤 9월 8일, 경상도 장기 출신 어민 4인이 아세리군(汗入郡) 죠만무라(上万村)에 표착한 일이 있었는데, 이들은 10월 27일, 돗토리를 출발하여 11월 24일, 나가사키에 도착했고, 쓰시마번에 인계되어 조선으로 돌아온 일이 있었다.

이후에도 1819년 안의기 일행의 표착, 1838년 경남 울산에서 綱代에 표착한 사례가 있다.

관리에게 감사의 뜻으로 전달한 서계에 그 뜻이 전해지고 있으며, 이 서계
는 표착민들의 모습을 그린 <漂着朝鮮人之圖>와 함께 전해오고 있다.9)

　　<漂着朝鮮人之圖>에 그려진 표착인 12명의 이름과 나이는 다음과 같다.

　　　安義基 53세,　權仁宅 52세,　金三伊 60세,　安宅伊 43세,　田成喆 32세,
　　　金日孫 50세,　安用太 39세,　沈正孫 40세,　安用宅 38세,　李東白 32세.
　　　崔五福 22세,　李德守 43세

　　이 가운데 安義基는 중앙에 그려져 있고, 옷의 맵시도 다른 사람과는 달리
두루마기를 입었으며, 갓을 쓰고 있는 모습으로 보아 12명을 대표하는 입장
이었던 것 같다. 12명 가운데 5명은 호패를 지니고 있었는데, 안의기·김일
손·안용태·이동백은 평해 사람이고, 전성철은 울진 사람이다. 그리고 김일
손, 안용태의 호패에는 卯山이라고 적혀 있었다고 하는데, 이것은 평해의 邱
山을 잘못 표기한 것으로 생각된다. 또 전성철의 호패에 보이는 烏川이라는
지명도 현재의 울진군 내에 있는 지명인 烏山의 옛날 지명이다. 안의기를 비
롯해서 평해인이 많은 것을 보면 이들의 출항지는 邱山으로 짐작된다.10) 그

---

9) 안의기 일행은 나가사키에서 귀국에 앞서 표착 후 돗토리번에서 후한 대접을 받았
　고, 나가사키에 이송되어 무사히 귀국하게 된 것에 대하여 나가사키까지 이송을 담
　당했던 돗토리번의 관리였던 오카긴에몬(岡金右衛門)에게 감사의 글을 전했다. 이
　감사장과 12명의 초상화를 그림으로 그린 것이「漂着朝鮮人之圖」인데, 현재 돗토리
　현립도서관에 보관되고 있다. 돗토리현에서는 이 그림을 돗토리와 조선의 우호교
　류의 상징으로 삼아, 1994년 한일 양국 간에 널리 알리기로 했다. 그래서 돗토리현
　립박물관에서는 이들 표착에 관한 사료를 모아『鳥取に流れ着いた朝鮮人-文政二年
　伯耆國赤崎沖漂流一件史料集』을 발간했고, 2003년에는 표착치에 가까운 琴浦町의 아
　카사키(赤崎)항에 <日韓友好資料館>과 <日韓友好公園 '바람의 언덕'>을 건립했다.
10) 구산은 현재의 행정구역상 경북 울진군 평해읍 월송리로 경북의 최북동쪽에 위치
　하고 있으며, 북쪽은 강원도 삼척시 원덕읍과 접하고 있다. 이 지역은 조선시대에
　는 강원도 삼척부사의 관할 지역이었는데, 1963년 강원도에서 경상북도로 이관되
　었다. 구산에는 月松浦가 있으며, 평해지역의 주항구였고, 월송포진성과 대풍헌이
　있다. 2011년 삼한문화재연구원에서 월송포진성을 학술조사하였으며, 울릉도수토

리고 표착한 배에는 干鰄(멸치)와 엽연초를 넣었던 포대 등이 있었던 것을
보아, 이 배는 이들 물자를 수송했던 상선이었다고 기록하고 있다.

표착 당시 돗토리번주는 8대 번주 池田齊稷였는데, 그는 參勤交代를 위해
에도에 갈 것을 준비하였기 때문에 번의 실제업무는 家老에게 위임하고 있
었다. 당시의 家老는 荒尾小八郎·津田信濃·鵜殿釆女丞·乾筑前 등 4명이었
고, 표착민에 대한 업무는 荒尾小八郎과 乾筑前이 담당하였다. 그런데 이들
家老가운데 津田信濃의 집이 八橋에 있었기 때문에 그의 가신들도 안의기
표착사건에 어느 정도 간여를 했다고 한다.

家老 밑에는 9명의 御用人이 있었고, 이들 御用人 휘하에 요리사·유학자·
의사·화가 등이 있었으며, 이들 어용인들에 의해 표착민의 경호, 의식주의
관리, 의사 등의 파견 등이 이루어졌다.

정월 17일, 家老는 郡奉行에게 표착민을 전례에 따라 돗토리에 호송하도
록 지시했고, 마을을 관할하는 郡代에게 그때까지 八橋에서 표착민의 신병
을 담당했던 御船手로부터 표착인 12명을 인수받도록 지시하였다. 동시에
御船手에게는 郡代에게 표착민을 잘 인도하도록 했다. 돗토리에서의 체류장
소는 町奉行이 관할하는 町會所로 정했다. 또한 町會所에서 무슨 일이 있을
때에는 표착민을 옮길 장소로 玄忠寺와 法泉寺를 지정하였다. 또 한 번의
기록을 보관하고 전례를 조사하는 담당에게는 표착민을 나가사키에 보내는
것에 대하여 조사하도록 했다.

18일에는 표착민을 八橋로부터 돗토리로 이송하는 것에 대하여 필요한
경비 인원 수, 호송하는 방법, 또 호송인의 복장에 이르기 까지 家老로부터
지시가 있었다. 또한 家老는 奉行에게 돗토리에 가는 도중에 할 일 등을 준
비하도록 지시하였다.

『御目府日記』에 의하면, 표착한 12명이 타고 왔던 배는 일반적인 어선보
다는 조금 컸는데, 화물은 거의 없었다고 하며, 『因府歷年大雜集』의 그림에

─────────────

사들의 유적지(성벽과 성문터, 우물 등)가 발굴되어 주목을 받고 있다.

는 길이 15-6미터 정도였다고 한다. 『石井記錄』에는 八橋해안에 표착한 조선인들은 백사장에서 큰 북을 치며 뛰고 있었다고 하는데, 이것은 아마도 표착한 후, 이제는 살았다고 하는 안도의 기쁨과 주변 일본인들에게 알리기 위한 행동이 아니었을까. 이들은 돗토리번에 도착해서도 말이 통하지 않았기 때문에 종이와 붓을 표착민에게 주었더니, "자신들은 조선국 평해의 사람으로 이달 7일에 출선하여 조난을 당했다"라고 한문으로 써서 주었다고 하는 것으로 보아 표착민이 조선인이었다는 것을 알았다.

八橋에 표착한 조선인들은 처음에는 무척 어수선했다고 한다. 八橋에서 赤崎屋에 가서 하룻밤을 자고, 그 다음날 같은 지역의 빈집으로 옮겼다. 그런데 조선인들은 다다미집에 익숙치 않아 불평을 했고, 목욕탕에도 들어가지 않았다. 아마 한겨울이라서 다다미집이 추웠기 때문이 아닐까. 이러한 행동을 일본인들은 예의가 없는 행동이라고 했다. 그러나 『石井記錄』에는 문화의 차이라고 하면서 조선인을 이해하는 듯이 기록하고 있다.

2) 돗토리 체류

표류민은 표착지 八橋로부터 돗토리성으로 이동하였고, 이송은 在方役所가 담당했다. 정월 22일, 아침 일찍 郡奉行 豊田澤右衛門 등은 표착민 12명을 가마에 태워 곧바로 돗토리로 향해 출발했다. 일행은 번의 役人과 의사, 가마꾼과 소지품을 운반하는 인부 60명, 표착민을 담당하는 봉행등이 동행했다. 그날 점심은 由良村(현 大榮町)에서 점심을 먹고, 저녁에는 橋津村(현 羽合町)에 숙박했다. 23일은 아침에 해가 뜰 무렵 출발하여 潮津村(현 靑谷町)에서 점심을 먹고, 저녁에 母木村(현 氣高町)에서 숙박했다. 점심과 숙박하는 마을에서는 郡奉行의 숙소 한 채, 표착민 12명의 숙소 한 채, 번의 奉行·郡役人·의사 등의 숙소 한 채 등 총 6채가 제공되었다.

23일, 점심때의 모습이 『石井記錄』에 기록되어 있는데, 표착민의 행동이나 그것에 대한 일본인의 반응이 흥미롭다. 표착민은 하얀 무명옷을 입었는데, 그것이 더러워져 까맣게 되었는데 "일본인 선원들의 옷에 비하면 조금 좋은 것을 입은 것 같다"고 평가하고 있다. 숙소에서는 安義基가 갓을 쓴 채로 가운데의 상자에 앉아 있었고, 나머지 11명이 좌우에 나란히 앉았다고 했다. 安義基는 모두로부터 존경을 받고 있는 것처럼 보였고, 일본에서는 大庄屋[11] 정도에 상당하는 신분으로 생각된다고 했다. 점심때에는 밥과 국 그리고 반찬이 나왔는데 밥그릇을 들고 먹었고, 마지막에는 밥에 국을 부어서 다 먹었다고 하면서 식습관이 다른 것에 놀라고 있다. 또 표착민은 담배를 좋아하였다고 하면서 60센치 정도의 긴 담뱃대를 물고 쉬지 않고 피워댄다고 했다.

표착민이 八橋에서 돗토리로 이동할 때에 일본인 가운데에 표착민의 말을 알아듣고, 또 그 사람의 말을 표착민도 이해하는 것 같은 사람이 있었다고 쓰고 있다. 이 인물은 八橋마을의 武右衛門이라고 하는 사람인데, 그 같은 대화가 가능한 인물이 돗토리번의 서민 중에 있었다는 것이 흥미롭다. 그 외에도 潮津村에서 길 안내를 한 사람이 표착민으로부터 부채를 받았고,

〈그림 3〉 八橋에서 돗토리까지의 이동경로

---

11) 江戸 시대, 마을의 政事를 맡아보던 사람으로 지금의 村長에 해당된다. 関西 지방에서의 호칭이다.

일본말을 가르치기도 했다고 하는 것으로 보아 이송 도중에 여러 가지 형
태의 교류가 있었다고 생각된다.

24일 아침, 일행은 母木村을 출발하여 돗토리 성 부근의 千代川을 건너는
배를 타고, 오전 11시경에 돗토리의 중심지에 도착했다. 돗토리의 중심지에
서는 환영을 위하여 도로변의 富商들에게 명하여 집집을 장식하였다. 그 모
습을 『因府歷年大雜集』에는 "富商들은 초라한 집들에는 장막을 치기도 했
고, 기둥을 양탄자나 명주실로 감았고, 금병풍을 치기도 했으며, 조화 등으
로 꾸몄다는데, 이것을 본 표착민들은 '좋다'"라고 말했다고 한다.

돗토리 번에서는 이 날 구경꾼들이 혼잡한 것을 예측하고 "구경할 때에
는 소란스런 행동을 하지 말 것" "여자들은 길에서 구경하는 것을 금지할
것"을 사전에 통보하였는데 이를 개의치 않았고, 또 구경꾼들에게 돈을 받
고 장소를 빌려주어 구경을 하는 일도 있었다고 한다. 성에서 조금 떨어진
安長의 나루터를 건너는 지점에서부터 이미 나루터 양 측에는 입추의 여지
없었다고 쓸 정도로 혼잡했다고 한다. 돗토리 성 안을 통행할 때나 町會所
에 표착민이 도착한 후에도 저녁까지 군중들이 조용히 하지 않았다고 한다.

표착민 일행은 安長의 나루터를 건너서 茶町, 二階町을 지나 本町의 중심
지로 들어와서 町會所에 도착했다. 정회소는 돗토리번의 시설로 현재 遷橋
小學校의 교정에 해당된다. 또 『因府歷年大雜集』에는 조선표착민에 대한 인
상을 쓰고 있는데, 거기에는 돗토리 藩士인 저자 岡島正義가 구경을 했던
23명의 친구로부터 들었던 이야기를 쓴 것도 있다. 藩士들은 표류민을 "얼
굴색이 검고 일본인 보다는 촌스럽다"라고 평하고 있다. 앞의 『石井記錄』에
"일본인 어민보다 좋은 복장을 하고 있다"고 한 것과는 대조적이어서, 당시
돗토리번 사람들의 조선인에 대한 인상이 다양했던 것을 알 수 있다. 아마
도 藩士인 지배층과 일반 서민이 보고 느낀 점은 다를 수밖에 없을 것이다.

돗토리 체재 중의 표착민에 대한 접대는 성내에 물품을 출납 관리하는
裏判役所가 담당했다. 표착민은 町會所 안의 남쪽에 10척의 방과 7척 반의

방 두 칸을 배정받아 그곳에서 생활했다. 町會所에는 하급 관리가 주야로 경비했다. 정월 25일과 27일에는 오랜 여행에 탓 때문인지 몸이 아프다고 말하는 사람이 있어 돗토리번의 의사가 진찰을 했다.

돗토리에서의 표착민의 생활에 대해서는 유감이지만 裏判役所의 기록 밖에 남아있지 않기 때문에 자세히 알 수 없다. 표착민은 쌀밥을 먹었고, 한끼에 5-6가지 반찬을 주었으며, 하루 세 번 식사를 했다고 한다. 또 표착민들은 고기와 생선을 즐겨 먹었고 대부분 대식가였다고 한다.[12]

표착민을 맞이했던 돗토리町에서는 町奉行이 표착민의 체재 중에 이변이 일어나지 않도록 여러 마을에서 번갈아가면서 주야로 경비하도록 명령했다. 그러나 특별한 이변이 없었기 때문에 2월 3일부터는 밤에만 경비하도록 하였고, 더욱이 3월 27일부터는 밤의 경비도 町會所 부근의 4개의 마을을 제하고는 면제시켰다.

그러나 4월 30일에 심야에 신정의 대로변에 있던 집에서 일어난 큰불이 일어났고, 불은 다음 날 오전까지 계속 되어, 돗토리마을의 중심부가 거의 타버렸다. 불이 난 장소는 町會所로부터 약 200m 떨어진 장소였고 표류민들은 立川의 法泉寺로 피난했다. 다행히 町會所는 소실을 면했고, 표착민도 무사했다. 이 화재 때문에 윤 4월 3일부터는 다시 처음대로 주야로 경비할 것을 명령했다.

돗토리번에서는 표착민을 八橋에서 돗토리町으로 호송하여 표착민의 구호를 하는 한편, 표착민을 표착민의 조선귀국을 위해 나가사키로 이송하는 것에 대해서 에도막부와 협의를 했다. 막부와의 교섭경과가『江戸御留守居日記』에 기록되어 있다.

『江戸御留守居日記』에 의하면, 조선인 표착에 대한 첫 보고는 2월 2일에 에도에 도착했고 그것을 받았던 돗토리번의 에도 家老 津田信農은 그 사실을 곧바로 막부에 보고하도록 지시했다. 그리고 2월 5일에는 이 사실을

---

12)『鶏助集』(돗토리현립도서관 소장).

〈그림 4〉 돗토리 중심지와 이동경로

　나가사키 奉行에게도 통보했다. 이어서 2월 18일에는 돗토리번으로 부터
의 표착과정과 진행상황을 자세히 보고했고, 표착민의 소지품에 처리나 표
착민을 나가사키에 보내는 것에 대하여 문의했다. 그 회답은 2월 27일에 있
었는데, 표착민과 소지품은 나가사키에 보내되 다만 소지품 가운데서 불필
요한 것은 버리는 것이 좋다고 하였다. 이어서 2월 30일에는 표착민을 나사
사키에 보내는 방법에 관해 상세히 질의했다.

〈그림 5〉 화재를 피해 피난하는 조선인들(『鳥府志』)

돗토리번에서는 1767년에도 조선표착민을 나가사키를 통해 송환한 전례
가 있었는데, 1767년에 경우, 표착민은 육로로 나가사키에 보낸 적이 있었
다. 그러나 이번의 경우, 막부에서는 3월 4일자로 회답을 보내왔는데, 막부
의 지시는 해로로 보내라는 것이었다. 이 회답은 3월 20일에 돗토리에 도착
하였고, 이후 돗토리번에서는 조선표착민을 송환하기 위한 본격적인 준비
를 시작하였다.

이번에 왜 해로로 송환하게끔 되었는가에 대해서는 『石井記錄』에 흥미있
는 내용이 있다. 당시 돗토리 번은 경비를 절감하기 위해서, 표착민을 나가
사키가 아닌 오사카로 이송하여, 오사카에서 표착민을 막부의 관리들에게
인도하고 싶다고 했다. 그러나 막부에서는 경비문제라면 육로보다는 오히
려 해로로 송환하는 것이 좋겠다고 답변이 온 것이다.

그러자 해로로 나가사키로 송환을 지시받았던 돗토리藩士는 해로로 호송

하는 것에 대해 문제를 제기했다. 즉 "조선표착민들이 해상에 익숙하기 때문에, 만일 바다에서 소란을 피우는 경우가 생기면 진압하기가 어려우며, 표착민을 진압하기 위해 일본인의 생명을 버리는 일이 발생하면 안 된다"고 했다. 그래서 돗토리번에서는 표착민을 다시 육로로 호송할 것을 막부에 건의했지만 변경되지 않았다. 그러나 소란을 피우는 경우를 대비해서 표착민을 2척의 배에 나누어서 호송하도록 했다. 그 때문에 호송하는 경비가 두 배나 필요하게 되었다고 한다. 이 기록이 사실이라면 조선인에 관한 평가는 앞서 서술한 바와 같이 서민들은 비교적 호의적이었던 것에 비해 관리들은 여전히 두려움과 경계심을 가지고 있었다는 것을 알 수 있다. 관리들의 경계심은 표류민의 관리책임에 대한 추궁을 의식했던 면도 있었을 것이다.

3) 나가사키에의 호송과 귀국

일반적으로 조선표류민이 일본에 표착했을 경우, 표착지점이 어느 곳이라도 막부의 지시에 따라 표착지에서 구호(식량 및 의류지급)조치를 받은 다음, 해당 번에 의해 나가사키(長崎奉行所)로 보내지도록 되어 있었다. 그런 다음에 對馬藩이 조선인을 인계받아 부산왜관으로 차왜를 보내어 송환하였다.[13] 즉 에도막부의 표류민송환절차는 '표착지→나가사키→대마번→부산왜관'의 경로를 거치는 것이었는데, 단 대마도에 표착한 경우는 대마번이 직접 송환하되 표류민의 출신지·인원수·직업·표류경위·종파를 막부에 보고하도록 되어 있었다.[14] 단 북해도에 표착한 경우는 에도를 거쳐 송환하도록

---

13) 조선후기 일본의 조선표류민 송환 절차와 사례에 관해서는 荒野泰典, 『近世日本と東アジア』(東京大學出版會, 1988); 池內敏, 『近世日本と朝鮮漂流民』(臨川書店, 1998); 이훈, 『조선후기 표류민과 한일관계』(국학자료원, 2000); 한일관계사학회 편, 『조선시대 한일표류민연구』(국학자료원, 2001); 정성일, 『전라도와 일본』(경인문화사, 2013) 참조.

했다. 이러한 에도막부의 송환절차는 1640년 후반에 모두 정비되었다.

조선표류민을 송환하는데 번거롭게 나가사키를 경유하게 한 것은 에도막부가 모든 외국으로부터의 출입을 나가사키 한군데로 정했기 때문이다. 막부는 기독교가 침투하는 것을 막기 위해서 일본에 표착하는 모든 조선인을 나가사키로 호송한 후, 그곳에서 宗門에 관한 조사를 받게 했다. 조선표류인은 대개가 유교나 불교였기 때문에 종교적으로는 문제가 되지 않았다. 宗門에 대한 조사가 끝나면 조선인은 나가사키 對馬藩事務所로 옮겨진 후, 대마번 사자의 호송을 받아 대마도를 거쳐 부산왜관으로 보내졌다. 이러한 송환절차 때문에 결국 조선표류민이 귀국할 때까지 많은 시간을 소요하게 되었으며, 지루한 외국생활을 견디지 못한 조선인들이 귀국을 재촉하다가 일본 측과 마찰을 일으키는 일도 종종 있었다고 한다.15)16)

돗토리 번에서는 표착민의 나가사키에의 호송에 대하여 막부로부터 정식의 지시가 내려지기 전부터 이미 준비를 시작하였다. 2월 7일, 돗토리번에서는 大嶋平右衛門 등 2명에게 표착민의 나가사키에의 호송을 명하고, 동시에 이들과 함께 의사를 동행시키도록 했다. 2월 13일에는 1767년의 예에 따라 동행할 인원의 수도 정했다.

그러나 3월 20일에 도착한 막부의 지시에 의해서 표착민을 해로로 호송하도록 하였기 때문에 동행하는 관리를 추가하도록 했고, 담당 관리를 차례로 임명했다. 이들의 임명 전에 표착민의 소지품과 난파선에 처리에 대하여 표착민의 의향을 묻기 위해 표착민을 면담하였으나, "필담을 했지만 아무것도 통할 수가 없었다"고 한다. 표착민이 처음 표착하여 돗토리번으로 이동

---

14) 대마번에 표착한 경우, 1682년부터는 대마번의 세견선에 붙여서 조선으로 송환하였는데, 이를 '漂流兼帶' "漂民順付'라고 했다.

15) 이훈, 앞의 책, 121쪽.

16) 안의기 일행과 비슷한 시기인 1817년 11월말에서 1818년 6월 중까지 7개월간, 전남 해남 대둔사 승려 풍계현정의『일본표해록』에 송환절차가 상세히 소개되어 있다.(정성일, 앞의 책, 197쪽 참조)

할 때, 의사 소통이 가능했다고 하는 기록과는 상치되는 내용이다.

4월 24일, 표착민을 호송할 배가 돗토리번의 境村에 도착하면서 이송 준비를 서두르게 되었고, 윤 4월 6일에는 표착민의 호송을 명령받은 大嶋平右衛門이 호송 도중에 발생할 수 있는 여러 가지 상황에 대응하는 방법을 문의하기도 했다. 家老는 대응방법에 대해 상세하게 지시를 했고, 그 다음날에는 호송을 담당할 4명을 성에 불러 들여 통행에 관한 증명서를 내어주고 최종적으로 점검을 끝냈다.

윤 4월 8일 이른 아침, 裏判役所로부터 4명의 관리가 표착민 12명을 인계받아, 오전 8시경 표착민의 일행은 드디어 돗토리를 출발하여 육로로 境村으로 향했다. 표착민은 安長을 건너기까지는 도보로 갔고, 강을 건넌 후부터는 가마를 탔다.

이 날은 湖山村의 中の茶屋(현재 돗토리 시)에서 휴식하고, 母木村(현 氣高町)에서 점심을 먹고 靑谷村(현 靑谷町)에서 숙박했다. 9일에는 새벽, 동틀 무렵에 靑谷을 출발했고, 長瀨村(현 羽合町)에서 점심, 由良村(현 大榮町)에서 휴식을 하고, 赤崎 마을에서 숙박했다. 이 날 가마를 타는 것이 익숙하지 않았는지, 12명 가운데 金三伊의 건강상태가 좋지 않아 의사 3명이 진찰을 했다.

10일에는 오전 7시 경에 赤崎마을을 출발하여 御來屋村(현 名和町)에서 점심, 淀江村(현 淀江町)에서 숙박하고 11일에는 아침 일찍 淀江町을 출발하여 和田村(현 米子市)에서 점심, 오후 3시경에 번의 境村에 도착했다. 金三伊가 회복되지 않았지만 큰 문제없이 동행하였다.

12일에는 배를 정비하면서 境村에서 1박하고, 13일 정오경에는 해로로 나가사키로 가기 위해 승선하여 境村을 출발했다. 일행은 돗토리번 소유의 선박 두척, 蜘勇丸(750석 적재)와 幸要丸(600석 적재)에 나누어 탔다. 蜘勇丸에는 안의기, 권인택, 김일손, 안용태, 심정손, 최오복 등 6인이 탔고, 幸要丸에는 김삼이, 전성철, 안용택, 안택이, 이동백, 이덕수 등 6인이 탔다.

그 날 오후 4시, 出雲國 美保關(현 시마네현 美保關町)에 도착했다.

美保關에서는 바람 때문에 16일까지 체류하고 17일에 출항했다. 그날 밤 石見國 浜田(현 시마네현 浜田市)의 해안에서 밤을 보내고, 18일 長門國 千崎(현 山口縣 長門市 仙崎)의 해안으로 가던 중, 갑자기 비를 동반한 서풍을 만나, 蜘勇丸은 大嶋(현 萩市 大島)까지 떠내려 가다가 거기서 정박했고, 幸要丸도 하루 늦게 19일 점심 때 大嶋에 도착했다.

20일은 바람 때문에 大嶋에 머물렀다. 그런데 여기에 모기가 많아서 모두 잠을 설쳤다고 한다. 21일 大嶋로부터 고시가하마(越ケ浜 : 현 山口縣 萩市)에 갔고, 거기서 바람 때문에 27일까지 체류했다. 표착민 가운데 심종서는 복통으로, 안의기는 전신에 가려움을 호소했고, 의사의 진료를 받았다. 28일 고에케하마를 출발하여 그 날 밤은 千崎해안에 정박하고 29일에 서쪽으로 향했는데, 차츰 파도가 높아져서 표류하던 중 두 배가 표류하게 되었다.

5월 1일 아침, 蜘勇丸은 二重嶋(현 山口縣 下關市 蓋井島)를 경유하여 福浦(현 야마구치현 시모노세키시)에 도착했다. 幸要丸은 29일에 久津浦에 도착하여, 5월 1일과 2일에는 蜘勇丸을 쫓아서 久津浦를 출항했다. 그러나 양일 모두 일기가 나빠서 배를 돌려 久津浦로 돌아왔고, 5일까지 바람을 기다렸다. 드디어 6일 久津浦를 출항하여, 8일에 福浦에 도착하여, 蜘勇丸과 합류했다. 그러나 福浦에서도 바람 때문에 13일까지 체류하다가, 14일에 겨우 출항을 하여 밤에는 肥前國 鳥帽子島 해안에서 정박하고, 15일에 唐津領呼子(현 佐賀縣 東松浦郡 呼子町)에 도착했다.

여기에서도 18일까지 체류하고 19일에 출항하였는데 악천후 때문에 名護屋浦(현 鎭西町)에 피난했다. 名護屋浦에서는 21일까지 체류하고 22일 아침 일찍 출발하여, 드디어 오후 2시에 나가사키에 도착했다. 境村으로부터 실로 38일 만에 나가사키에 도착했는데, 그 사이에 항해가 가능한 날은 겨우 10일 정도였다.

5월 23일, 나가사키 奉行은 조선 표착민 12명과 소지품 등을 인수 받았

고, 돗토리번에서는 표착민을 인계하면서 나가사키 봉행 앞으로 釜敷紙 50
束을 선물로 건네주었다고 한다. 또 나가사키 奉行은 쓰시마번의 통역 4명
을 불러 표착민을 만나게 했다. 5월 24일에는 배 안에 머무르고 있었던 표
착민을 상륙시키고, 나가사키 奉行에게 가서 조사를 받게 했다. 그 결과 단
순한 표류였기 때문에 자세한 조사없이 표류민은 무사하게 나가사키 奉行
에게 인도되었다. 돗토리 번에서는 무사하게 호송과 인계를 끝낸 후, 때문
에 나가사키 봉행과 쓰시마번의 통역들에게 다시 사례를 했다고 한다.

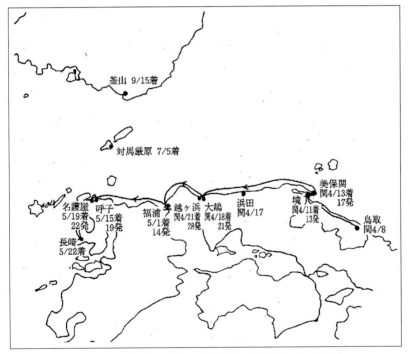

〈그림 6〉 안의기 일행의 송환경로 (鳥取에서 부산까지)

표착민들은 6월 9일에 나가사키를 출발하여 7월 5일 쓰시마의 이즈하라 (嚴原)에 도착했고, 다시 이즈하라를 출발한 날은 정확하지 않지만, 9월 15 일에는 부산으로 돌아왔다. 정월 7일 평해를 출항한 이래 실로 9개월 만에 돌아온 것이다. 그 후 11월에는 이 표착사건에 대한 보답으로 조선으로부터 쓰시마 번에 토산물을 보냈다고 한다.

4. 일본인과의 교류

조선표착민과 일본 표착지인 돗토리번의 일본인들과의 관계를 시사하는 증거로, 안의기가 표착민을 나가사키에 호송했던 돗토리번의 봉행 岡金右衛門에게 주었던 감사장이 현재 돗토리현립도서관에 소장되어 전해오고 있다. 현재 12인의 초상화와 함께 족자의 윗부분에 감사장이 표구되어 있는데, 감사장의 글 가운데는 岡金右衛門 등이 '친형제처럼' 도움을 준 것에 대해 사의를 표시하고 있다. 이것은 단순히 의례적인 표현이 아니라 진정으로 감사의 마음을 표현한 것이라고 생각된다. 이 감사장이 지금까지도 전해지고 있는 것도 강금우위문 포착조신인의 감사를 진심으로 받아들였다는 증거가 아닐까. 감사장은 다음과 같다.

<감사장 번역문>

봉행사 강씨 앞으로 글을 올립니다.
생각해 보건데 우리들은 운이 나빴었던가. 큰바다 가운데서 대풍을 만나 주야로 10여일을 표류하다가 일본국에 표착하여 생명을 연장할 수가 있었습니다.
일본사람들은 아주 친절하게 대해주었고, 그 깊은 은혜는 태산보다 높고 바다보다 깊어, 그 덕분으로 우리들은 생명을 연장할 수 있었습니다.
더구나 배로 나가사키까지 보내주셨고, 봉행 오키님을 비롯하여 10여인의 관리들이 힘을 합쳐서, 육로와 해로를 친형제와 같이 도움을 주셨습니다.

우리들은 그 은혜에 보답하지 못한 채 귀국
하여 버린 것이 유감스럽습니다.

한번 이별에 만 리 밖에 떨어지게 되니, 어
떻게 다시 만날 수 있을까요. 봉행 오키님을
비롯한 모든 관리 분들의 건강과 자손의 안녕
을 마음으로부터 희망합니다. 비통한 마음을
이루 다 전할 수는 없습니다만, 석별의 말씀을
진심으로 바칩니다.

조선국 안의기 삼가 씁니다.

12명의 초상화는 돗토리번의 화가가 그린
것이지만, 인물이 사실적으로 묘사되어 있는
것을 보면 오랫동안에 걸쳐 그린 것으로 생
각된다. 초상화를 그리는 동안 분명 표착민
들은 모델로서 화가에게 협력을 했을 것이
고, 또 초상화 위에는 한글로 '죠선국 강원
도 평해고을 열두사람'이라는 글귀가 써 있
는 것을 보면 이 그림은 표착민과 화원의 합
작품이라고도 말할 수 있다. 그리고 조선인
이 표착했던 八橋로부터 돗토리까지 이송될
때, 마을 사람 가운데 표착민의 말을 알아들

〈그림 7〉 漂着朝鮮人之圖

고, 또 표착민 가운데도 일본인의 말을 알아들은 사람이 있었다고 한다. 이
기록이 사실이라면 조선인과 대화가 가능한 일본인이 돗토리번에 있었다는
말이 된다. 또한 길 안내를 담당했던 사람이 표착민으로부터 부채를 받기도
했고, 표착조선인에게 말을 가르쳤다고 하는 것을 보면 제한적이기는 하지
만 표착조선인과 표착지 일본인 교류의 한 단면을 보여주는 것이라고 생각
한다.

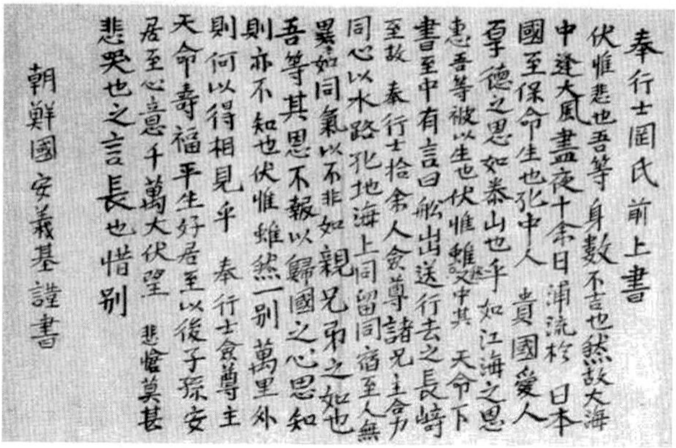

奉行士圍氏前上書
伏惟悲也吾等身數不喜也然故大海
中逢大風盡夜十奈日漂流楼 日本
國至保令生也死中人 貴國愛人
厚德之恩如恭山也如江海之恩
患吾等被以生也伏惟雖如中其 天命下
書至中有言曰出送行去之長崎
至故奉行士拾余人食尊諸兄主命力
同心以水路北地海上同留宿同至以無
異如同氣以不非如親兄弟之如也
則吾等其恩不報以歸國之心思知
則亦不知也伏惟雖然一別萬里外
剘何以得相見乎 奉行士食尊主
天命壽福平生好居至以後子孫安
居至心意千萬大伏望 悲惶莫甚
悲哭也之言 長也惜別
朝鮮國 安義基 謹書

〈그림 8〉 감사장 원문

5. 맺음말

조선후기, 조선인이 일본에 표착한 사건은 모두 1,112건, 반면에 일본인이 조선에 표착한 것은 132건에 이른다. 그리고 조선표류민 중 강원도에서 일본지역에 표류한 것은 64건으로 전체의 5%정도였다. 강원도 표류민의 발생은 평해, 삼척, 울진, 강릉, 간성 순이었고, 일본의 표착지역은 나가토(長門), 이와미(石見), 쓰시마(對馬島)로 현재의 야마구치(山口), 시마네(島根), 돗토리(鳥取)였다. 그리고 신분별 분류를 보면, 상인 27건, 어민 20건, 불명 17건으로 상인과 어민이 대부분이었고, 시기별로는 18세기에는 어민이 많았으나, 19세기에는 상인이 많아지는 경향을 보인다.

1819년 일본 돗토리현에 표착했던 安義基 일행 12명도 강원도에서 표류가 가장 많았던 평해 출신이었고, 평해는 한양과 지방을 연결하는 서울-평해의 6大路의 출발점이었으며, 동해안 해상교통의 중심지였다. 이들의 목적지는 알 수 없으나, 1819년 1월 7일, 멸치와 담배를 싣고 평해를 출항하여 항해하던 중, 1월 12일 돗토리번의 야바세(八橋)에 표착하였다. 그 후 돗토리번으로 이송되어, 에도(江戶)막부의 표류민 송환제도에 의해, 나가사키와 쓰시마를 거쳐 9월 15일, 부산으로 돌아왔다. 안의기 일행의 신분은 상인으로 판단되며, 이들의 일본표착생활은 ≪鳥取に流れ着いた朝鮮人-文政二年伯耆國赤崎沖漂流一件史料集≫과 <漂着朝鮮人之圖>에 잘 묘사되어 있다. 특히 안의기가 호송을 담당했던 岡金右衛門에게 전했던 감사장은 강원도 표착민과 돗토리 일본인 간에 이루어진 한일교류의 한 사례이기도 하며, '친형제처럼' 돌보아주었다는 대목은 감동적이기도 하다.

2003년 2월, 표착지에 가까운 赤崎포구 언덕에 '한일우호자료관'과 '한일우호공원(바람의 언덕)을 건립하여 안의기의 후손을 초청하여 기념식을 갖고, 한일우호의 상징을 삼고자 했다. 안의기 일행의 표류와 송환 과정은 제한적이기는 하지만, 강원도 연해민의 생활과 한일관계의 한 단면을 보여주는 좋은 사례이기도 하다.

강원도 지역민의 생활사 내지는 한일관계사연구의 학술적인 측면은 물론 현재의 불투명한 한일관계 개선의 좋은 귀감이 되었으면 좋겠다.

제3편
침략과 저항

제1장
1872년 일본의 倭館점령과 조선침략

1. 문제제기

　근래 조선시대 한일관계를 通信使의 문화적인 역할이나 양국이 교린관계였다는 인식에 의해 「평화우호적인 관계」였다고 강조하고 있다. 반면에 개항기를 전후한 근대 한일관계는 일본에 의한「침략적인 관계」로 설명하고 있다. 다시 말해 임진왜란 이후 250여년간이나 지속하여 온 「交隣體制」가 왜, 어떠한 이유로 인하여 갑작스럽게 침략과 피침략의 적대관계로 돌변하였던가에 대한 구체적인 설명이 없이 개항기에 와서 급작스런 양국관계의 전환기를 만나야 했다. 그렇다면 우리는 이 역사적 모순을 어떻게 이해하여야 할 것인가.[1]

　이 점에 관하여 종래 해석의 대부분은 조선의 폐쇄적인 대외관계에 모든 책임이 있었던 것으로 치부하여, 결국 조선사회의 後進性이라는 自虐的 歷史意識을 만들어 내어 개항기의 역사를 부정적으로 평가해야 하는 모순에 이르게 되었던 것이다. 즉 개항기의 역사를 다루는 대부분의 역사서는 우리 역사가 스스로 근대화의 길을 개척해 가지 못한 책임을 쇄국정책에 전가함으로써 朝鮮後期史와 開港期 歷史認識에 차별성과 단절을 가져왔다. 그러나 조선후기 한일관계와 개항기 한일관계가 돌연변이의 상황이거나 단절된 별개의 역사는 아니다.

---

1) 荒野泰典,「近歲の日朝關係」『日朝關係史を考える』, 靑木書店, 1989.(山里澄江・孫承喆 譯,『日朝關係史의 再照明』이론과 실천, 1991, 102쪽)

또하나, 개항기 역사에 대한 이러한 부정적인 이해는 일본의 침략을 시대적 배경이 배제된 단편적인 역사사건으로 취급하는 경향을 만들어 내었고, 강화도에서 발생한 1875년의 운양호사건을 일본의 무력침략의 개시로 보고 있다. 그러나 개항전후 한일관계사의 추이를 보면, 일본의 조선침략 계획은 이미 상당히 오래전부터 계획되어 논의되어져 왔고, 실제로 일본의 무력침략이 실행된 것은 1872년의 왜관점령으로부터였다. 따라서 일본의 무력침략이 시작된 것은 1875년 운양호사건이 아닌 1872년 왜관점령부터이며, 침략이 본격화되는 운양호사건도 단순히 돌발적인 사건이 아님을 확인할 수 있다.

본 논고에서는 이러한 문제의식을 가지고, 개항을 전후한 한일관계의 역사적인 추이를 동아시아의 국제상황과 대내적인 정치상황, 그리고 정책결정의 배경을 이루는 사상적 요인을 종합적으로 다루면서, 그것이 동 시기의 한일관계를 어떻게 결정지었고, 급기야는 어떠한 결과로 交隣體制의 종말을 가져왔으며, 일본의 무력침략이 언제, 어떻게 시작되고 있는가를 밝히고자 한다.

2. 위정척사사상과 조선침략론의 고조

19세기 이후 개항기에 걸쳐 조선과 일본의 대외인식을 지배한 사상적 조류는 위정척사사상과 소위 征韓論으로 일컬어지는 조선침략론이었다. 그러면 이 시기 조일 양국 대외정책의 사상적 배경을 이해하기 위하여 위정척사사상과 조선침략론에 대하여 살펴보자.

조선에서 위정척사사상이 고조된 요인으로는 西學(敎)에 대한 思想的 土着主義[2]와 서구세력에 의한 위기감 및 정치적인 혼란 등 여러 가지 이유를

---

2) 「思想的 土着主義」란 개념은 鄭載植,「儒敎文化傳統의 保守理論」「宗敎와 社會變動」연

들 수 있겠다.

조선에 서학이 처음 수용된 것은 17세기 전반, 초창기에는 주로 易學에 대한 관심에서 였다.[3] 그러나 서학이 학문적으로 본격적인 관심의 대상이 되어 체계적으로 수용되기 시작한 것은 18세기 후반 실학자 李瀷에 의해서 였다. 경세치용의 실학자 이익은 서학을 학문적인 측면과 종교적인 측면으로 인식하였다는 점에 있어서 서학수용의 새로운 의미를 부여하였고,[4] 사실 이때부터 조선의 서학은 학술사상적인 측면과 종교적인 측면으로 구분하여 수용되기 시작하였다. 그리하여 학술적인 측면은 北學派를 중심으로 상당한 진전을 보았으며, 朴齊家의 경우는 서학의 수용을 위하여 서양선교사까지도 초빙할 것을 건의하기도 하였다.[5]

한편 조선에서의 천주교 창설은 1783년 李蘗의 지시로 북경의 천주교회를 방문한 李承薰이 세례를 받으면서 시작되었다. 그들은 조선 천주교회 창설에 중심 인물이 되어 1785년에 한양의 明禮洞에 있던 金範禹의 집에서 주일미사를 보면서 교세를 확장하여 갔다. 그러나 형조에 발각이 되어 김범우는 유배되어 조선천주교회의 최초의 순교자가 되었으며, 이때부터 천주교에 대한 종교적인 탄압이 시작되었다. 그럼에도 불구하고 한양과 경기도 일원에서 발생한 천주교의 신앙운동은 점차 전국적으로 확산되어 갔고, 그 계

세대출판부, 1982. 173쪽의 Ralph Linton의 토착주의운동(Nativistic Movements)의 개념, 즉 전통적인 사회를 으레히 자연적인 현상으로 생각하고, 특히 기성세력을 가진 사람들이 그것을 당연한 질서로 여기면서, 의식적으로 적극적으로 자기의 사회와 문화를 지키려는 태도, 즉 그 기존 사회와 문화의 어떤 본질적인 요소를 부흥시키거나 영속시키기 위한 의식적이고 조직적인 노력을 말한다.

3) 조선의 西學史에 관한 연구로는 李元淳, 『朝鮮西學史研究』一志社, 1986. 趙珖, 『朝鮮後期 天主敎會史研究』, 고려대학교민족문화연구소, 崔昭子, 『東西文化交流史』, 三英社, 1988. 姜在彦, 『朝鮮의 西學史』, 民音社, 1989등의 업적을 참조.

4) 孫承喆, 『朝鮮의 實學と西學』『アジアのなかの日本史』第6卷, 1993, 78쪽.

5) 朴齊家, 『北學議』外編, 「丙午正月二十二日朝參時, 典設署別提朴齊家所懷」. 孫承喆, 「北學議의 '尊周論'에 대한 性格 分析」江原大 人文學研究 제17집, 1982 참조.

층도 양반층에서 중인 및 서민층으로 확산되어 갔다.6)

당시 조정에서는 서교(천주교)의 전파를 양반사회·가부장적인 가족제도·유교지상주의의 사회에 대한 사상적인 도전으로 받아들였다. 그리고 서교가 사회문제가 되었던 것도 역시 典禮問題에서였다. 그리하여 조정에서는 서교를 邪敎로 단정하여 1786년 이래 漢譯西學書의 유입을 금지시켰다. 그러한 가운데에서도 서교는 급속하게 확산되어 1791년에는 丁若鏞의 外從이었던 尹持忠이 북경주교의 지시에 의하여 모친의 제사를 폐하고 신주를 불살랐던 소위 「珍山事件」에 의하여 국가의 禁令이 공포되었다. 이때부터 「信西派」와 「功西派」의 대립에 의하여 정쟁은 계속되었다. 그러나 1799년 신서파 蔡濟恭이 죽고, 이듬해에 정조가 서거하자, 1801년에는 대왕대비 金氏의 하교에 의하여 서교에 대한 본격적인 탄압이 시작되었다.7) 특히 「黃嗣永帛書」8) 사건은 조정에 대한 커다란 위협이 되어 이후 反西學, 反西敎의 「衛正斥邪」가 정치 이데올로기화하면서 조선사회의 支配思潮가 되어버렸다.

「西敎」 및 「西學」을 「邪敎」와 「邪學」으로 규정한 「正學」은 「小中華」내지는 「朝鮮中華主義」에 의하여 경직화된 「朱子學 一尊主義의 道統思想」을

---

6) 姜在彦, 앞의 책, 155쪽.

7) 『순조실록』 권1 순조 원년 정월 정해, 「先王은 正學을 밝히면 邪學이 저절로 없어진다고 자주 말했다. 지금 들으니 邪學이 依舊하여 서울에서 畿湖에 이르기까지 날로 퍼지고 있다고 한다. 사람이 사람됨은 人倫이 있기 때문이며, 나라가 나라됨은 敎化가 있기 때문이다. 오늘날에 소위 邪學은 아비도 없고 임금도 없으며 人倫을 파괴하고 敎化에 배치되어 스스로 夷狄禽獸로 돌아가게 한다. 저 어리석은 백성들이 점점 誣誤에 오염되니 마치 어린아이가 우물에 빠져 있는 것 같다. 어찌 측연하고 상심하지 않을 수 있겠는가. 監司나 守領들은 자세하게 효유하여 사학을 믿는 자들로 하여금 마음을 고치도록 하고, … 改俊하지 않는 무리들은 법률로써 다스려야 한다.」

8) 黃嗣永帛書의 주요내용은, 서양 여러 나라에 의한 재정원조, 北京 天主堂과의 연락방법, 로마교황이 청나라 황제에게 요청하여 조선국왕이 선교사를 받아들이도록 칙령을 내리게 할 것, 청나라가 安州와 平壤에 撫按司를 두어서 親王을 임명하여 감호케 하고, 公主를 시집보내어서 朝鮮國王을 駙馬로 삼게 할 것, 洋舶 수백척에 精兵 5~6만명을 파견해서 무력으로 改敎를 강요할 것.(姜在彦, 앞의책, 176쪽)

말한다. 이 시기 衛正斥邪思想의 대표적인 李恒老는 道統과 學統에 대하여,

> 堯舜에서 周公에 이르기까지는 道를 행하는 統이며, 孔子로부터 尤翁(宋時
> 烈)에 이르는 學을 행하는 統이다. 孔子는 堯舜에 유사하고, 孟子는 禹에 유
> 사하며, 朱子는 周公에 유사하고, 尤翁은 孟子에 유사하다.[9]

라고 하여, 堯-舜-禹-湯-文-武-周公까지를 道統으로, 孔子-孟子-程子-朱子-
宋子까지는 학통으로 보았는데, 이러한 논리에 의해 宋子(宋時烈)를 포함한
당시의 주자학을 唯一思想으로서 正學으로 체계화하였던 것이다. 이와 같이
주자학의 학통에 송시열을 추가한 위정척사사상은 朱子의 反金的이며, 宋子
의 反淸的 攘夷思想을 계승한 사상적 바탕 위에서, 그 상대를 胡擄(淸)로부
터 洋夷로 대체시킨 「尊中華·攘夷的」인 道統思想이었던 것이다.[10]

따라서 이러한 사상적 분위기 속에서 사학이건 서교이건 간에 전혀 용납
될 수가 없었던 것이며, 서교에 대한 탄압은 계속되어, 1839년에는 기해사
옥, 1846년에는 병오사옥이 일어났다. 그러나 1860년 제2차 아편전쟁이 일
어나기 전까지만 해도 서구에 대한 직접적인 위기의식을 느끼지는 않았던
것 같다. 그 예로 1839년 청에서 아편전쟁이 일어나, 그 소식이 곧바로 청
에 파견되었던 謝恩使에 의해 조선에 알려지게 되었는데, 당시 아편전쟁에
관한 조선의 반응은 영국이 청의 廣東·福建·浙江을 함락시킨 사실을 알았
지만, 일시적인 현상으로 보고 그렇게 심각하게 생각하지는 않았다. 뿐만
아니라 1854년 일본이 美日和親條約을 맺고 개항을 한 이래 영국·러시아·
네덜란드·프랑스 등과 연이어 조약을 체결하고 1856년부터는 이들과 무역
을 하기 시작하였는데, 이러한 사실이 1860년 대마에 의하여 조선에 전달되
었고, 조선도 이에 대하여 회답을 보냈다.[11] 그러나 거기에 나타난 조선의

---

9) 李恒老, 『華西集』, 『雅言』 권12, 「堯舜」 제36.
10) 위정척사사상의 사상적 배경과 그 내용에 관해서는 강재언『조선의 개화사상』朴
    忠錫, 『韓國政治思想史』, 삼영사, 1982, 200쪽의 「尊華攘夷思想」의 擡頭. 참조.

반응은 일본이 기독교의 대책만 엄중히 한다면, 일본과 구미와의 통상은 「柔遠之道」이므로 그대로 인정한다고 하였던 것이다. 이것은 당시까지만 해도 「衛正斥邪」를 하더라도 歐美諸國을 攘夷의 대상으로까지 간주하지 않았음을 뜻한다.

이러한 상황에서 1860년 제2차 阿片戰爭이 일어나고 북경조약에 의하여 청이 미·불 등에게 양자강 이북지방을 개방하고, 아편 무역과 기독교 포교의 공인, 그리고 러시아에 대하여 연해주를 할양하게 되자, 조선은 러시아와 국경을 접하게 되면서 점차 대외적인 위기감이 고조되기 시작하였다.[12] 이렇게 서구에 대한 위기의 식이 고조되어 갈 즈음, 1866년 4월의 독일인 오페르트 南延君墓 도굴사건, 7월의 제네랄 셔어만호의 대동강 침입사건, 그리고 8월부터의 프랑스 로즈함대의 침입에 의한 丙寅洋擾 등은 조선이 서양세력으로부터 무력시위를 받은 최초의 사건이었으며, 이 사건들은 조선으로 하여금 서구에 대한 의구심과 위기의식을 갖게 하기에 충분한 사건이었다.[13]

이 점에서 1866년 서양세력에 의한 직접적인 위협이 있기 전까지만 하여도 「위정척사사상」의 배척대상은 어디까지나 西學 또는 西敎를 의미하는 것이었고, 구미세력 그 자체가 배척의 대상은 아니었음을 알 수 있다.

병인양요 강시 李恒老는 主戰論은 「國邊人之說」이라 하고, 主和論은 「敵邊人之說」이라고 하면서, 主戰과 主和는 인간과 금수를 구별하는 시금석이라 하였다. 그는 공조참관을 사직하는 상소문에서

안으로 有司로 하여금 邪學의 당을 주륙하고, 밖에서 壯士들이 入海한 外賊들을 정벌하는 것, 이것에 의하여 인간이 되든가, 금수가 되든가, 죽든가 살든가 결정을 해야 한다.[14]

---

11) 『철종실록』, 권12, 철종 11년 8월 기사.
12) 原田環, 「19世紀朝鮮の對外的危機意識」『朝鮮史硏究會論文集』 21, 1984, 74쪽.
13) 백종기, 「홍선대원군의 양이쇄국정책」『근대한일교섭사연구』 정음사, 1977 참조.

고 하였다. 이러한 사상적 풍조는 1866년 프랑스함대가 강화도에 침범하자, 대원군이 묘당에 보낸 친서에 그대로 반영되는데,

그 괴로움을 참지 못하여 和親함은 곧 나라를 파는 것이며, 그 독을 참지 못하여 交易을 허락함은 곧 나라를 망치는 것이며, 적이 京城에 박두하였을 때 왕도를 떠나는 것은 곧 나라를 위태롭게 하는 것이다.[15]

고 하여, 主和는 賣國이며, 交易은 亡國이고, 非戰은 危國이라는 攘夷의 3대 원칙으로 집약되어 전국에 斥和碑를 세우게 된다. 물론 당시까지만 하더라도 攘夷의 대상은 곧 西洋을 의미하는 洋夷였다. 그러나 이러한 攘夷의 논리도 일본에 대한 위기감이 고조되면서 곧이어 「倭洋一體」의 斥倭運動으로 전개되어 갔다.

한편 조선에서 「衛正斥邪思想」이 고조되어 가고 있던 즈음, 일본의 대외인식은 어떻게 전개되어 가고 있었을까.

조선후기 일본인의 조선관은 『日本事紀』와 『古事記』의 전승이래 소위 「任那日本府」說에 의하여 조선을 「朝貢國」으로 보는 의식이 흐르고 있었다. 예를 들면 조선전기 足利幕府의 조선에 대한 우월감이나 豊臣秀吉의 조선침략도 기본적으로는 그 맥락을 같이 하고 있는 것이다. 그러나 조선전기까지만 해도 이러한 인식은 한정된 권력층에 머물러 있었고, 반면에 한편으로는 조선인에 대한 문화적 열등의식도 내재되어 있었다.[16]

특히 임진왜란에 의하여 많은 조선의 典籍이 탈취되어 일본으로 들어가고, 또한 피로인들에 의하여 주자학이 교습되어 지면서, 일본지식인들 사이에는 조선을 문화적 선진국으로 보는 인식도 고조되고 있었다. 예를 들면 일본주자학을 확립한 藤原惺窩, 林羅山, 山崎闇齊 등은 李退溪에게서 큰 영

---

14) 李恒老, 앞의 책, 권3, 疏箚 「辭工曹參判疏」.
15) 『龍湖簡錄』 병인년 9월 14일.
16) 村井章介, 「中世人の朝鮮觀をめぐる論爭」 『歷史學硏究』 no.576, 1988. 39쪽.

향을 받았으며,17) 피로인으로 잡혀간 姜沆, 洪浩然, 李眞榮이나 통신사의 방
일 시에 이루어진 일본유자들과의 문화적인 교류를 통하여 잘 나타난다.18)
그러나 조선문화에 대한 존경이나 숭배의 감정이 조일관계에 그대로 나타
난 것은 아니었다. 조선에 대한 일본인의 관심은 주자학이나 인쇄·도자기
기술 등 문화적인 것에 한정하였을 뿐이었다.19)

　17세기 후반에 이르면 일본중심주의의 「日本型 華夷意識」20)과 소위 일
본의 「國學」이 발달하면서, 「朝鮮蔑視觀」으로 변질되어 권력층 뿐만 아니
라 학자 전반에게 지배적인 조선관으로 파급되어 갔다. 그리고 이러한 사상
적 경향은 막말에 이르러 「征韓論」이 되고, 결국 조선침략의 사상적 배경을
이루게 되었다.21)

　德川時代 조선멸시관의 태두라고 불려지고 있는 熊澤藩山(1619~1691)은,

　　九夷의 안에서는 朝鮮·日本·琉球가 가장 우수한데, 그 삼국 중에서는 일
　본이 가장 빼어나다. 따라서 中夏의 밖, 四海의 안에서는 일본에 버금가는
　나라가 없다. 이것은 千照皇·神武帝의 덕이다.22)

---

17) 朝鮮朱子學이 일본에 미친 영향에 관하여는 阿部吉雄,『日本朱子學と朝鮮』, 東京大學
　　出版會, 1965.
18) 通信使의 문화적 교류와 그 의미에 관하여는 李元植,『朝鮮通信使』, 대우학술총서
　　59, 민음사. 1991.
19) 李俊杰,『朝鮮時代 日本과의 書籍交流』, 弘益齊, 1986. 참조.
20)「日本型 華夷意識」이란 일본의 武威와 天皇의 존재를 華로 설정하고, 주변의 나라를
　　夷로 보며, 주변의 나라가 일본에 복속한다는 日本中心主義의 世界觀을 말한다. 「征
　　韓論」도 결국 이러한 세계관에 의해 韓(조선)을 征伐한다는 의미였던 것이다. 荒野
　　泰典,『近世日本と東アヅア』, (東京大學出版會, 1989). ロナルド·トビ,『近世日本の國
　　家形成と外交』(創文社, 1992). 孫承喆,『朝鮮時代 朝日關係史 研究』제4장 제2절, 「朝
　　鮮中華主義」와 「日本型 華夷意識」의 대립(지성의 샘, 1994) 참조.
21) 조선후기 일본인의 조선관에 관하여는 三宅英利저, 河宇鳳譯,『역사적으로 본 일본인
　　의 한국관』풀빛 106, 1990. 과 矢澤康祐,「江戸時代における日本人の朝鮮觀について」
　　『朝鮮史研究會論文集』제6집, 1969. 孫承喆,「朝鮮後期 韓日兩國人의 相互認識 및 政策
　　의 思想的 特質」『社會科學研究』제25집, 강원대학교 사회과학연구소, 1987. 참조.

라고 하여, 조선을 일본보다 열등하게 인식하고, 그 근거를 神功皇后의
三韓征伐과 任那日本府說에 두고 있다.

또 山鹿素行(1622~1685)은 일본의 삼한정벌을 찬미하면서,

> 조선·신라·백제는 모두 일본의 藩臣이었다……. 고려도 本朝의 속국이었
> 고, 文과 武 모두 外朝(중국)에 비할 바가 못되니, 中華(일본)와는 비교도 안
> 된다. 뿐만 아니라 中朝(일본)의 문무를 두려워 한다.[23]

고 하여, 조선은 일본을 두려워하는 소국이라고 멸시하고 있다. 특히 그
는 일본을 中華라 하고, 조선을 屬國, 그리고 중국을 外朝라고 부를만큼 이
미 국수주의화되어 있었다. 이러한 논리는 이미 동아시아 세계를 일본중심
으로 재인식하는 「日本型華夷意識」의 발로라고 볼 수 있다.

문제는 이러한 인식을 가진 인물들이 막부의 대외정책 결정에 중요한 역
할을 하였다는 점이다. 그리하여 이후 「日本型華夷意識」은 인접국(조선)과
의 상호이해나 민족적인 연대감을 차단시켜 갔고, 일반인들도 이러한 차별
의 구조 속에서 대외관계를 인식하였던 것이다. 1711년 新井白石의 통신사
빙례규정의 개정은 이러한 인식이 노골적으로 표면화된 대표적인 사건이
다.[24] 나아가 이러한 조선멸시관은 18세기 후반에 이르러 일본내의 대기근
과 통신사의 정치·외교적 의미의 감소에 따라, 장군습직을 축하하기 위한
통신사파견이 관례를 깨고 연기되면서, 더욱 고조되어 결국에는 易地通
信[25]이라는 교린체제의 변질을 가져왔던 것이다.

---

22) 熊澤蕃山, 『蕃山全集』 제1책, 「集義和書」 권5, 199쪽.
23) 『山鹿素行全集』, 思想篇, 제12권, 「中朝事實」
24) 손승철, 『조선시대 조일관계사연구』 제4장 제2절 장군호칭과 의례변경 참조.
25) 종래 조선에서 일본에 通信使를 파견하는 경우, 그 장소는 德川將軍이 거처하고 있
    던 江戸였고, 통신사는 對馬島主 및 老中의 안내를 받아 장군을 직접 만나 朝鮮國王
    의 國書를 전달하고, 후에 회답서를 받는 것이 恒例化되어 있었다. 그러나 1811년
    辛未通信使는 그 장소를 대마도로 바꾸어 島主의 저택에서 국서가 교환되었던 이례

조선멸시관은 이후 林子平(1738~1793)에 이어지면서, 러시아의 남하와 그에 대비한 海防論이 주장되는 가운데「朝鮮侵略論」소위「征韓論」으로 탈바꿈하게 된다.

> 神武帝는 統一의 대업을 이루고서 人統을 세웠다. 神功皇后는 三韓을 臣服시켰고, 太閤은 조선을 토벌하였으나, 조선이 지금에 이르러서는 본방에 복종하지 않는다.[26]

라고 하여 조선침략을 찬미한 후, 네덜란드와 같은 나라도 군비를 확충하여 식민정책을 한다고 하면서, 조선·유구·북해도에의 침략의 필요성을 역설하였고, 동양에는 대일본, 서양에는 대영제국이 세계에서 가장 큰 두 부국과 강대국이 될 것으로 호언장담하였던 것이다. 즉 이 시기가 되면 조선침략은 일본의 海防을 위한 해외침략론으로 전개되고, 나아가 해외침략을 통하여 일본을 富國化하고 해외로 발전한다는 이론적 기초를 만들어 갔던 것이다.[27]

그 예로 농학자였던 佐藤信淵(1769~1850)은

> 무릇 他國을 경략하는 법은 허약해서 취하기 쉬운 곳에서부터 손대어 가는 것을 원칙으로 한다. 지금에 이르러 세계 여러나라 중에서 皇國이 공략하여 얻기 쉬운 땅은 중국의 만주이상 없다. 먼저 韃靼을 얻고 난 후에 조선·중국도 이어서 도모하여야 할 것이다.[28]

적인 통신사였다. 이로써 조일 우호교린의 상징으로 표현된 通信使의 파견도 막을 내리게 되었다.(孫承喆,『朝鮮時代 朝日關係史硏究』제5장 제1절 참조)
26)『林子平全集』제1책,「海國兵談」제16권, 349쪽.
27) 矢澤康祐,「江戶時代における日本人の朝鮮觀について」『朝鮮史硏究會論文集』제6집, 1969, 30쪽.
28)『佐藤信淵家學全集』, 중권,「混同大論」, 197쪽.

라고 하였다. 조선침략론은 吉田松陰(1830~1859)에 이르면 더욱 명백하여진다.

> 옛 고대에는 신하로 따르지 않은 곳이 있으면 海內·海外를 막론하고 동서로 征伐하여 반드시 강경하게 제거해 버렸다.…… 근년에 이르러 러시아·미국이 맹렬하게 밀려오는데 관리는 구차하게 편의적으로 처분한다. 이것이 어찌 영세토록 변하지 않겠는가. 黃天이 우리나라를 사랑하여 돌보아 주시고, 반드시 장차 영명하고 밝은 君主를 내셔서 한번 변해 옛날의 번성함으로 돌아가는 바 있을 것이다.29)

라고 하여 명백한 征服史觀에 입각하여 天皇制로의 복귀를 역설하였던 것이다. 이어

> 조선과 만주는 서로 연해져 있는데, 神州의 서북쪽에 있으며 모두 바다를 사이에 둔 가까운 나라이다. 그리고 조선의 경우에는 옛날 우리나라에 신하로 복속했는데도 지금은 점점 거만해졌다. 무엇보다도 그 나라의 풍속과 종교 등을 상세히 알아서 그것을 다시 수복하지 않으면 안 될 것이다.…… 지금 시급히 군사적인 장비를 정비하여 함선과 대포가 대충 갖추어지면 바로 蝦夷를 개간하고 그 사이에 加模察加(캄차카)·隩都加(오호츠크)를 탈취하고, 유구를 타일러서 일본천황에게 알현하게 하고, 조선을 책하여 인질을 바치고 조공을 하게 하는 것을 옛날과 같이 하게 하고, 북쪽으로는 만주땅을 분할하고, 남쪽으로는 대만·呂宋(필리핀) 제도를 손에 넣어 점점 진취의 진세를 보여야만 할 것이다.30)

라고 하여, 이제는 조선뿐이 아니라 숲아시아에 대한 奪取를 주장하였던 것이다. 그리고 그 구체적인 방책으로서

---

29) 『吉田松陰全集』 제1권 「幽囚錄」 自序.
30) 위와 같음.

러시아·미국은 일정하게 도모하여 결연히 이것(동아시아제국)을 쳐부술
것이다. 信義를 오랑캐에게 잃으면 안 된다. 다만 규칙을 엄격히 하고 신의
를 두텁게 하고, 그 사이에 국력을 길러 얻기 쉬운 조선·만주·중국을 쳐올라
간다. 교역에서 러시아에게 잃는바는 조선과 만주에서 보상받아야 한다.[31]

이 논리는 곧 서구와 수교하여 그 압력을 잠시 완화하면서 국력을 키워
동아시아제국을 침략하여, 서구에 의해 잃은 것을 조선에서 찾는다는 논리
로 이후 일본의 조선 및 아시아에 대한 침략은 이러한 논리선상에서 전개
되어 갔음은 이미 자명한 사실이다.[32]

이러한 정한론은 막말에 이르러 勝海舟(1823~1899)에 이르러 더욱 구체
화되면서, 막말 및 명치유신 초기의 대한정책을 결정하여 갔다. 그는 1863
년 대마번의 대조선교섭의 실무자였던 大島正朝와 桂小五郞(木戶孝允)의 방
문을 받고 논의하였는데

지금 바야흐로 아시아주 가운데 구라파인에 저항할 나라가 없다. 모두 규
모가 협소하여 그들의 원대한 계획에 미치지 못하기 때문이다. 지금 우리나
라(일본)에서 함선을 내어 널리 아시아 각국의 군주에게 설득하여 종횡으로
연합하여 공동으로 해군을 크게 일으켜서 학술을 연구하지 않으면 구들의
유린을 피할 수 없을 것이다. 우선 가까운 나라인 조선부터 이를 설득시키
고 그 뒤에 중국에 미치고자 한다.[33]

즉 이것은 유럽열강과 아시아 제국의 차가 현저함을 인식하고, 그에 대
비하기 위하여 아시아 제국의 조속한 연합, 특히 해군의 확충이나 학문·기
술교류의 필요성을 조선이나 중국에 설득하자고 하는, 소위 아시아連帶論

---

31) 위와 같음.
32) 三宅英利著, 河宇鳳譯, 『역사적으로 본 일본인의 한국관』, 풀빛, 1990. 137쪽, 그리
　　고 그 구체적인 상황은 白鍾基, 앞의 책 참조.
33) 『海舟全集』 제9권, 「海舟日記」 1863년 4월 27일.

혹은 共同防衛論이다.

여기에는 종래 주장된 바와 같이 일본을 방위하기 위한 수단으로서 조선을 침략하는 정한론의 입장은 배제되어 있다. 그리고 이러한 주장은 대조선교섭의 실무자들과 막부당국자 사이에 논의되었다는 점에 있어서 특별히 실천적이고 효용적인 국제의식을 가졌다고 평가되고 있다.[34]

그러나 이러한 구상도 일시적이었을 뿐, 러시아의 남하가 구체화하자, 러시아의 조선침입이 일본의 안전에 위태로움을 지적하고, 그것을 방지하기 위해 조선에 원조와 충고를 하되, 만약 그것을 거절하면 "때에 따라서는 군사적인 위세로써 복종시킬 수 있다"고 하여 결국 정한론을 주장하였던 것이다. 그리고 勝解舟의 이러한 주장은 1864년 3월 「朝鮮國情探索의 儀」가 하달되어 실제적으로 행동화되어 갔다.

3. 對馬의 「조선진출론」

18세기 후반이후 조선과 대마번의 무역이 쇠퇴하여 가자, 재정적으로 궁핍한 상태에 이른 대마도는 막부에 대하여 원조를 요청하였다. 이에 막부는 조일외교와 무역의 원활한 유지를 위하여 대마번에 대한 재정적인 원조를 계속할 수밖에 없었다.[35]

이 시기 통신사의 계속된 연기와 대마·대판 역지통신도 이러한 재정적 궁핍과 무관하지 않다고 보아진다. 재정이 어려웠던 대마에 또다시 새로운 위협이 되었던 것은 1859년 이래 英國과 러시아 군함의 출현과 정박에 의한 대외적인 위기감의 고조였다.[36] 1862년 8월 존왕양이파가 대마도의 실

---

34) 三宅英利著, 河宇鳳譯, 앞의 책, 141쪽.

35) 荒野泰典, 『近世日本と東アジア』, 東京大學出版會, 1988, 233쪽.

36) 대마근해에 異國船이 출몰한 것은 1859년 영국의 악티온호의 내항과 1861년 러시

권을 장악하자, 존왕파는 도주로 宗義達을 습직시키고, 번의 재정위기와 방위문제를 해결하기 위하여 막부에 대하여 매년 3만석의 재정원조를 요청하였다. 이때 대마번은 재정궁핍을 호소하는 문건에서 「食糧을 異邦에서 받는다」고 하는 굴욕적인 상황을 강조하였고, 열강에 대한 대마의 위는 곧 황국 전체에 관련된 문제임을 중앙막부에 인식시키려고 노력하였다.37)

이러한 건의는 軍艦奉行 勝海舟의 협력하에 적극적으로 추진되어, 「朝鮮國體偵探索」의 내명을 지시하기에 이르렀던 것이다. 이러한 경위를 거치면서 1863년 5월 12일 대마번에서 京都幕府에 제출된 원조요구서에는 서구열강이 조선을 점령하면 皇國 전체의 위기가 되기 때문에, 열강이 진출하기 전에 조선에 진출하여야 하며, 처음에는 조선에 신의를 가지고 설득을 하여 보지만, 듣지 않으면 무력을 행사한다고 하는 종래 정한론자들의 논리가 그대로 계승되어 나타난다. 그리고 그러한 사태에 대처하기 위해서 대마번에 충분한 원조를 해주어야 한다는 것이다.38)

이러한 大島友之允의 적극적인 활동에 의하여 1864년 10월 幕府에서는 관리를 대마에 보내어 조선사정을 정탐하도록 하였는데, 이에 앞서 大島友之允은 막부에 대하여 朝鮮進出에 관한 建白書를 보내었다. 이 건백서는 2개항의 서론부분과 7개항의 구체적인 내용으로 되어 있다.39)

우선, 서론부분에서는 조선진출론의 기본자세에 대하여 언급하고 있는데, 첫째, 조선은 원래 自尊의 國風을 가지고 있기 때문에 금방 屬國의 人臣之

아의 포사토닉호가 6개월에 걸쳐 대마도 아소만에 정박한 사건이 있었다. 당시 대마에서는 이 사건을 계기로 대마의 개항과 막부에 의한 직접관리를 요구하는 移封을 추진하면서, 조일간의 무역외교체제의 변혁을 기도하기 시작한다. 木村直也, 「幕末の日朝關係と征韓論」『歷史評論』516, 1993, 28쪽.

37) 木村直也, 「文久三年對馬藩援助要求運動について-日朝外交貿易體制の矛盾と朝鮮進出論 -」(田中健夫編)『日本前近代の國家と對外關係』, 吉川弘文官, 1987참조.

38) 위의 논문, 719~721쪽.

39) 이 建白書의 全文과 내용에 관하여는 木村直也, 『元治元年大島友之允の朝鮮進出白書について』(上), 『史學』제57권 4호 1988.

禮를 취하지는 않을 것이기 때문에, 먼저 恩德을 앞세우도록 하였고, 德化에 복종하지 않는다면 응징의 용단을 내려야만 한다고 하였다. 두 번째로 外夷의 침략에 대한 위기를 충고하면서, 脣齒와 같이 萬世相保하려는 성의를 가지고 담판 하지만, 조선은 평소부터 의심을 하는 國風을 가지고 있고, 秀吉이후 원한이 쌓여 굴복시키는 일이 어려울 것이므로, 시간이 걸리더라도 恩·威·利의 세 가지를 모두 활용하여 다음의 구체적인 7가지를 실행하여야 한다고 하였다. 그 구체적인 시행안을 보면,

제1책, 兩國交際의 규칙을 고치자는 주장으로, 종래의 여러 가지 양국교제의 규제를 바꾸어 편협하고 고루한 구폐를 일신하고 조선의 여러 곳을 개항하여 일본인을 植民시키자는 것.

제2책, 조선인의 民心을 굴복시키자는 주장으로, 조선의 政道는 가혹하기 때문에 천황의 「御仁恩」으로 민심을 끌어들이면 일본의 仁政을 사모할 것이며 그 나라의 풍속을 탐간하여 염치가 없으므로 利益으로써 민심을 꼬이도록 하자는 것.

제3책, 양국의 禁制를 파하자는 주장으로, 양국간의 편협하고 고루한 벌금을 고쳐야 하는데 조선의 嚴禁을 파하기 위해서는 일본의 國禁을 파해야 하고, 그중 우선 무기수수출금지를 해제하자는 것.

제4책, 피아간에 物産을 열자는 주장으로, 부강실현을 위하여 조선에 기술자를 보내어 鑛業을 비롯한 제산업의 개발에 노력하면, 조선에도 일본에도 유익할 것이며 그 국민이 굴복하여 우리에게 화할 것이니, 그들이 소유한 것을 가지고 그들을 제압할 수 있다는 것.

제5책, 神州의 무위와 용기를 과시하자는 주장으로, 조선을 굴복시키기 위하여 「御恩德」을 앞세우지만, 조선의 國俗으로 미루어 볼 때 어려운 일이므로, 자연스럽게 두려움을 느끼게 하기 위하여는 무비를 정돈하고, 군함을 내어서 군사연습을 행하며, 조선인에게 皇國의 義勇과 尙武의 기상을 보여

줄 것.

제6책, 淸國과 商路를 열자는 주장으로, 조선은 富國이라고 볼 수 없기 때문에 조선과 통한 후에는 조선을 모개로 하여 北京과의 상로를 열어야 한다는 것.

제7책, 海軍을 크게 흥기시키자는 주장으로, 부국강병을 위해서는 해군흥기 위에 책략이 없으며, 그 재원을 확보하기 위하여 조선·청국과 교역을 하자는 것이다.

朝鮮蔑視觀과 皇國優越觀에 의한 이러한 주장이 1864년 당시 실현될 가능성은 적었지만, 대마와 막부에서는 이미 조선침략에 대한 구체적인 계획을 세워놓고 있었던 것이다.

그러던 중 1866년 7월 미국 상선 제네랄 셔어만호 사건이 일어나고, 이듬해 9월 프랑스 선교사 9인의 처형에 항의하는 로즈함대의 강화도 침입사건인 丙寅洋擾가 일어나자, 이를 물리친 조선정부는 이 사건을 전하는 서한을 대마도에 보내었다. 특히 이 서한에서는 양국의 隣誼를 돈독히 하기 위하여 프랑스함대의 침입상황을 자세히 알려준다고 하면서, 이번의 洋夷는 大洋을 항해하여 다니기 때문에 언제 일본에 출몰할지 예측할 수 없다고 하면서 경계를 해줄 것을 촉구하고 있다.[40]

그런데 이 사건을 이미 알고 있었던 막부는 스스로 미국·프랑스와 조선 사이에서 조정을 획책하고 外國奉行 平山敬忠을 조선에 파견할 계획을 세웠다. 그러나 이 계획은 조선측의 거부로 이루어지지 않았다. 이 일련의 계획은 조선을 국제사회로 선도한다고 하는 명분을 가지고 있는 듯하지만, 사실은 막부정권이 佛·美의 관심을 얻으면서 外交權을 장악하는 통치자로서의 정치외교적인 목적이 내재되어 있었고, 한편으로는 종래부터 주장하여

---

40) 『日省錄』 李太王 丙寅 10월 15일.

왔던 조선침략의 구실을 찾는 것에 불과하였던 것이다.[41]

4. 서계거부와 교린체제의 붕괴

1868년 3월 덕천막부가 무너지면서 성립한 명치 신정부는 조일 간의 외교를 관리할 능력이 아직은 없었다. 그리하여 명치정부는 대마번주 宗義達에 대하여 종래대로 조·일통교를 家役으로 정하고는「王政刷新」을 조건에 전하도록 지시하였다. 이때 명치정부가 宗氏에게 내린 사령서는 다음과 같았다.

> 이번의 왕정쇄신에 따른 외국교제는 모두 조정에서 취급할 것이며, 조선국은 관계상 더욱 위신을 세워야 하므로 兩國交通을 장악하여야 한다. 對朝鮮國關係는 外國事務補의 입장에서 힘쓰도록 명령하였으니, 국위를 세울 수 있도록 진력할 것이며, 왕정쇄신의 때인 만큼 海外之事는 특별히 생각하여 書幣 등을 없애고 꼭 봉공하도록 할 것이다.……이번의 廢幕府와 王政刷新을 천황을 명으로 하니, 이후의 조선에 관한 모든 일을 朝廷의 명을 따를 것이며, 이 뜻을 조선에 전하도록 하라.[42]

그러나 대마번에서는 이 기회를 이용하여 大島友之允 등이 중심이되어 명치 신정부와 교섭을 하여 조일외교체제의 변경과 대마번의 재정원조를 또다시 획책하였다. 그리하여 윤 4월 대마번은 번주의 명의로 조·일외교의 쇄신을 구하는 上書를 정부에 제출하였다. 上書에서는 종래의 조일외교무역체제를 비판하면서, 대마번은 식량을 韓土에서 받아 먹으며, 조선에 대하여 藩臣의 예를 취한다 하였고, 조선측은 대마에 公作米 등 물화를 의도적으로

---

41) 木村直也,「幕末の日朝關係と征韓論」, 31쪽.

42) 日本外務省原案, 韓國日本問題硏究會編,『朝鮮外交事務書』권1, 69~71쪽.

지연시킨다는 점, 그 외에도 조선에서 圖書를 받는 것 등 굴욕적인 형식을
취한다는 점, 무역의 쇠퇴에 의하여 대마번의 재정이 궁핍하여 방위능력이
결여되고 있다는 점, 종래의 제도를 개혁하여 일본의 국위를 세우며, 조일
관계를 대마번에만 맡기지 말고 전국적인 대처를 해갈 것을 주장하였다.43)

　이러한 주장은 이미 1862년 이래 대마번이 취하여 왔던 조선에 대한 일
관된 노선으로, 1864년 大島友之允의 건백서와도 일맥상통한다. 자신의 건
백서를 관철하려 했던 大島友之允은 명치정부에 교섭을 진행하여, 藩主 宗
義達의 관위를 승진시키고, 조선으로부터 교부된 圖書를 폐하고, 정부로부
터 지급된 新印을 서계에 찍고, 더욱이 조선에서는 청을 상대로만 사용하는
「皇」「勅」 등의 문자를 써서 일본천황을 지칭하도록 하였다.44) 그리고 이
미 「朝鮮進出建白書」에서도 언급한 바와 같이 조·일통교체제의 변혁에 대
하여 조선측이 강하게 반발할 것을 예상하고, 서계가 조선에 전달되기도 전
인 1866년 10월 대마번주 宗義達로 하여금 왜관에서의 撤供撤市 등 조선측
의 조치에 미리 대비하도록 대마번내에 시달하고 있다.45) 이때 명치정부가
宗氏에게 내린 일본측의 왕정복고를 알리는 서계는 두 차례에 걸쳐 전달되
었다. 우선 王政復古와 圖書를 변경한다는 사실, 그리고 이 사실을 정식으
로 통보하기 위한 大差使를 가까운 시일안에 파견한다는 내용을 알리는 서
신과 이를 정식으로 알리는 大修大差使가 휴대하고 온 서계 등이다. 이들
서계는 모두 在近衛少將對馬守平朝臣義達의 명의로 되어 있는데, 왕정복고
와 도서변경을 알리는 서계는 禮曹大人, 東萊釜山兩令公 앞으로 한통씩, 그
리고 大修大差書契는 禮曹參判, 禮曹參議 앞으로 한통씩 전부 4통으로 되어
있다.46)

　이 중 王政復古와 圖書變更을 알리는 서계를 예시하여 보면, 아래와 같다.

---

43)『對日本外交文書』제1권 제1책.
44) 田保橋潔,『近代日鮮關係の研究』上, 138~143.
45) 田保橋潔, 위의 책, 152~3쪽.
46) 田保橋潔, 앞의 책 151~156에 원문이 제시되어 있음.

日本國<u>左近衛</u>少將對馬守平調臣義達
奉書朝鮮國禮曹<u>大人</u>閣下 季秋遙惟 文候介寧 瞻依良深 告者本邦頃時勢 一邊 政
權歸一<u>皇室</u> 在貴國隣誼固厚 豈不欣然哉 近差別使 具陳顚末 不贅于玆 不佞嚮
<u>奉勅</u>朝京師 朝廷特褒舊勳 加爵進官左近衛少將 更命交隣職 永傳不朽 又賜證明
印記 要之兩國交際益厚 誠信永遠罔渝 叡慮所在感佩曷極 <u>今般別使書翰押新印</u>
以表朝廷誠意 貴國亦宜領可 <u>舊來受圖書事 其原由全出厚誼所存 則有不可容易</u>
<u>改者</u> 雖然卽是係朝廷特命 豈有以私害公之理耶 不佞情實至此 貴國幸垂體諒 所
深望也 餘익順序保장 肅此不備
    慶應四年戊辰九月   左近衛少將對馬守平朝臣義達

* 밑줄 그은 부분은 조선측이 문제삼았던 자구임.

그해 12월 18일 부산왜관에서 이 서계의 등본을 받은 왜학훈도 安東晙은
서계중에 皇室奉勅 등의 자구가 있는 것과 또 조선으로부터 사급한 島主圖
書를 폐하고 마음대로 新印을 찍은 格外의 서계임을 들어 즉시 척퇴할 것을
주장하였다. 그러나 다음날 다시 大修大差使가 도착하여 왜관 가서 大修大
差使 正官 樋口鐵四郞을 면접하였다. 정관은 앞서와 마찬가지로 왕정복고의
대요를 설명하고, 新印의 이유를 설명하면서 선례에 의한 접위관의 접대를
요구하였지만, 훈도 大修大差使는 格外일 뿐만 아니라, 또 서계중에 규정 외
의 문자가 많은 것을 지적하고 즉시 귀환할 것임을 엄중 요구하였다.

그 후 이듬해 2월 16일, 대마에서는 大島友之允이 조선사정 시찰이라는
명목으로 도항하여 와서 훈도 安東俊을 만나 서계의 접수와 접대에 관하여
다음과 같은 변을 늘어놓았다.

이번의 新印告知의 서계는 本州(대마)에서 깊이 생각한 결과 역시 舊印을
찍고 參議의 이름으로 하여 구례대로 한다면 貴方이 더욱 놀라게 될 것을
염려한 것이다. 그럼에도 異例라 하여 거부하는 것은 그 뜻을 알 수 없다.
이례라 함은 서식상의 字面이나 상하의 격변, 쌍방의 칭호에 존비에 있는
것이며, 문구 중에 이르러 교린국간의 서로의 정실을 논한 것은 이례가 아
니다. 또한 사용한 문구에 고식, 선규가 없다고 하나 근년 귀국으로부터 보

내온, 異聞, 戰鬪의 두 서계에는 같은 내용이 있다.…… 그렇다면 新印을 찍
은 서계는 조금도 서식이례의 점은 없는 것이다. 다만 官位에 대해서는 昇
進을 그대로 한 것은 당연한 일이므로 조금도 언짢게 생각해서는 안 되니,
그대로 받아주기를 바란다.[47]

라고 변명을 해가면서, 억지를 부렸다. 訓導는 이 사실을 동래부사에게
보고하였고, 동래부사는 이를 중앙에 보고하였다. 이에 조정에서는 1년여의
협의 끝에 議政府를 통하여 대마도주의 직함이 바뀌고 朝臣이라고 쓴 것,
格例에 특히 위배되는 것 등을 개수하여 다시 바치도록 책유하고, 三百年 約
條의 본뜻을 지키도록 개유하고 일본의 서계를 거부하도록 지시하였다.[48]
당시 訓導 安俊卿의 명의로 전달된 두통의 각서는 다음과 같은데, 그 서
계에는 당시 조선측에서 문제로 삼았던 자구에 대한 상세한 이유를 제시하
고 있다.

覺
一. 左近衛少將
(功에 따라서 혹 붙이고 뗴일 수는 있으나 本國에서 행하여야 한다.
교린의 법에는 講定이 있어 바꿀 수는 없는 것인데, 어찌 이와 같이
몇 자씩을 더 넣는가. 우리나라의 禮曹參議인 경우 원래 우시랑이
고,……전부터 쓰지 않았었는데, 귀국에서 어찌 마음대로 증감을 하는
가. 전례를 준수하지 않는 것이다).

一. 平 朝 臣
(지난 서첩을 보면 비록 고대관직의 자라도 성명의 중간에 관직의 군
더더기를 붙인 적이 없다. 이는 격외의 일이다).

---

47) 田保橋潔, 앞의 책, 157~158에서 재인용.
48) 『日省錄』高宗 己巳年 12월 13일. 「議政府啓言 卽見東萊府使鄭懸德狀啓則訓別手本以
爲 對馬島主平義達書契中 以左衛小將書來者 誰惑有此等可援之例 <u>至於平字下朝臣二字
會所未有 大違格例令任 譯等嚴加責諭 使之改修正納云矣</u> 職名之與 前有異 <u>旣非恒式恒例</u>
<u>則三百年約條本意 何嘗如此乎</u> 另辭開論 使之改修書契之意 請分付 允之」

一. 書契押新印
   (귀국은 封彊之臣으로 원래 인장이 있어 본국에 행하였다. 그러므로
   귀국에서는 반드시 我國에서 준 印章을 서계에 써서 憑信의 뜻을 보
   이고자 법규를 바꾸지 않았으나 이제 다른 印으로 바꾸고자 하니 결
   코 받을 수 없다).

一. 禮曹參判公
   (公이란 君公의 칭호로 五等侯伯의 爵으로 대인에 비교하여 낮추는 것
   은 아니지만, 대게 서계의 칭호로는 大人을 삼백년이나 써왔는데 지
   금 갑자기 公을 칭하는 것은 格外이니 역시 전례를 따르는 것이 당연
   하다).

一. 皇　室
   (皇은 천하를 통일하여 온 땅을 다스리는 칭호이다. 비록 귀국에서 쓴
   다고 하나 귀국과 아국 간에 왕래한 서계 중에는 交隣이래로 없었던
   일이다. 이같은 字句는 결코 받을 수 없다).

一. 奉　勅
   (勅은 天子의 詔令으로 비록 귀국에서 높여 쓴다고 하나 교린이래로
   쓰지 않은 문자이니 다시 논하지 않겠다).

一. 厚誼所存 有不可容易改者
   (貴州에서 대대로 我印을 받음은 交誼가 있음인데, 이에 이르름은 私
   로써 公을 해하는 문구이니 어찌 사사로이 서계에 찍을 수 있겠는가.
   이는 귀국의 典州之官이 사사로이 隣國에서 인장을 받는 것과 같은
   바, 귀국의 일이 어찌 이와 다르겠는가).

一. 대저 양국의 약조는 변할 수 없는 문자이므로 왕복서계에는 방만한
   문자가 아니더라도 한마디로 규격에 틀리고 한자라도 거슬려서는
   받아들일 수 없다. 비록 백년을 기다리더라도 단지 인호를 해칠 뿐이
   니 어찌 일이 이루어지기를 기약할 수 있겠는가. 귀국 역시 일의 도
   리를 깊이 아는 사람이 있을 것이나 종시 깨닫지 못하니 진실로 개탄

할 뿐이다).

己巳 11월

이상의 내용을 통하여 볼 때, 당시 조선에서는 양국관계의 우호를 지속하기 위하여는 종전대로의 교린체제를 원칙으로 삼았으며 이를 어길 경우는 교섭을 할 수 없다는 기본입장을 취하고 있었던 것이다. 즉 조선측의 자세는 일본이 종래대로의 교린관계를 원한다면 양국간의 「約條」에 의하여 수백년간 계속하여 온 종래의 형식을 취하라는 것이며, 일본의 國制가 변했다고 하여도 그것은 일본측의 사정에 불과하다는 입장을 고수하여 대마도를 배제라는 외무성관리와의 직접교섭은 불허한다는 태도로 일관하였던 것이다. 이러한 입장은 동시에 종래부터 행하여 온 「交隣體制」의 제형식에 의해서만 두 나라 사이는 물론, 동아시아의 전통적인 국제관계가 유지될 수 있다는 대외정책의 기본입장을 나타낸 것이라고 볼 수 있다. 그러나 종래의 연구들은 조선의 이러한 대외정책의 기본입장을 무시하고, 다만 대외정책의 폐쇄적인 성격만을 강조하여 이후 일본의 조선침략 정책을 서계거부에 대한 당연한 행위로 정당화시켜 왔던 것이다.

또 하나 일본에 대한 깊은 불신감과 서구에 대한 위기의식의 고조는 일본과 구미세력의 통모에 대한 의심을 갖지 않을 수 없었던 것이다.[49] 따라서 교린체제하에서의 전례를 무시한 명치 신정부의 일방적인 통보는 조선측의 강한 반발을 야기시켰고, 종전의 교린체제를 포기하지 않는 이상은 타협될 수도 없는 상황이 될 수밖에 없었다.

결국 서계거부의 사실은 일본에 전하여졌고, 侵韓의 구실을 찾던 명치정부의 대한정책은 강경파의 정한론으로 급전회하여, 이미 변질되기 시작한 교린체제는 명치정부의 일방적인 서계양식의 변경과 그 수락여부를 둘러싸

---

49) 荒野泰典,「明治維新期の朝日外交體制 '一元化'問題」『近世日本と東アジア』, 東京大學
    出版會, 1989, 280쪽.

고 급속도로 붕괴되어 갔던 것이다.

5. 倭館占領과 朝鮮侵略

서계접수의 거부후 조일간의 교섭은 매우 혼미한 상태에 이르게 된다.
명치정부에서는 大修大差使 樋口鐵四郎을 대신하여 대마번 參政 大島正朝
를 파견하여 구례의 방식을 따르는 타협안을 내어 놓아 어느 정도 진전이
되어 가는 듯 하였지만, 독일군함 헤르타호의 부산항 시위사건으로 중단되
고 말았다.50) 그러자 명치정부는 1870년 5월 대마번주 宗氏의 職任을 회수
하고, 직접 대조선외교에 나서게 되었다. 그리하여 12월 左田白茅·森山 茂,
그 이듬해 3월에는 吉岡弘毅 등 外務省 官吏를 파견하게 대조선 교섭에 임
하게 하였다. 당시 왜관에 주재하고 있던 大修大差使 樋口鐵四郎에게 명치
정부의 의무경 澤宣嘉는 다음과 같이 대조선교섭지침을 시달하였다.51)

　　一. 조선은 接攘구교의 나라이므로 관원을 파견하여 친교를 구하는 것은
　　　　당연하다. 그러나 그 나라에 사정이 있다하니 잠시 방책을 강구하며
　　　　그 나라의 위급함을 염려하는 뜻을 표시하고, 그 해를 피하는 일을
　　　　권함으로써 인접국의 親情을 나타내야 한다.
　　一. 미국과 舊交는 없었다 해도 이미 정부와 공공연히 우호를 맺고 있다.
　　　　그러나 조선은 정부와 아직 우호를 맺고 있지 않기 때문에 일본의 공
　　　　적인 입장은 미국을 돕는 일에는 義가 있고, 조선을 돕는 일은 이치

---

50) 국사편찬위원회, 『고종시대사』 고종 7년 5월 4일. 당시 駐日獨逸公使 브란트가 독일
　　군함 헤르타호에 탑승, 5월 3일 부산에 입항하여 조선에 대한 외교교섭을 모색하려
　　하였으나 조선측에서 거부하자 공포로 위협사격을 하고 돌아간 일이 있었다. 그런
　　데 이 배에는 대마도의 譯官 등 日人이 타고 있었으므로 조선에서는 洋倭가 함께
　　공모하였다는 혐의를 갖고, 교섭을 중단시켜 버렸다.
51) 三宅英利著, 孫承喆譯, 앞의 책, 310쪽.

가 맞지 않는다. 그러므로 조선과 일본이 우호를 맺기에 앞서 일이
일어나면 미국이 하는 일을 감히 방해할 수는 없다. 미국과 우호를
저버리는 일은 합당치 않다.

一. 조선은 接攘舊交를 맺고 있으니 더욱 교역을 추진하여야 한다. 그러나
미국도 공적인 友國이니 필요한 것은 우리와 함께 할 수 있다. 일본에
있어 양국의 관계는 이 와 같다. 따라서 만일 어느 한 나라가 우리에
게 청원을 해오면 즉시 우호를 나타내어 그 청한 바를 충족시켜야 한
다. 따라서 지금의 형세에 잘 통하여 차질이 없게 하여야 한다.

一. 조선의 뜻은 지금 미국과 상반되나 우리는 미국과 뜻을 동일하게 해
야 한다. 그러나 갑자기 쇄국의 뜻을 나타내면 혐의를 면치 못하여
위기에 이르게 되니 해가 될 것이다. 삼가 미국에는 신의를 지키고,
조선에서는 혐의를 받아 위기를 초래하는 일이 없도록 하여야 한다.

一. 지금의 형세는 조선이 거부하지만 오래지 않을 것이다. 반드시 개국
하지 않을 수 없을 것이니 장래를 잘 판단하여야 한다. 이상이 미국
과 조선에 대한 우리의 입장이니 함부로 조치해서 뒤에 우환을 초래
하는 일이 없도록 하여야 한다.

明治 4年 辛未 3月 外務卿

즉 이 방침이 나타내는 것은 조선과는 이미 수백년에 걸쳐 교린체제에
의한 우호관계를 유지하여 왔음에도 불구하고, 국가간에 조약이 맺어 있지
않으므로 수호통상조약을 맺은 미국과의 관계가 우선한다는 것이다. 또한
가까운 장래에 조선이 개국할 것을 예상하고 그때에 일본이 불리함을 자초
하지 않도록 대비하도록 지시하고 있다. 이는 이미 명치정부의 공식적인 입
장이 서구외교의 원리에 입각하고 있음을 시사하는 것으로,[52] 종래의 교린
체제를 부정하는 입장에 선 것을 명백히 한다고 볼 수 있다.

그러나 교섭을 진행하여도 조선의 입장은 조금도 변함이 없이 거부적이
었고, 의정부로부터는 서계를 개수하라는 지시가 내려질 뿐이었으며, 신미

---

52) 毛利敏彦,「明治外交の朝鮮観」『國際政治』51, 國際政治學會, 40쪽.

양요에 의하여 양국의 교섭은 다시 중단되기에 이르렀다.[53]

그후 1872년 1월 명치정부는 宗義達을 대마주번 外務大丞에 임명하여 조선에 파견할 계획을 세우고, 大修大差使 樋口鐵四郎을 귀국시키고 森山茂·廣律弘信으로 하여금 대마도주 宗義達이 스스로 세습직이 해직되었다는 사실과 그 임무를 명치정부에서 행한다는 사실을 알리며 교섭을 진행시켰다. 그러나 동래부사 정현덕은 이 사신이 구례에도 없으며, 또한 왜사가 기선에 탑승하는 것은 이양선으로 오해받기 쉬우므로 접대할 수 없다고 거절하였다. 그러던 중 조일교섭이 교착상태에 빠지자 1872년 5월 26일 밤 倭館官守 深見正景과 館員 54명은 왜관을 무단으로 나와, 두모포를 거쳐 길에서 노숙하면서 부산포를 지나 6월 1일 동래부에 도착하여 동래부사에게 직접 교섭을 요청하였다.[54]

당시 부산첨사는 연도의 각포 만호들에게 군교와 인민을 동원하여 길을 막도록 하였으나, 이들은 조선측의 효유를 무릅쓰고 식량을 구걸하면서 기어코 동래부에 도착하여 동래부사의 면담을 요청하였다. 그러나 동래부사는 면접요청에 응하지 않고 「倭館欄出」행위에 대한 책임을 물어 관수의 직무를 정지시키고, 8월에는 一代官으로 하여금 관수의 일을 대행하도록 문서로 정식으로 통보하였다. 이렇게 왜관과 동래부 사이에 관계가 악화되어 갈 무렵, 대조선 강경교섭에 실패하고 돌아간 외무성 관원들은 그간의 사정을 상세히 보고하였다. 그러자 외무성에서는 대마도로부터 외교권을 접수한 데에 이어, 이번에는 왜관을 접수할 것을 결정하고, 대주번의 부채를 청산하기 위하여 外務大丞 花房義質을 특파하기로 하였다. 이미 1871년 7월 宗氏의 韓日外交管掌의 家役을 파했던 명치정부는 조일외교에 관한 모든 권한을 장악하고 있었고, 1872년 정월부터는 이미 그 기능도 정지된 상태였

---

53) 『承政院日記』고종 6년 12월 13일.
54) 『高宗時代史』1, 고종 9년 6월 7일. 蔡中默, 「倭館을 接觸點으로 한 韓·日外交 交涉史 硏究」 전북대학교 논문집, 제16집, 인문사회과학편, 1974, 43~45쪽.

다. 당시 왜관에 새로 파견되어 교섭을 관장하던 외무성관리 森山茂·廣津弘
信은 왜관에서 대마번관리를 모두 소환하고 외무성에서 직접 관리를 파견
하겠다는 방침을 세우고, 1872년 정월부터 그 구체적인 방안을 모색하여 6
월에 다음 세 항목을 명치정부에 상신하였다.[55]

그 내용은 첫째, 왜관에서 대마번사를 완전히 소환하고 외무성 직원으로
대치할 경우 양국관계가 극도로 악화될 것을 우려하여, 왜관의 접수는 실제
로 행하더라도 이를 비밀에 부쳐서 외관상으로는 대주번 소관의 옛모습을
그대로 나타낼 것. 둘째, 文引은 옛 圖書를 그대로 사용할 것. 셋째, 구 대주
번의 부채를 청산하여 줄고, 셋째항은 대장성과 협의하도록 하였다. 그리하
여 1872년 8월 18일, 외무성에서는 왜관접수를 위하여 다음과 같은 지시를
하달하였다.

勅 書

外務卿 正四位 副島種臣

一. 초량관 및 대관소는 종전과 같이 그대로 둘 것.
一. 無用의 土官雜人 등은 전부 귀국시킬 것.
一. 상인의 거류는 자유로이 할 것.
一. 圖書는 옛날과 같이 할 것.
一. 세견선은 정지할 것.
一. 歲遣滯品 宗氏의 부채는 計定 지불할 것.
一. 對州에 체류중인 漂民은 모두 송환할 것.
一. 위와 같이 조선국 출장 외무대승 花房義質에게 相達할 것.

明治 五年 壬申 八月 十八日

奉勅 太政大臣 從一位 三條實美[56]

---

55) 『朝鮮外交事務書』 권5, 287~289쪽.

그리하여 명치정부로부터 왜관접수의 권한을 위임받은 外務大丞 花房義質은 廣律弘信·森山茂·齊藤榮·奧義制 등을 동반하고, 과거 對州 조선 부채 28,000兩에 해당하는 물품을 적재하고, 北村 陸軍中佐 河村 陸軍中佐 別府 陸軍大尉 등과 鎭西(熊本) 鎭臺의 보병 2개소대를 軍艦 春日과 汽船 有功丸에 승선시켜, 9월 15일 대마도 嚴原에 체류중이던 표민 13명을 별도로 배에 태워 동일 오후 5시 초량관 앞에 도착하였다.[57]

초량 왜관 앞바다에 도착한 후, 동승한 일본군의 구체적인 행위에 관하여는 상세한 기록이 없어 이후 이들의 행동거지는 알 수 없다. 그러나 이날 밤 조선측에서 小通事가 왜관에 들어가 問情하자, 일본선박은 對州의 관원 및 표민을 태우고 정식의 文引을 지참하고왔으며, 화륜선 1척은 외무관원이 동승하고 동 1척은 다만 호위선이라고 답하였다.[58] 왜관에 들어온 후, 花房義質은 관수를 비롯하여 一代官 및 통사들에 대하여 무역상의 부정과 왜관 난출의 책임을 물어 동월 19일자로 귀국시키고, 관내의 불필요한 인원과 宗氏측의 사람을 전부 소환하고, 왜관의 모든 업무를 일본 외무성의 관원으로 하여금 직접 관리하도록 하였다. 이로써 왜관은 대마번의 관할을 떠나서 외무성 소관으로 되고, 명칭도 草梁館으로 개칭하여 마치 일본의 대외공관인 양 인식되기에 이르렀던 것이다.

6. 맺음말

이상에서 언급한 바와 같이, 「倭館欄出」사건이후 왜관과 동래부 사이에 관계가 악화되고 있던 즈음, 花房義質이 승선한 갑작스런 일본군함의 출현

---

56) 『朝鮮外交事務書』 권5, 425~426쪽.
57) 『朝鮮外交事務書』 권5, 519쪽.
58) 『朝鮮外交事務書』 권6, 242쪽.

은 조일관계를 더욱 악화시켜 갔음은 말할 나위가 없다. 花房義質은 館守
深見正景에게 새로이 외무성 직속의 館司의 직학을 주어 교섭을 의뢰하였
지만, 10월 訓導 安東晙과 別差 玄豊瑞는 館司 深見正景 이하 왜관원을 인정
하지 않고, 드디어 왜관에 대한 식량지급과 교역을 중지하는 撤供撤市를 단
행하였으며, 모든 潛像행위를 엄금하는 포고문을 왜관수문에 게시함으로써
양국의 관계를 단절시키고 말았다. 당시의 포고문의 내용을 보면 조선에서
는 이미 倭夷를 곧 洋夷와 마찬가지로 위정척사의 대상으로 삼아 완전히 적
으로 간주하고 있었던 것이다.[59]

결국 명치정부의 기만된 倭館古領에 의하여 임란이후 재개된 조일간의
교린체제도 막을 내리게 되고, 이후 양국관계는 교린체제하에서의 교섭형
태가 아닌 명치정부 외무성 관리와의 직접교섭의 단계로 접어들게 되었다.
뿐만 아니라 이러한 침략행위는 이후 명치정부의 대조선 정책을 결정해 간
木戸孝允[60]과 西鄕隆盛[61]등에 의하여 더욱 구체적인 무력도발행위로 이어

---

59) 田保橋潔, 앞의 책, 295쪽에 인용된 원문중「近聞來接館中 其形貌衣服 多非日本人 彼
之變形易俗 非我所管……猝有洋船洋服之至者 不可謂日人野也

60) 木戸孝允는「德川氏의 關政 이래 혹은 때에 따라 聘禮를 받아들인 일이 있었지만,
그것도 오지 않은 바가 벌써 20여년이나 되었다.……그들은 마땅히 한번 와서 정성
과 감사를 올려야 할 것인데, 인습에 위탁하고 구습을 요행으로 생각한다. 번번이
대마번을 통하여 함부로 문필을 농하니 믿을 수 없고 치우치며 꾸민다. 道를 교류
하는 정리를 말하지 않고 감히 上國에 대항하려 한다.……조선과의 교류를 단연히
끊어야 하며, 그러기 위해서는 兵員·함선·군수물자를 준비해야 한다」(『木戸孝允文書』
「朝鮮交際始末」제1권)고 하면서 通信使 斷絶의 책임을 조선에 전가하고는 上國에 대
항하려는 조선을 응징하기 위하여 침략준비를 해야 할 것을 주장하였다.

61) 西鄕隆盛(1827~1877)은「지금은 사태로서도 公法上 밀어붙이면 조선을 토벌할 명분
은 이것을 전부 이유가 있는 것으로 해야 합니다. 천하의 사람들이 아는 바가 없으
면 오늘에 이르러 모두 싸울 뜻을 가지지 않습니다. 조선이 交隣을 가벼이 한 행동
을 책망하고, 또 지금까지의 불손함을 바로하게 하고, 일본에서 기왕의 교린을 두
텁게 하는 뜻을 보인다는 구실로 使節을 보내면, 반드시 그들은 경멸하는 대접을
해 보일 뿐만 아니라 사절을 폭살하게 하는 행동이 틀림없이 있을 것입니다. 그때
에는 천하의 사람들이 모두 일어나 조선을 討伐할 만한 죄를 이해할 수 있을 것입

진다. 西鄕隆盛의 정한론은 1873년 6월 시기상조론으로 패하였지만, 그 본
질은 岩倉具視와 大久保利通 등에게 그대로 이어져, 유신정부로부터 직접적
인 사절파견에 의한 교섭과 그것이 이루어지지 않는 경우, 무력행사를 행한
다는 朝鮮侵略의 圓式[62])에 의하여, 드디어 1875년 雲揚號事件을 도발시킴
에 의하여 본격적인 조선침략행위로 구체화되어 이후의 한일관계를 돌이킬
수 없는 수령으로 몰아가면서 임란이후 지속되어 왔던 교린체제를 완전히
붕괴시켰던 것이다.

결론적으로 이러한 상황을 놓고 볼 때, 조·일 교린체제의 파종은 물론 조
선의 쇄국체제에도 그 책임은 있겠지만, 그보다는 오히려 일본의 조선침략
론에 그 직접적인 원인이 있다고 생각된다. 즉 외교란 서로 상대국과의 사
이에서 상호교섭에 의하여 이루어질 때 가능한 것이지, 한 나라의 일방적인
강요에 의하여는 그 관계가 유지되기가 어려운 것이다.

이러한 점에서 일본의 이익만을 생각한 명치기 일본의 일방적인 외교는
조선의 쇄국체제를 탓하기 전에 그 본질적인 의도가 무엇이었는가부터 철
저히 규명하지 않으면 안 된다. 왜냐하면, 조선측의 서계거부는 그것이 쇄
국체제에만 기인된 행위가 아니라, 임란후 260여년간 지켜온 두 나라 사이
의 약속을 지키는 외교행위였기 때문이었고, 그것은 동아시아의 외교질서
를 지키기 위한 하나의 외교규범이었기 때문이다.

그 한 예로 1872년 일본의 왜관점령의 행위를 볼 때도, 왜관은 당초 건설
될 당시부터 그 목적이 倭를 회유하기 위하여 조선에서 세운 것으로, 그 건

니다. 반드시 이러한 때에 이르지 않으면 도와주지 않을 것입니다. 이것은 내란을
바라는 마음을 밖으로 돌려 나라를 흥하게 하는 원대한 전략입니다. 물론 舊政府
(德川幕府)가 기회를 놓치고 무사함을 꾀하다가 마침내 천하를 잃었던 바 그 까닭
에 대한 확증을 가지고 논하려는 셋입니다.」(『山路愛山編·南州全集』1873년 8월 17
일, 「奉書坂垣退助」)라고 하여, 조선을 침략할 명분을 조선측에게 책임이 있는 것으
로 전가하고, 일본 국내 정국의 불안을 밖으로 돌리고자 했다.

62) 荒野泰典,「明治維新期の一朝外交體制「一元化」問題」『近世日本と東アジア』,東京大學出版
會, 1989, 260쪽.

축비와 체재하는 왜관원에 대한 모든 비용을 조선에서 부담하여 대마도주의 책임하에 그 사용을 허가한데 지나지 않는다.63) 그러나 명치 신정부는 왜관을 마치 자신들의 대외 공관인양 인식하고 있으며, 조선의 의사와는 전혀 무관하게 왜관을 점령하여 놓고도, 이를 명치정부의 외교권 접수라는 의미에서 「倭館接受」라는 용어를 써가면서 이 침략행위를 정당화시켜 왔다. 그러나 이미 살펴본 바와 같이 명치정부가 왜관을 임의로 점령한 것은 조선정부를 기만한 침략행위였던 것이며, 1872년 9월 명치정부의 왜관접수는 접수가 아니라 분명히 교섭사절로 위장한 조선에 대한 침략행위라고 규정지어야 한다.

이러한 점에서 일본의 조선침략은 1875년 8월 운양호사건에 의하여 시작된 것이 아니라, 그보다 3년이 앞선 1872년 9월 「倭館古領」사건으로부터 실행에 옮겨졌다고 볼 수 있으며, 조선침략에 관한 논의는 이보다 훨씬 앞서서 이미 논의되고 있었던 것이다. 이점에 있어 開港期 朝·日關係史의 올바른 이해를 위하여는 조선의 쇄국체제에 모든 책임을 전가하는 자학적인 역사인식의 태도에서 벗어나 교린체제의 붕괴원인과 조선침략론의 본질에 대한 규명이 재삼 요구된다.

---

63) 왜관의 설치와 그 기능에 관하여는 孫承喆. 『近世韓日關係史』 제5장 부산왜관의 설치와 기능(강원대학교 출판부,1987). 金義煥, 「釜山의 草梁倭館과 對日通信使外交」『韓日文化交流史』. 1991, 민문고 참조.

제2장
의암 류인석 사상의 현재적 의미

1. 머리말

의암 류인석이 살았던 시대는 개항기·한말의 조선사회는 국내외적으로 多變化의 시대였다.

국제적으로는 동아시아지역에 대한 구미열강의 강압적이고 불평등한 開國의 대상지였고, 조선보다 앞서 개항한 청(1842), 일본(1854) 양국에 의해 각축장이었다. 동시에 대외인식에서는 中華的 世界觀과 萬國公法의 國際秩序觀이 충돌했던 守舊·開化의 갈등의 시대였다.

한편 국내적으로는 세도정치에 의한 제모순과 대외의식이 가속화하는 가운데, 중세적 봉건체제가 해체되고 새로운 역사변동에 대응하기 위한 자존의식이 강조되는 사상적 다원화가 중첩된 시기였다. 대원군의 보수적인 개혁정책과 쇄국정책, 병인양요와 신미양요, 운요호사건과 개항, 임오군란과 갑신정변, 동학농민전쟁과 갑오개혁, 독립협회의 국권수호 및 의병항쟁 등 모두 이러한 시대적 상황을 특징 지워주는 역사적인 사건들이었다.

물론 이러한 사건들에 대한 역사적 의미와 평가는 관점에 따라 다르다. 그러나 우리는 이러한 사건들을 통해 이 시대의 시대정신이 무엇이었던가를 파악해야 한다. 특히 대립적으로 양극화되어 있던 衛正斥邪思想이나 開化思想을 생각할 경우 더욱 그러하다.

시대사상에 대한 이분법적인 사고가 과연 그 시대를 이해하는데 얼마나 중요한 것인가, 그리고 그러한 이분법적인 분류가 과연 역사의 실상을 읽어내는데 얼마만큼 유효한 것인가를 다시 따져보아야 한다. 더구나 위정척사 사상의 평가에서 개화사상과 비교하여 비판적인 시각에서 폐쇄적이고 부정 적으로 평가하는 시각이 있었음을 생각할 때에는 더욱이나 재인식의 시각 이 필요하다고 본다.

이 글에서는 이러한 문제 시각에서 의암 류인석의 사상을 100년이 지난 21세기의 현재적 시점에서 어떻게 이해해야하고, 평가해야 하는 가를 시론 적으로 검토하고자 한다.

2. 의암 류인석의 생애

류인석의 본관은 高興이며, 자는 汝聖, 어릴 때의 이름은 再新, 承隣으로 했다가 麟錫으로 바꾸었다, 호는 毅菴이다. 강원도 춘천 가정리에서 1842년 출생하였고, 아버지는 柳重坤이며 어머니 고령 申氏의 삼형제 중 둘째로 태 어났다. 14세 때 족숙인 柳重善에게 입양되어, 위정척사사상의 원류인 李恒 老의 문하에 들어가 金平默과 柳重教로부터 尊華壤夷 思想을 철저히 익혔 다. 1865년 만동묘철폐와 1868년 병인양요로 대내외적 위기의식이 고조되 어 갈 무렵에 이미 사상의 기본적인 틀을 형성하였으며, 34세였던 1876년 강화도조약 체결 때에는 존화양이사상을 기반으로 홍재구 등 강원도·경기 도 유생 46인과 함께 斥洋疏를 올려 개항 반대운동을 전개하였다.

1891년에 김평묵과 1893년에 유중교가 죽자, 이항로-김평묵-유중교로 이 어지는 화서학파의 학문을 승계하게 되어 학파를 대표할 수 있는 인물로 부상하였고, 1895년 54세에 제천의 장담으로 옮겨 유중교의 기반을 계승해 갔다. 을미사변과 단발령을 계기로 이필희·서상렬·이춘영·안승우 등의 문 인사우들과 함께 '復讐保形(抗日守舊)'의 기치를 들고 의병항전을 개시하였 다. 유인석 의병진은 한때 3,000명을 넘었으며, 제천·충주·단양·원주 등지를 중심으로 한 중부지역 일대를 석권하면서 친일적인 관찰사나 군수 등 '土倭'들을 처단하여 기세를 크게 떨쳤다. 그러나 선유사 장기렴이 지휘하는 관군의 공격으로 최후의 거점인 제천성을 상실하였다.

세력이 급격히 약화되자 재기 항쟁을 도모하기 위해 황해도·평안도로 이동하였다. 그렇지만 양서지역에서의 재기 항쟁도 어려워지자 청나라의 군사적 원조를 기대하고 압록강을 건너 서간도로 갔다(57세). 그러나 그곳에서 도리어 懷仁縣宰 徐本愚에게 무장해제를 당하게 되어, 같은 해 7월 28일 渾江에서 의병을 해산당하고 말았다.

의암은 의병해산 후에는 한인이 많이 살고 있던 통화현 오도구에 정착하였다. 1898년 10월에는 부근의 八王洞으로 이주하여 여러 성현의 영정을 奉祠하는 聖廟를 세웠다. 그리고 조선인들의 결속을 다지기 위한 향약을 실시하였다.

1900년 7월에는 의화단의 난을 피하여 귀국한 뒤로는 양서지역 각지를 돌며 항일의식을 고취하는 데 주력하여 李鎭龍·白三圭 등의 의병장을 배출하였다. 그 후 1907년에는 고종의 퇴위와 정미칠조약 체결을 계기로 국내활동을 더 이상 지속할 수 없다고 판단하여 연해주 망명을 결심하였다. 1908년 7월 67세로 다시 망명길에 올라 블라디보스토크로 갔다. 이곳에서 李相卨·李範允 등과 함께 분산된 항일세력을 하나로 통합하고자 꾸준히 노력하였다.

1910년 6월 연해주 의병세력의 통합체인 '十三道義軍'의 결성을 보게 되었으며, 이상설·이범윤·이남기 등에 의하여 都總裁로 추대되었다. 의암은 이때 '通告十三道大小同胞'라는 포고문을 반포, 전 국민이 일치단결하여 최후의 抗日救國戰을 벌일 것을 주장하였다. 그러나 13도의군도 본격적인 무력항쟁을 개시하기 전인 1910년 8월에 '庚戌國恥'로 조선은 멸망하고 말았다. 뿐만 아니라 일본은 러시아를 통하여 항일운동에 대한 탄압을 가하였고, 결국 13도의군은 와해되고 말았다. 그러나 의암은 이에 굴하지 않고

"모든 志士와 士友들은 국내에 머물지 말고 간도로 건너와 함께 守義하여야
한다."며 '守華終身'할 것을 주장하였다. 그리고 그 자신도 연해주를 떠나
1914년 3월 서간도의 奉天省 西豊縣에 정착하는 제3차 망명을 단행하였다.
그러나 얼마 뒤 寬甸縣 芳翠溝로 옮겨 그 곳에서 74세에 생을 마감하였다.
묘역은 처음에는 난천자 평정산 부인 정씨 묘소 옆에 안장하였다가, 1935년
춘천 남면 가정리 현 묘역으로 이장하였다.

화서가 위정척사론을 사상적으로 확립하였다면, 의암은 위정척사론을 의
병운동으로 승화시켜 나갔던 것이고, 이러한 정신은 그의 대표적인 저서인
『宇宙問答』과 『昭義新編』에 결집되어 있다.

3. 『宇宙問答』과 『昭儀新編』

1) 『우주문답』

이 책은 의암이 서거 2년전이 1913년 저술하였으며, 1917년 간행된 『의
암집』 제51권에 수록되어 있다. 1973년 경인문화사에서 영인본으로 간행하
였고, 1984년 종로서적에서 번역본을 처음 출간하였다.[1]

총론 5개와 각론 35개 등 총 40개의 항목으로 서술하였다. 그 목차를 열
거해 보면,

<총론>
1. 우주에서 중국이 되는 이치   4. 나라를 위한 7가지 일
2. 王政과 共和政   5. 中外·東西의 대세
3. 중국이 되는 4가지 이유

---

1) 손승철, 서준섭, 신종원, 이애희 역, 『義庵 柳麟錫의 思想』宇宙問答, 1984, 종로서적.

<각론>

『우주문답』에서는 먼저 우주에서 중국이 되는 이치에서는 당시의 시대
적 상황을 논하였다.

「심하구나, 외국의 하달됨이 갈수록 심해짐이어, 강한 나라는 잡아먹고
약한 나라는 먹히며, 서로 해피며 스스로 霸者를 칭한다. 그리고 하늘에는
전기 시설을 하고 땅에는 철로를 놓으며 배와 차가 사람을 해치니, 온 천지
와 사람을 불안케 함을 능사로 삼는다」[2]

는 서술로 개항기·한말의 서구열강과 일본의 양육강식과 침탈, 그리고

---

2) 앞의 책, 총론 6쪽

신문물이 유입되는 모습을 묘사했다.

의암 류인석의 사상은 철저한 守舊論과 半開化論에서 시작한다. 수구론
이란 그 자신이 평생의 스승이라고 천명한 華西·重菴·省齋의 학통을 말지
키자는 것으로 주자학의 정통성을 이어가는 것이다.

그러나 이로써 의암을 폐쇄적인 보수주의자로 규정한다면, 그의 현실인
식이나 민족자존을 위한 抗日精神의 깊은 뜻을 이해하기 어렵다. 즉 그의
현실인식은 개화망국론에서 볼 수 있듯이 개화란 일본이 조선을 침탈하는
하나의 과정으로 인식하고 있기 때문이다. 즉 망국은 개화가 행해진 뒤의
일이며, 그 개화가 행한 바가 바로 망국의 과정이라고 했다.

의암이 망국의 원인으로 생각했던 개화란 바로 正學의 반대인 新法이었
다. 신법은 곧 서법이며, 서법이란 대개 평등과 자유, 신학교, 여학교, 서양
의 법률, 민주제, 입헌, 야소학 등이었다. 특히 신학교와 여학교에 대해서는
유교윤리와 도덕을 도외시한 신학교 교육을 배척했고, 여학교를 부정하고
소학교육을 시킬 것을 강조했다.

또한 공화제와 입헌제에 대해서도 비판적이었는데, 입헌을 주장하는 사
람들이 영국과 일본의 경우를 예로 들어 자랑하는데 대하여 중국과 夷狄은
성질과 법체가 다르다고 하면서 입헌의 목적이 임금이 백성들의 뜻을 청취
하는 것에 있다면, 이것은 중국의 옛 성왕이나 조선의 열성이 입헌과 같다
는 것이다.

종교이 문제로서 야소학의 파급과 그에 따른 윤리의 피폐를 거론했다.
망국의 不治는 西治에 그 원인이 있었고, 그 가운데서도 야소학의 보급이
가장 망극한 일이며, 하루 속히 공자의 도로 돌아가 인심을 찾아 나라의 기
틀을 마련하자고 하였다.

결국 의암이 『우주문답』에서 주장하고 있는 수구와 반개화의 논리는 단
순한 보수주의에 그치는 것이 아니라 유교전통의 붕괴와 서양문화가 압도
되는 역사의 전환점에서 우리 전통문화에 대한 강렬한 신념이었던 것이다.

그리고 이러한 전통문화에 대한 신념은 민족정통을 확보하기 위한 대일항쟁을 계속하면서 의병항쟁의 이념과 방법을 충족시키는 조직적인 항쟁원리를 제시하였던 것이다.3)

2) 『昭儀新編』

의암은 1897년 을미의병운동이 실패 한 후, 문도들을 거느리고 황해도·평안도를 거쳐 압록강을 넘어 서간도의 柳河·通化縣 등에 머물면서 왜적을 제거할 것을 도모하였다. 이때 의암을 따라간 김화식이 제천 의거 이후의 항일투쟁과 北上行軍의 역경 속에서 '왜적을 물리쳐 국모의 원수를 갚고 오랑캐를 쳐서 중화를 지키고자 하는 위정척사의 이념을 끝까지 관철하고자 하는 명분과 의리를 세상에 널리 알리려는 목적'에서 이 책을 편집하였다.

1902년 처음 이 책을 간행할 때, 白三圭·金瀅 등이 『소의신편』을 편집하면서 2권 1책의 『소의속편』을 편집하고 말미에 백삼규의 발문을 붙여 합본하여 『소의신편』을 출간하였다.

총 10권 5책인데 그 중 『소의신편』이 8권 4책, 『소의속편』이 2권 1책이다. 이 책은 '소의신편'과 '소의속편'으로 구성되었으며, 유인석의 글은 내편, 문인의 글은 외편으로 편집하였다. 내편에는 신편의 권1~4와 속편의 권이 들어 있고, 외편은 신편의 권5~8과 속편의 권2가 들어 있다.

신편 권1에는 「檄告八道列邑」·「檄告內外百官」·「四逆黨罪目」 등 16편이 수록되어 있다. 을미사변과 단발령 반포 후 의암이 제천에서 이필희·안승우·이춘영의 추대를 받아 湖佐義兵大將에 오른 뒤 의병을 규합하기 위해 전국의 선비와 백관에게 보낸 격문으로 개화파의 개화정책을 비판하는 것을 주지로 하고 있다.

특히 「與同義諸公書」는 국내 의병운동의 실패가 한일연합군과 관찰사·군

---

3) 손승철, 「의병장 유인석 사상의 역사적 의미」 『강원의병운동사』, 1987. 228~236.

수의 가혹한 탄압에 기인된 것이며, 자신의 간도 망명은 청나라에 구원병을 요청하고 의병을 재규합하여 국내 의병의 재기를 도모하고자 함에 있음을 상기시키는 일종의 격서이다.

권2에는 13편이 수록되어 있다. 「雜錄八條」에는 處變三事, 즉 擧義掃淸·去之守舊·自靖遂志의 국가가 변고를 만났을 때에 선비들이 취해야 할 태도를 밝히고 있다. 여기서 춘추대의에 입각한 충군애국이라는 성리학적 의리 사상을 생명의 근간으로 인식한 조선 유학자의 의연한 면모를 발견할 수 있다.

권3에는 30편이 수록되어 있다. 「再入遼東約定義諦」와 이광교·최익현 등 29인에게 보내는 답서로 구성되었다. 권4는 「祭死節十賢文」을 비롯한 9편의 류인석의 글과 「手次三先師遺文十二條」의 10편으로 구성되어 있다.

권5는 53편으로 구성되었다. 52편은 이항로 계열 문인의 글이고, 1편은 개성 유학자인 왕성순의 글이나 내용은 화서학파의 것과 다름이 없다. 권6은 19편의 문인의 글로 구성되었다.

권7은 이실곡의 「八王洞語錄」, 윤정학의 「東產問答略」, 심학수의 「山人謾筆」을 수록하였다. 권8은 원용정의 「卜隱」, 이습재의 「斥和擧義事實大略」을 수록하였다.

속편 권1에는 「書贈關西九友」를 비롯한 22편의 유인석의 글이 수록되었다. 권2에는 7편의 서한과 2편의 추모문과 10편의 어록이 수록되었다.

이 책은 유인석을 비롯한 화서학파의 학문과 행적을 담은 것으로 앞에 소개한 『우주문답』과 함께 의암 류인석의 사상과 그의 의병사상을 집약하고 있는 저술이다.[4]

여기서 『소의신편』 권1에 실려 있는 1895년 을미의병 당시의 「檄告八道列邑」을 소개해 보자.

---

4) 의암학회, 『국역 소의신편』,(의암학술총서 7) 2006.

「아! 슬프다. 우리 팔도의 동포가 한꺼번에 다 죽게 되었는데, 차마 놓아 둘 수 있겠는가? 아버지 할아버지가 모두 조선왕조 5백년의 백성일진대 어찌 나라와 집을 위한 한두 사람의 義士도 없는가. 참담하고 슬픈 일이다. 이 것이 운수인가, 천명인가, 아! 우리 조선왕조는 국초부터 모든 제도를 하나 하나 옛 선왕들의 법도를 따르고 준수해 왔으므로 천하가 모두 小中華라고 일컬어 왔다.

우리 조선은 풍속이 아름답기는 唐虞三代와 비할 수 있고 유학의 술업은 정자와 주자 등 여러 현인을 스승으로 삼았다. 비록 부부가 어리석다고 하여도 예의의 가르침을 숭상하였고, 君父의 위급한 일이 당하면 물불을 가리지 않고 스스로 쫓아가서 구하는 마음이 있었다.

따라서 옛날 임진란 때에는 의병을 일으킨 선비가 수없이 많았고, 그 후 병자호란에 미쳐서도, 순절한 신하들이 또한 많았다. 대개 중국의 한족이 청에게 망한 뒤부터는 우리나라가 홀로 우뚝 서서 도를 지키고 있으니, 천하의 크기로 본다면 바다 모퉁이의 조그마한 땅에 지나지 않지만, 족히 剝卦의 上九의 爻로서 군자가 가마를 얻는 격이다.[5]

아! 슬프다. 해외통상의 꾀가 실상은 천하 망국의 근본임을 누가 알았으랴. 문을 열고 도적을 들이는 놈들은 이른바 세력있는 가문들인데 이들은 자진해서 호랑이 앞의 伥鬼 노릇을 즐겨하고 있다.

살신성인하는 몇몇 선비들이 있어 겨우 세력있는 자에게 아부하는 것의 부끄러움을 면할 뿐이다. 어리석게도 송나라는 금나라의 꾀를 헤아리지 못하였고, 노나라에 있는 周禮를 보전키 어려웠다. 그리하여 초야에 묻혀있는 하찮은 사람은 깜깜한 밤의 한갓 과부의 탄식일 뿐이다.

갑자기 갑오년 유월 이십일 밤에 이르러서는 마침내 우리나라 삼천리 강토를 잃게 되었다. 나라의 운명이 위기일발인데 누가 李若水가 황제를 감쌀 수 있으며, 주현에서 모두 육식을 하고 있으니 顔眞卿의 의병을 볼 수 있겠는가.

옛날 변변치 않은 勝國이 일어남으로 해서 下句麗라 한 것도 오히려 수치

---

5) 이는 주역의 석과불식군자득여(碩果不食君子得輿)로 '나무의 높은 가지에 크고 좋은 과실 한 개가 따먹히지 않고 있다. 파괴와 혼란의 세상에서 혼자 남은 훌륭한 지도자는 백성의 추대를 받아 높은 지위를 얻을 것이요, 소인들은 그 악덕이 세상에 용납되지 않아 그들의 거점을 잃을 것이다.'라는 의미임.

로 생각했는데 하물며 당당한 정통의 나라가 이제 어떻게 소일본이 된단 말인가. 아! 통탄할 일이다. 아! 저 섬오랑캐의 추장과 체결한 조약은 애당초 말할 나위도 없거니와 너희 매국노들아! 너희들이 頂踵毛髮이 누구의 덕으로 자라났느냐. 원통하기 짝이 없다. 국모의 원수도 이미 절치부심하고 있는데 잔혹함이 더욱 심하여 군부가 至尊함에도 머리터럭을 자르고 갓을 부수고 옷을 찢는 사태를 보게 되고, 또 이같이 망극한 화를 만나 장차 나라가 망할 날이 닥쳐와서 우리가 받은 하늘의 떳떳한 윤리도 보전할 수 없고, 부모에게 받은 우리의 몸도 금수가 되니 이 무슨 일이며, 부모에게 받은 머리칼도 깎여야 하니 이것이 왠일이며 왠변이냐,

堯舜禹湯의 성왕의 전함도 금일에 이르러 끊어져 버리고 孔孟程朱의 성현의 맥도 다시는 지킬 사람이 없다. 장안의 父老들은 뒤늦게 漢宮의 의례를 다투어 생각하고, 新亭의 호걸들은 공연히 楚囚의 울음을 지었던 것이다.

군신부자가 마땅히 背城一戰의 마음을 갖는다면 천지 귀신인들 어찌 回陽의 이치가 없겠는가. 관중이 아니었다면 우리는 그 오랑캐가 되었으리라고 했는데 淖齒를 주살하면 누가 과연 문명인이 될 수 있겠는가.

무릇 우리 각도의 충의의 군사들은 고루 聖朝가 배양한 사람들이니, 환란을 피한다는 것은 죽기보다 어려운 일이다. 망하기를 기다리는 것과 일어나 그것을 치는 것 중 어느 것이 나으랴. 비록 가장 어려운 지경에 처하였어도 사람이 능히 백배의 힘을 더하고, 한 하늘아래에서 원수와 같이 살수 없으니 와신상담의 생각을 더욱 간절히 한다면, 이와 같이 어렵고 위태로운때에 魚肉의 禍를 면할 것이다. 나는 오랑캐에게 변화된 자가 세상에 선다는 것을 듣지 못하였다. 공사간에 온전히 살 수 있는 희망은 없고 화복간에 죽을 死者의 信符를 지킬 수 밖에 없다.

말의 피를 마시며 동맹을 하노니 成敗利鈍에 있어서는 내가 살필 바가 아니다. 생이냐? 의냐? 양자택일의 경우에 생을 버리고 의를 택함으로써 輕重大小가 이에 분명하게 갈라진다. 대중의 마음이 다 따르니, 어찌 百靈의 도움이 없겠으며, 국운이 다시 열리니 사해가 길이 맑음을 볼 것이다. 어진 자의 대적이 없는 것을 의심하지 말고, 의로운 군사가 불의를 무찌르는 것은 당연한 것이다. 이에 감히 먼저 일으키는 처지를 위하여 사람들에게 먼저 포고하노니, 위로는 공경대부로부터 아래로는 궁사서민에 이르기까지 누가 애통 절박한 마음이 없겠는가.

진실로 위급존망의 때라. 각자가 다 거적자리를 깔고 방패를 베개해서 물

불을 가리지 않고, 아무리 어렵고 위태한 곳이라도 뛰어들어 기어코 망해 가는 나라와 천하의 도의를 다시 만들어 天日이 다시 밝아짐을 본다면 어찌 다만 한나라에만 공이 되겠는가. 실제로 천하 만세에 전할 수 있는 공이오 업적이다. 이와 같이 글을 보내어 깨우치노니 뒤에 혹 영을 어기고 逋慢한 사람이 있게 되면 즉시 역당의 무리로 같이 규정하여 단연코 군대를 옮겨 먼저 칠 터이니 의당히 마음 깊이 새겨서 후회하는 일이 없도록 온갖 정성 을 다해서 한가지로 대의를 펴보자.

을미 12월 일

충청도 제천의병장 유인석 삼가 씀」[6]

을미 의병을 일으키면서, 당시 조선이 처한 현실과 의병항쟁의 당위성을 처절하게 호소하고 있는 내용이다.

4. 의암 류인석의 사상

1) 朝鮮中華主義

의암 사상의 핵심은 조선중화주의이다. 의암은 中華인 조선을 正으로 일 본(倭)를 邪로 인식하였다. 의암의 중화주의는 송시열의 小中華論을 계승한 것이다. 원래 중화는 중원의 중국이 요·순 이하 하·은·주 삼대의 제왕과 공·맹·정·주 이하 여러 성현이 이어오고, 예악문물과 도덕학문이 탁월하였 던 까닭에 천하의 華脈을 이어 오고 있었다는 것이다. 그리고 조선은 시조 단군과 기자가 일찍이 華의 기틀을 다져 놓았으며, 聖王과 先正이 서로 이 어 오면서 인륜과 의리를 밝히게 되었는데, 중국의 명나라가 청나라에 의해 멸망되면서 조선이 중국으로부터 직접 화맥을 전수하게 됨으로써 천하에서

---

6) 앞의 책, 『소의신편』 21-23쪽.

유일하게 당당한 '중화'가 되었다는 것이다.

의암은 조선에 대해 직접 중화라는 용어를 쓰지 않고, 소중화라는 용어를 썼다. 의암은 『우주문답』에서 소중화에 대해 다음과 같이 논하였다.

> 「문 : 조선이 소중화로 칭하는데, 소중화가 되는 까닭의 명확한 실상을 듣고자 한다. 반드시 필연적인 이유가 있어서 그러한 것인가.
> 답 : 그렇다. 소중화가 되는 까닭에는 진실로 그 실상이 있고 이유가 있다. 조선은 唐堯의 시대에 나라를 시작했고, 塗山의 회맹을 함께 했으며, 기자가 동래한 후, 임금이 되어 구주를 펴보였고, 팔조의 가르침을 베풀어서 소중화가 되었다. … 중화를 높이고 이적을 물리침은 천지의 떳떳한 법도를 다하는 것이니 서로 전수하고 또 남명의 삼황제를 받들어 정통으로 하고 영력의 연호를 썼다. 이에 중국이 망한 후에 사천년의 華夏一脈이 조선에 있게 되고, 이천년 공맹이 남긴 법도가 조선에 있지 않음이 없게 되었다. 이것이 바로 소중화의 실상이 확연하다는 것이다.」[7]

결국 의암은 조선을 소중화로 표현하고 있지만, 소중화란 곧 중화였다. 조선이 중화가 된 것은 이미 중국의 요순시대와 맥을 같이 하고 있으며, 기자가 홍범구주를 전래한 이후부터는 소중화가 되었다는 것이다. 그러다가 명이 멸망한 이후, 중화의 맥이 그대로 조선에 이어지게 되었다는 것이다. 이러한 논리에 의하면 의암의 소중화론은 이미 소중화를 넘어서 조선이 중화라는 조선중화주의의 선상에 있었다고 말할 수 있다.

『우주문답』에서 의암은 조선을 소중화로 표현하고 있지만, 이것은 『우주문답』을 저술할 당시 그가 중국에서 망명생활을 하고 있었으며, 『우주문답』의 저술 동기가 당시 중국의 정치 지도자들에게 보이기 위한 목적도 있었음을 감안한다면, 조선을 소중화로 표기한 이유를 이해할 수 있게 된다.

---

7) 손승철외, 앞의 책, 각론 29, 「소중화론」

의암은 중화를 지킨다는 것은 衛正이 되는 것이요, 중화를 지키기 위해서 斥邪해야 한다는 것이다. 그러면 의암이 생각했던 邪란 무엇이었을까?

그것은 正學에 반대되는 新法과 西法이었다. 나라가 망한 것도 이 서법 때문이며, 일본이 나라를 빼앗은 것도 서법 때문이니, 세계에서 서법의 피해를 가장 많이 본 나라가 바로 조선이라는 것이다.

> 「문 : 일본이 조선을 빼앗은 이유와 조선이 일본에게 나라를 빼앗긴 이유가 무엇인가.
> 답 : 西法 때문이다. 서법이 없었다면 일본이 어떻게 나라를 빼앗았겠으며, 서법이 아니었다면 조선이 어떻게 나라를 빼앗겼겠는가. 조선이 나라를 잃은 것은 먼저 외국사정을 안 사람들에게서 시작되었는데, 이후 개화를 주창하는 사람들에게 더욱 번져나가 개화를 망극히 하던 중에 이루어졌다. 먼저 외국 사정을 안자들이 서법의 파급을 걱정하여 후인에게 알려줌에 있어서 후인이 조심해야 할 일이라는 것을 알게 했었으면 좋은 일이었겠지만 후인에게 慕悅의 단서를 열어주어 그 연원에 점차 물들게 되면서 모두가 모열하게 되었다. … 일본이 始終 나라를 빼앗을 때는 서법으로 하였는데, 먼저 서법을 모열하는 자의 마음을 얻어 개화를 하고, 개화를 하면 독립이 된다하고, 독립이랍시고는 보호를 한다하고, 보호랍시고 합병을 해 버리니, 모두가 처음부터 이익된 바에 휴혹되며, 끝내는 그들의 위세에 억눌려, 밖으로 서법의 명분을 가장하고, 안으로는 망극한 욕심을 채웠으니, 우리가 당한 화는 세상에 없던 일이다.」[8]

라고 하여, 개화파들의 개혁 방안과 그 수단이 서법이며, 그들과 결탁한 일본이 西法을 매체로 하여 망국을 초래했다는 것이다.

그러면 西法의 내용은 무엇인가. 그것은 평등과 자유, 신학교, 여학교, 서양의 법률, 민주제, 입헌, 耶蘇學 등이었다. 의암은 평등과 자유가 기존질서를 와해시키는 요인으로 생각했고, 신학교와 여학교에 대해서는 만약 남녀

---

8) 손승철외, 앞의 책, 각론 27, 「일본의 침탈(II)」

평등에 의해 학교를 세우고 교육을 하면 여자들이 학교에서 평등과 자유의
惡說을 배워 서양과 마찬가지로 남녀 무분별의 사회가 될 것이라며 신학교
와 여학교를 부정하였다. 그리고 人倫의 도를 가르치기 위해서는 철저하게
小學敎育을 시킬 것을 강조하였다. 또한 立憲君主制에 대해서는 입헌의 목
적이 임금이 백성의 뜻을 청취하는 것에 있다면, 이것은 중국의 옛 聖王이
나 조선의 列聖이 바로 입헌과 같다는 것이다. 그러나 중국의 성왕이나 조
선 열성의 '聽取於民'은 正道이고, 서양의 입헌제는 非正道이며, 둘 다 專
制·獨斷 하지 않으나 중국·조선의 성왕은 君이고, 서양의 君은 不君이라고
결론 지었다.

또한 야소학이 성한 것이 중국과 조선의 극심한 禍라 전제하고, 인간은
모두 稟格에 따라 천지의 성정을 받는데, 공자로 인해 正性情을 얻은 중국
과 조선에 공자의 가르침을 없애고 야소를 흠모하면 서양의 성정으로 화하
여 결국 그들에게 마음을 빼앗겨 서양과 같이 될 것이라는 것이다. 그리하
여 중국의 예를 들면서,

> 「외국이 중국의 땅을 빼앗으려 한다. 무릇 남의 나라를 빼앗으려 할 때는
> 먼저 사람의 마음을 빼앗는 것이니, 사람의 마음만 빼앗으면 땅을 빼앗는
> 것은 어렵지 않다. 만약 중국에서 외국이 강제로 자신을 빼앗으려 한다는
> 사실을 망각하고 외국의 강함을 숭모하고 좋아한다면, 먼저 마음을 그들에
> 게 빼앗기는 결과가 될 것이다. 모든 중국인들이 서양을 숭모하여 마음을
> 빼앗긴다면 땅을 유지하여 빼앗기지 않을 수 있겠는가.」[9]

라고 했다. 서양인의 침략성을 간파하여, 서양인이 조선에 들어와서 야소
학을 전파하는 이유는 다른 것이 아니라 자기 동조자를 구하고, 허실을 정
탐한 후, 군대를 끌고 들어와 조선의 풍속을 진창속에 쓸어 넣고 우리의 재
물을 약탈해서 자기들의 탐욕을 채우려는 것이라고 하면서, 양적에 대한 경

---

9) 손승철외, 앞의 책, 각론 20, 「척양론」

각심을 고쳐시키고 있다.

그리고 이러한 斥洋인식은 斥倭로 전개되었고, 을미사변 이후 의병봉기
에 사상적 배경이 되었다.

「저는 마음으로나, 하는 일로나, 글로나, 왜놈의 노예로나, 대대손손 원수
요, 죽는 한이 있어도 꼭 복수해야 될 원수인 왜놈과는 맹세코 하늘을 함께
하지 않을 것입니다. 그리하여 중화의 일맥을 바로 잡아 보존하고자 고심하
여 의체를 정했습니다. 지금 나라는 왜놈의 나라로 되고, 사람은 왜놈의 노
예로 되어, 하는 일마다 왜놈의 절제를 당합니다. 원수 오랑캐의 노예로 되
어 그들의 절제를 바는 짓은 정말하지 못하겠습니다. 온 천지가 오랑캐 짐
승에게 먹혔으니 심산 밀림을 얻어 인재들을 모아 만고로 전해오는 중화법
제와 만대로 물려온 인류의 모습을 보존할 수 있다면 무슨 말을 더할 수 있
겠습니까. 때문에 이렇게 거사를 했으며 말 그대로 생사결단 앞으로 나간
것입니다. 그러나 거사의 기회는 수시로 변하니 앞으로 또 어떻게 될지 모
릅니다.」10)

라고 했다. 왜에 의해서 중화법제가 파탄이 나고 나라를 잃게 되었으니,
생사결단을 내어 거사를 해야 한다는 각오를 다지고 있다. 그리고 이러한
인식은 의병전쟁을 하는 당위성에 이르게 되었다.

「신이 가만히 엎드려 생각하건대, 오늘과 같은 국가의 변을 보고 어찌 말
하지 않을 수 있겠습니까. … 그 효시는 대대손손의 원수인 일본 오랑캐입
니다. 그 배양된 흉역은 병자년에 싹트기 시작하여 갑오년에 극도에 달했는
데, … 이리하여 달력을 고치고 복색을 바꾸고 관제를 개편하고 주·군을 개
혁하였습니다. 그리하여 자그마한 땅의 백성들이 다시는 우리 조종이 후대
를 풍부하게 하던 典型을 회복할 수 없게 하였고, 그 자들이 제멋대로 하는
것을 누구도 막을 수 없게 하였습니다. 마침내 작년(1895)8월에 이르러서는
곤위께서 참혹한 화를 입으셨고, 11월에는 전하께서 차마 말할 수 없는 치

10) 『義庵先生文集』 권7, 答趙中五(을사년 12월 24일), 『국역 의암집』 1. 441쪽(1906. 1. 18.)

욕을 직접 당하셨으며, 위로는 경대부와 사인 아래로는 서민들에 이르기까
지 부모가 남겨준 몸을 보존할 수 없게 되어 바람에 쏠리듯 금수의 처지에
빠지게 되었습니다.」11)

이상의 내용을 통해서 볼 때, 의암의 조선중화주의와 반개화론이 현재의
관점에서 보면 적합했다고 평가하기는 어렵다. 그러나 이러한 조선중화주
의와 반개화론은 개항기·한말시기의 역사적 전환기에서 볼 때, 전통문화에
대한 강렬한 신념을 바탕으로 일본의 침략 앞에 국가의 멸망이라는 위기에
직면하여 의병항쟁 원리의 기본 축으로 작용했다는 점에서 사상사적인 의
미를 부여해야 할 것이다.

2) 서양문물의 선택적 수용

의암의 서양문물에 대한 인식은 기본적으로는 화서학파의 위정척사사상을
계승한 것으로 1866년 병인척사 이래 일관되게 부정적이었다. 의암은『우주
문답』에서 서양문물에 대해 다음과 같이 논하고 있다.

「그들이 말하는 문명은 백 가지 기술과 천 가지 기교가 극에 이르도록
하는 것으로, 그 궁극적인 의도는 맛있는 음식, 사치스러운 옷, 웅장한 집,
강한 병사 등의 일을 도모하는 것에 불과하다. …경쟁하는 것이 문명이라면
당우삼대의 훌륭한 정치를 하던 시대는 문명이 아니고, 춘추전국의 전쟁하
던 시대가 문명이란 말인가. 또한 경쟁과 문명은 지극히 상반되는 말인데,
그와 같은 말이 어째서 뒤섞여 함께 불려지는 지 알 수 없다.」12)

라고 했다. 기술과 기교를 기본으로 하는 것이 서양문명이고, 이는 경쟁
을 유발시키는 백해 무익한 것으로 파악하였다.

---

11) 『義庵先生文集』권4. 疏(병신년 5월), 『국역 의암집』1. 287쪽(1896. 5)
12) 손승철외, 앞의 책, 각론 3. 「동서의 문명」

그러나 이러한 서양문물에 대한 인식도 망국의 역사적 상황과 의병전쟁을 통해 일본군과 전투를 치루면서 신식무기의 우수함을 경험하면서, 서양문물을 재인식하는 단계에 이르게 된다. 의암의 서양문물에 대한 재인식은 體用論에서 출발한다.

「중국의 옛 성인은 天理에 上達한 분들이라 體를 밝히고 用을 살펴 庶政의 만사가 모두 無用의 用을 써서 有用의 用에까지 이르렀다. … 그러나 후세에 해이해져서 無用의 用에 충실하지 못하고 有用의 用에 부실하여 스스로 쇠약해졌다. 갈수록 부실해져서 운세는 마침내 외국에 굴하고 말았다. 중국이 굴하는데 하물며 조선이랴. 진실로 無用의 用을 충실히 하여 有用의 실을 얻는다면, 우리의 실함이 충실해져서 반드시 굴하는 법이 없을 것이다.」[13]

라고 했다. 外勢에 대비하기 위하여 우리의 實한 바를 돈독히 하면서 부득이 한 技術을 받아들이자는 것이었다. 그리하여 우리의 長技를 더욱 두터이 하고 저들의 장기를 이용하면 우리가 더욱 강해질 것이라는 주장이다.

「문 : 사람들이 모두 '옛날과 지금 시대는 변하고 바뀌었다. 현재 서양이 왕성하여 (그들의) 법이 통행되어 그를 따르는 지금 시대는 마치 겨울 가죽옷을 입어야 하는데도 여름 갈포옷을 입은 것과 같다'고 말하는데 이 말은 어떠한가.
답 : 겨울에 가죽옷을 입고 여름에 갈포 옷을 입는 것은 때에 따라 옷을 變通하는 것이다. 옷으로 말한다면 본디 입는 까닭이 잇는 것이고 변통되는 것으로 말하면 옷을 덜입고 더입는 것이다. 중국과 조선이 서양의 법을 따르면 (서양의) 옷을 입는 까닭과 같이 되어서 옷을 버리는 것이니, (결국) 옷을 벗고 알몸으로 있는 것 같다.…
그러나 오늘날의 時勢가 무력을 숭상하지 않을 수 없게 되어 있다. 서양의 技術과 兵器와 그 밖의 장점을 취하고, 또 그런 방식으로 계속하여 서양의 것들을 취하는 것은 실로 부득이 한 것이니, 이것이

---

13) 손승철외, 앞의 책, 각론 2. 「동서의 장기」

이른바 '겨울에는 가죽옷을 입고 여름에는 갈포 옷을 입는다'는 것
이다.」14)

라고 했다. 서양문물을 수용하는 것은 겨울에 가죽옷을 입고 여름에 갈
포 옷을 입는 것과 같은 것으로 시의에 따르는 隨時變通의 원리라고 하면서
시세가 尙武·崇兵이므로 서양문물을 수용하는 것은 부득이 한일이라고 했다.
그러나 의암은 기술의 발달이 반드시 바람직한 것만은 아니라고 했다.

「옛 성현의 도리는 性理를 위주로 한다. 근본을 두텁게 하기 위해서는 멀
고 오랜 것을 힘써야 한다. 그러므로 중화를 이루고 천지가 바로서고 만물
이 길러진다. 무릇 물질적인 것에 뛰어남이 어찌 백성들에게 이롭겠는가.
예를 들어 火車로 말하면 수천만인이 짐을 날라 얻는 이익을 화차 하나로
그 이익을 독차지 하니, 짐을 날라 얻게 되는 이익을 잃은 자들이 어찌 빈곤
케 되지 않겠는가. 물질이 더욱 발전하면 부자는 그 이로움을 얻어 더욱 부
자가 될 것이나, 가난한 자들은 그 피해를 입어 더욱 가난해 질 것이다. 그
러니 어찌 백성에게 이익이 되겠는가. 오직 부호들에게 좋은 것이다. 무릇
가난한 자는 더욱 곤궁해지고 부자만 더욱 즐거워할 것이니, 부자와 가난한
자들 사이에 어찌 화목이 이루어지겠는가. 무릇 균등하여 가난한 자가 없는
화목이야말로 중국이 추구하는 도이다.」15)

라고 하여, 서양 기술을 수용하되, 백성이 모두 화목할 수 있는 조건에서
받아들여야 한다는 주장으로 물질문명의 발달에서 오는 부익부, 빈익빈의
폐단을 우려한 것이라 볼 수 있다.
또한 서양의 물질문명에 대해서도 중국과 비교하여,

「중국이 힘쓰는 것은 보다 원대한 것이어서 그와 같은 기이한 기술은 힘
쓰지 않았을 뿐이다. 聖人의 신묘한 도리는 훌륭한 것이다. 중국의 才智있는

---

14) 손승철외, 앞의 책, 각론 6, 「서양문물의 수용」.
15) 손승철외, 앞의 책, 각론 16, 「물질문명론」.

사람이 서양인들처럼 힘쓰고 또 힘쓴다면 어찌 그것을 얻지 못하겠는가. 서양보다 훨씬 능가했을 것이다. 우리 조선도 또한 거기에 미치지 못할 바 없다. 사람들은 저들이 조화를 부린다하여 기뻐하는데 천지의 조화에는 성리와 형기가 있는 것이다. 形而上·形而下로 볼 때 저들이 추구하는 것은 형기의 하일뿐으로 그와 같은 것은 조화의 꽃을 활짝 피우는 것이니, 참으로 망극한 짓이다. 邵子가 말하기를 "꽃을 볼 때 절대로 활짝 피는 데까지 이르지 않도록 해라. 상태가 그렇게 되면 참으로 볼 수 없게 된다"고 했으니, 서양인들이 추구하는 조화는 과연 기뻐할 만한 것인가」[16]

라고 하여 서양 물질문명의 한계를 形而下의 가치관으로 평가하였다. 의암은 서양문물 가운데서 특히 兵器의 수입을 강조하였다.

「문 : 서양 강국이 세계에서 먼저 병기의 이로움을 얻었으니 만고에 무기를 사용한 이래 유래가 없었던 장관이며, 온 세계가 모두 그렇게 하니 또한 그것은 마땅하다. 오늘날 세계에서 병기를 쓰지 않는 나라가 없으니, 중국과 조선이 이치로 보아 써야 되겠는가, 쓰지 말아야 되겠는가.
　답 : 정세로 보아 실로 사용해야 할 것이나, 이치로 보면 사용해서는 안 된다. 그대는 迷惑해서 이를 장관으로 여기고 또 마땅한 일로 생각한다.」[17]

고 했다. 병기의 우수함을 인정하지만, 궁극적으로는 우수한 병기가 한 번에 천 사람을 죽이고도 오직 사람을 더 잘 죽이지 못할까 근심하니, 그들이 병기를 얻은 이래로 사람을 죽인 숫자는 계산 잘하는 만 사람을 동원하여 헤아린다 해도 다 헤아릴 수 없다고 하면서 우려를 표했다.

나아가 서양 강국이 세계에서 먼저 병기의 이로움을 얻어 만고에 무기를 사용한 이래 유래가 없이 강해졌고, 온 세계가 모두 그렇게 하니 또한 그것

---

16) 위와 같음.
17) 손승철외, 앞의 책, 각론 17, 「강국론」.

이 마땅하다고 했다. 또한 오늘날 세계에서 병기를 쓰지 않는 나라가 없으니, 중국과 조선도 이치로 보아 마땅히 실로 사용해야 하지만 이치로 보면 역시 사용해서는 되지 않는다는 것이다.

> 「중국과 조선이 지극히 어질지 못한 일로 이치로 보아 어찌할 수 있겠는가. 저들은 저들대로 해서 강해졌고, 우리는 그렇게 하지 않아서 저들을 상대하기 어렵게 되었다. 형세로 보아 쓰지 않을 수 없으니, 쓰는 것은 어쩔 수 없다. 만약 성인이 병기를 써서 저들을 대적하면 제압할 수 있다. 이미 제압한 후에는 위세가 생겨 더 이상 쓰지 않을 것이며, 저들에게도 쓰지 못하도록 명령할 것이다. 무릇 그들 가운데 조금이라도 어질고 지혜로운 자가 있다면 서로 상의하여 쓰지 않을 것이다. 이렇게 되면 천하에도 다행일 것이다.」18)

라고 하여 병기를 쓰는 것이 불가피함을 설명했다.

결국 의암의 주장은 국가를 다시 찾고 보존하기 위한 계책을 위해 서양 문물을 수용하되, 倫常大道·聖賢正教·衣髮重制·禮義敦篤하면서 필요한 것만을 참작하여 자강을 위해서만 받아들이자는 것이다. 그리고 의암은 서양 문물 수용방법까지도 구체적으로 제시한다.

즉 그 방법을 배우는 사람의 수를 한정하고 기간을 정하여 국내에서 한 곳에 모아 교육을 시키던지, 혹은 외국에 유학을 보내는 것을 제안하였다. 그래야만 廣設하여 모두 배우게 할 때 생기는 쓸데없는 비용이나 인물이 못 쓰게 되는 폐단을 막을 수 있다는 것이었다. 그리고는,

> 「이제 저들의 좋은 것을 취함에 마땅히 학도를 보내어 저들을 배우더라도 반드시 忠信과 才智를 겸한 사람을 택해서 배우게 할 것이다. 비록 才智가 있더라도 忠信하지 않으면 끝내는 해가 될 것이다. 또 외교도 모름지기 사람을 뽑아 正法을 배우게 하되, 반드시 勤愼과 明敏을 겸한 사람을 택할

---

18) 손승철외, 앞의 책, 각론 17, 「강국론」.

것이다. 그렇지 않으면 일이 되지를 않고 또한 해만 생긴다. 사람을 선택하되 모두 대략의 기한을 두어야 한다. 그렇지 않으면 일이 되지 않고 또한 해만 생긴다. 이것들은 모두 긴요하고 절실하기 때문에 소홀히 하여 나중에 근심하는 일이 없도록 해야 한다. 이외에 쓸데없이 놀기 삼아 유학하는 사람이나 사사로이 유학하는 사람은 마땅히 금해야 한다. 이것을 금하지 않으면 폐단이 끝없이 생기어 끝내 나라가 될 수 없다. 또 西洋을 배우는 자는 마땅히 正學을 위주로 근본을 삼아서 진실로 心志를 정해야 할 것이다.」[19]

라고 하여, 서양기술 수용 방법으로 두 가지 원칙을 제안하였다. 첫째는 忠信·才智·勤愼·明敏한 사람을 보낼 것, 둘째는 사사로운 유학을 금지할 것을 주장했다.

3) 大一統의 東洋三國連帶論

망국이후 의암의 대외인식 변화 중 가장 주목할 만한 부분이 '동양 삼국이 연대하여 동양평화를 이룩'하여 하나가 되자고 하는 大一統의 주장이다.

> 「문 : 세계가 어디에 정해져야 하는가.
> 답 : 하나(一)에 정해져야 한다.
>
> 문 : 하나가 어디에 있는가.
> 답 : 중국에 있으니 중국이 대일통이 된 후에나 하나가 될 것이다.」[20]

그러나 동양 삼국이 하나로 연대를 할 때 문제가 되는 것이 일본인데, 그것은 이제까지 일본을 금수와 원수국으로만 적대시하던 시각에서 완전히 전도되는 반대의 주장이었다. 이에 대하여 의암은 다음과 같이 방법론을 제

---

19) 『우주문답』, 앞의 책, 총론 3, 「중국이 되는 네가지 이유」.
20) 『우주문답』, 앞의 책, 각론 34, 「대일통론」.

시하였다.

> 「지금 동양이라고 해도 어찌 다른 나라가 있는가. 다만 중국·조선·일본
> 등이 있을 따름이다. 삼국은 마땅히 서로 사랑(相愛)하고 근심해주며(相憂)
> 서로 권하고(相勸) 도와서(相助) 하나가 되는 처지이다. 슬프다. 그렇게 하지
> 못하고 도와 어우러져 하나가 되어야 하는 처지이다. 슬프다. 그렇게 하지
> 못하고 서로 처부수어 패망시키니, 본래 지극히 외롭고 위태로운 중에 더욱
> 외롭고 위태로움을 재촉한다. 나중에 어떻게 할 셈인가.」21)

고 하여, 동양 삼국이 서로 相愛·相憂·相勸·相助하여 연대해야 하고, 그
렇지 않을 경우 동양 삼국은 서로 외롭고 위태롭게 되어 결국은 공멸할 것
이라고 했고, 동양이 멸망은 곧바로 세계의 멸망으로 연결된다고 했다.

의암의 이러한 동양 삼국 연대론은 이전의 척왜논리에서 본다면 엄청난
사고의 전환이다. 이러한 사고의 전환은 의병전쟁의 실패 후, 국권회복을
위한 새로운 전략을 구상했을 것이라는 측면과 서구 열강이 동양침략을 확
대해 갈 것이라는 위기의식, 그리고 일본을 강대국으로 인식했기 때문에 동
양평화와 국권회복을 위해서는 대외인식의 전환이 불가피했을 것이다.22)

그러나 의암의 동양 삼국 연대론의 기본 틀은 중국의 대일통을 전제로
했고, 또한 중국 중심의 연대였다.

> 「대개 중국은 세계의 大宗이며 천지의 한 중심이다. 중국이 서면 세계가
> 안정되어 천지가 이루어지고, 중국이 엎어지면 세계가 어지러워져서 천지가
> 허물어진다. 중국이 된 자는 스스로 신중하여 그 대종되는 所以와 마음을
> 잃지 않는 다면 무릇 支姓 支體된 자가 어찌 우러러 호위할 마음이 없겠는
> 가. 중국이 되는 소이를 잃으면 小宗이 大宗을 빼앗고, 小體가 大體를 빼앗
> 아 어찌할 수 없게 되어 끝내는 모두 불행하게 되어 끝내는 모두 불행하게

---

21) 『우주문답』, 앞의 책, 총론 5, 「중외·동서의 대세」.
22) 유한철, 「1910년대 柳麟錫의 思想 변화와 성격」, 『한국독립운동사연구』9, 1995. 30쪽.

될 것이니, 두렵지 않겠는가.」23)

고 하여 우선 중국이 중국이 되는 所以를 독실히 힘써서 바르고 강함을
얻어 스스로 천지의 중앙에 서야 한다는 것이다. 그리고 중국은 조선에 대
하여 옛부터 크고 적은 일을 같이 하였고, 어려움이 있으면 같이 근심하고
한 집안같이 생각하여 구해주려는 마음이 없지 않았으나 힘이 미치지 못하
였다고 했다. 또한 조선은 중국 보기를 본디 중국이 조선을 대하는 것 같이
하고, 혹 허물이 있으면 시간을 지체 않고 서로 물으며, 어려움이 있으면 마
음에 맺힌 것을 죄다 고하였다고 했다.

의암은 일본에 대한 아픔과 원망은 이루 다 말할 수 없고, 조선이 비록
일본에 대하여 불구대천의 원한을 가졌지만, 사죄를 받을 것이며, 시세를
보아 모름지기 좋은 관계를 맺어 서로 꾸짖고 힘쓸 것이라 했다. 그리고 중
국에 대하여는 더욱 받들고 공경해서 독실하게 선에 나아가며 스스로 힘쓰
고 강해지는 데에 온 힘을 기울여야 할 것이라고 했다.

그리하여 일본은 기미를 살펴서 생각을 돌이키고 조선에 대하여 사죄하
여 나라를 돌려주고 서로 권면하여 自强策을 강구해야 한다고 했다. 그리고
서로 손발을 맞추어 굳은 우정을 맺고, 물이 섞이듯이 우호를 증진해야 한
다고 했다. 그리고 조선은 신의를 가지고 正理를 따라 온 나라의 위아래 없
이 公을 유지하여 하나가 되어 강해지는 결실을 이룰 것이라 했다. 나아가,

> 「일본에 대하여는 오랜 혐의를 풀고 좋은 관계로써 서로 바르고 화목하
> 게 지내야 한다. 조선에 대하여는 한 집안과 같은 情誼를 도탑게 하고, 일본
> 을 꾸짖어 나라를 돌려주게 해야 한다. 약한 것을 불쌍히 여겨 힘써 강하게
> 하며, 衰한 것을 불쌍히 여겨 盛해지고, 힘이 미칠 수 있는 것은 손을 쓰고
> 取할 것만은 취해서, 같이 하나의 길을 걸어 세력을 이루도록 해야 한다.」24)

23) 『우주문답』, 앞의 책, 총론 5. 「중외·동서의 대세」.
24) 위와 같음.

252 제3편 침략과 저항

고 했다. 그리하여 앞으로는 피차간에 반드시 저들의 이익을 나의 이익으로 여기고, 저들의 얻음을 내가 얻은 것 같이 하고, 저들이 잘되는 것을 내가 잘되는 것으로 여기며, 저들이 강해지는 것을 내가 강해지는 것으로 알아서, 전날과 같이 서로 해치는 일이 없어야 한다고 했다. 또 서로 소원치 말고 반드시 서로 믿고 친밀해져서, 이해득실과 성쇄강약을 같이 해야 하며, 진실로 이와 같이 하면 마침내 이롭게 될 것이며 강성해져서 모두 잘 될 것이라 했다.

결국 삼국이 각자의 주권을 독자적으로 인식하고 共存해 갈 수 있는 일을 모색하자는 것이다. 그러나,

「동양 삼국이 이와 같이 하나가 되고 강해져서 중국이 종주국이 된다면 비단 삼국 뿐만아니라 실로 세계의 종주국이 될 것이다. 이렇게 종주국이 되면 명분이 바르게 서고 세력도 강해져서, 한때의 강약으로 計較를 부리지 못할 것이다. 몽고와 서장의 경우도 삼국이 하나가 되면 어찌 다른 마음을 낼 것이며, 이미 패망한 안남 등의 나라도 따라서 생기를 발할 것이다. 진실로 이와 같이 하면 서양도 반드시 물러설 생각을 할 것이니, 동양이 스스로 영원히 존립할 것이다」[25]

고 하여, 중국을 종주국으로 해야 한다던지, 또는 일본이 조선의 국권을 반환하고 사죄하는 것을 전제로 하고 있다.

의암이 동양 삼국 연대론을 바탕으로 동양평화와 대일통을 주장한 것은 매우 의미 있는 발상이다. 그러나 이러한 전제 조건들이 당시 일본이 조선을 식민지화하고 대륙침략을 단행한 시점임을 생각할 때, 어느 정도 현실성이 있는지에 대해서는 쉽게 받아들이기 어려운 주장이다.

---

25) 『우주문답』, 앞의 책, 총론 5. 「중외·동서의 대세」.

5. 맺음말

의암 류인석의 사상은 스스로가 華西 - 重庵 - 省齊를 계승하고 있다고
천명한 것처럼 위정척사사상을 핵심 내용으로 하고 있다. 의암의 위정척사
사상의 핵심은 朝鮮中華主義였다. 조선중화주의란 원래 조선은 중국과 華脈
을 같이 하는 小中華였으나, 명이 멸망한 이후에는 조선이 곧 중화가 되었
다는 것이다. 그리고 조선이 중화를 지키기 위해서는 당연히 척양·척왜할
수밖에 없다는 논리를 가지고 있다.

正인 조선을 지키기 위해서는 邪를 배척하는 것이며, 邪란 新法 즉 西法
이었다. 나라가 망한 것도 서법 때문이며, 세계에서 서법의 피해를 가장 많
이 본 나라가 조선이라는 생각을 가지고 있었다.

의암이 주장하는 西法은 평등과 자유, 신학교, 여학교, 서양의 법률, 민주
제, 입헌, 야소학 등이었다. 의암은 평등과 자유가 기존질서를 와해시키는
요인으로 생각했고, 신학교와 여학교에 대해서는 만약 남녀평등에 의해 학
교를 세우고 교육을 하면, 남녀 무분별의 사회가 될 것이라며 신학교와 여
학교를 부정하였다. 그리고 인류의 도를 가르치기 위해서는 철저하게 小學
教育을 시킬 것을 강조하였다.

그러나 이러한 대외인식도 의병전쟁과 망국의 역사적 상황을 겪어 가면
서 커다란 변화를 갖게 된다. 그동안 백해무익한 것으로 일관되게 부정해
왔던 서양문물에 대한 선택적 수용을 제안하였다. 서양문물을 수용하는 것
이 겨울에 가죽옷을 입고 여름에 갈포 옷을 입는 것과 같이 시의에 따르는
隨時變通이며, 시세가 尙武·崇兵이므로 서양문물을 수용하는 것은 부득이
한일이라고 했다. 그러나 서양문물을 수용하되, 백성이 모두 화목할 수 있
는 조건에서 선택적으로 받아들여야 한다고 했다.

의암은 특히 서양문물 가운데서는 兵器의 수입을 강조했는데, 병기를 쓰
는 것은 불가피하지만 이치로 보면 역시 사용해서는 안 된다고 했다. 결국

의암의 주장은 국가를 다시 찾고 보존하기 위해 서양문물을 수용하되, 필요한 것만을 참작하여 자강을 위해서만 받아들이자는 것이다. 그리고 서양문물을 수용하는 방법으로 유학을 장려했지만, 사람과 방법에 기준을 둘 것을 제안했다.

이 시기 의암의 대외인식 변화 중 가장 주목할 부분은 '大一統의 東洋 三國連帶論'이다. 이전에 일본을 금수와 원수국으로 적대시만 하던 시각에서 근본적으로 선회한 것이다. 의암은 동양 삼국이 서로 相愛·相憂·相勸·相助하여 연대해야 하고, 그렇지 않을 경우 동양 삼국은 서로 외롭고 위태롭게 되어 결국은 멸망한다고 했다. 그리고 동양의 멸망은 다시 세계의 멸망으로 연결될 것이라고 했다. 지금도 경청해야 할 주장이다.

그러나 의암이 주장했던 '대일통의 동양 삼국연대론'의 기본 축은 역시 중국 중심의 연대였다. 물론 당시 의암이 처했던 현실과 『宇宙問答』 저술의 기본 취지가 중국인을 대상으로 하였다는 점을 감안하더라도 중국 중심의 연대론은 긍정적으로만 받아들이기는 어렵다. 그러나 한편 의암이 주장했던 '조선중화주의'와 유일하게 '중화문명'을 계승하고 있는 조선이 축이 되어 동양 삼국의 연대와 동양평화를 구축해 가고자 했던 점을 상기한다면 자신의 뜻을 관철하기 위한 전략적인 의도가 숨어 있는 것은 아니었을까.

이러한 의미에서 조선중화주의를 주장했던 의암의 위정척사사상과 항일의병 정신의 역사적 메시지를 다시금 생각해보고 싶다. 의암이 몸소 실천한 항일의병의 지향점은 결국 '대일통의 동양삼국 연대와 동양평화'가 아니었을까. 결국 의암 사상의 최종목표는 東洋平和로 귀착된다는 것이다. 이 점에서 의암 류인석 사상의 현대적 의미를 재조명해야 해 갈 것을 제안하고자 한다.

(이 글은 2016년 10월 27일, 춘천문화원에서 개최한 의암학회 주최 <의암 류인석과 남면 가정리>에서 특강한 내용으로 필자의 의암에 관련된 논문 「의병장 유인석사상의 역사적 의미」(『강원의병운동사』, 1987)와 「의암

류인석의 '조선중화주의'와 '동양삼국연대론'(『의암학연구』 13, 2015)를 재
구성한 것이다).

찾아보기

손승철孫承喆

성균관대학교 사학과, 동 대학원졸업(문학박사)
일본 동경대학, 북해도대학, 구주대학 연구교수
한일관계사학회 회장
한일역사공동연구위원회 위원, 총간사
강원대학교 사학과 교수
(현) 한국이사부학회 회장
(현) 국사편찬위원회 위원
(현) 동북아역사재단 자문위원
(현) 강원대학교 사학과 명예교수

주요저서
『조선시대 한일관계사연구』(지성의 샘, 1994)
『근세조선의 한일관계연구』(국학자료원, 1999)
『近世の朝鮮と日本-交隣關係の虛と實-』(明石書店, 1998)
『조선통신사-일본에 통하다』(동아시아, 2006)
『한일교류와 상극의 역사』(공저, 경인문화사, 2010)
『조선전기 한일관계, 약탈과 공존』(경인문화사, 2017)
『조선후기 한일관계, 전쟁과 평화』(경인문화사, 2017)
『조선통신사, 타자와의 소통』(경인문화사, 2017)
『독도, 그 역사적 진실』(경인문화사, 2017)
『한일 역사교과서, 왜곡과 인식의 공유』(경인문화사, 2017) 외 다수

자료집
『조선-유구 관계사료집성』(국사편찬위원회, 1997)
『한일관계사료집성』(전32권, 경인문화사, 2004)

조선후기 한일관계, 전쟁과 평화

초판 1쇄 인쇄 2017년 9월 7일
초판 1쇄 발행 2017년 9월 15일

지 은 이   손승철

발 행 인   한정희
발 행 처   경인문화사
총 괄 이 사   김환기
편   집   김지선 박수진 한명진 유지혜
마 케 팅   김선규 하재일 유인순
출 판 번 호   406-1973-000003호
주   소   (10881)파주시 회동길 445-1 경인빌딩 B동 4층
전   화   031-955-9300 팩스 031-955-9310
홈 페 이 지   www.kyunginp.co.kr
이 메 일   kyungin@kyunginp.co.kr

ISBN 978-89-499-4284-1 93910
값 22,000원